后浪

The Writer's Idea Thesaurus

作家的灵感宝库

[美] 弗雷德·怀特 著
张铮 译

文化发展出版社
Cultural Development Press

谨以热爱和崇敬之心将此书献给

菲利普·威纳和马里恩·威纳

在此，我要向《作家文摘》的编辑们表达我由衷的谢意。特别是詹姆斯·邓肯、金伯利·卡坦扎里蒂、以及迈克·汉纳三位编辑，他们为我提供了许多出色的建议。我还想感谢我的代理人丽塔·罗森克兰茨女士。在此书的成书阶段，她的建议无异于金玉良言。最后，我还要感谢我的妻子特丽·威纳：如果没有你，我绝对无法完成这本书。

目　录

简　介

虽然我们在生活中随时随地都在使用词汇，但是当我们追求精准传神的表达时，则会使用辞典来确定到底该使用哪些词语。同样，我们在生活中随时都会迸发灵感，或许可以运用这些灵感写成一个故事，或许可以创作出一部小说。这些灵感层出不穷，甚至足以让地球上的每一位作家都完成一部自己的作品。然而，要想深刻地剖析这些灵感，并把它们准确地以故事的形式写下来，却并非易事。有时候，我们的脑海里只有一个很小的灵感，但需要一个助力把这个小小的灵感完全地展开，使其形成一个完整的故事。这也正是即使是作家也需要一本“灵感辞典”的原因。你可以把这样的辞典当作一个灵感交换中心。正如当哈兰·艾里森（Harlan Ellison）在被问到“你从哪里得到灵感”时，曾经幽默地提到一个虚构的、位于斯克内克塔迪的“信息交换中心”。

但是迄今为止，市面上仍没有一本这方面的参考书。虽有一些指导书籍，但是这些书籍并没有按照不同的故事情境进行区分，而这正是《作家的灵感宝库》可以给大家提供的。本书根据不同的情境区分出 20 个主题，每个主题下再细分为 10 个类别，每个类别中又包含 10 个子类别。让我们看看《作家的灵感宝库》是如何帮助我们的吧！

我是如何产生这些灵感的

请先允许我向你保证，我并不会从现有的文学作品中，包括我自己出版过的作品中，借鉴任何情节。在这些年的研究过程中，我积攒了几十个笔记本，并把它们都保存在一个大箱子里。而我要告诉你们的，正是我从这些笔记中发掘出来的。如果我把我记录下来的所有灵感都写成小说，那么我很可能会成为世界上最高产的作家。我是一名已经退休了的作文老师，我会把灵感写成故事，同时，我也很愿意谈论怎样获得这些灵感及如何把这些灵感变成文字。实际上，在我之前的一本书——《从哪里得到灵感？把想法变成故事的写作指导》（*Where Do You Get Your Ideas? A Writers Guide to Transforming Notions into Narratives*）中，就曾谈到过获得灵感的艺术，并且提供了如何一步步把这些灵感转变成畅销小说的方法。

无论是清晨还是夜晚，灵感总是不断地涌现在我的脑海里。甚至在我不想让它们出现的时候，它们还是会不断地冒出来——在我开车、做饭、准备睡觉（我经常在深夜从床上爬起来，把灵感匆匆地记录下来），甚至与朋友相聚的时候。当然，与朋友相聚时记录灵感即使算不上粗鲁，也是件令人尴尬的事。即使如此，我仍会随身带着一个记事本，以便随时记录灵感。《作家的灵感宝库》中收录了我这些年来从无数灵感中用心挑选出来的精品。同时，我也把新近出现的灵感收录其中。另外，我真心鼓励你们也养成这种随时用笔记本来记录灵感的习惯！因为一个灵感可以引发更多的灵感。

如何使用这本书

你可以在《作家的灵感宝库》中随意挑出一章来阅读，也可以碰巧翻到其中的某个故事情境，这样做会很有意思。当然，你也可以尝试以下这种系统的阅读步骤。

首先，参阅目录，了解本书的20个章节及每个章节的10个灵感分类。找到令你感兴趣的章节和类别，然后就可以进一步地研读在每个类别下的10个故事情境了——一共有20个主题，每个主题下有10个类别，每个类别中有10个故事情境——本书一共包含2 000个故事情境，足够让你在很长一段时间里畅游在故事或小说的灵感海洋之中了。

本书体例如下：

第六章　诅咒或预言

类别一：来自黑暗深处的诅咒

典型哥特式小说中的恐怖元素来自以下场景：地牢、地窖、实验室、洞穴、神秘的走廊——各种黑暗和神秘的场所。与此相似的是，关于诅咒和预言的故事也有很多是超自然的。这些故事会让你联想到那些哥特式恐怖故事或恐怖心理剧，它们源自代代相传的诅咒或预言。

【情境一】一艘小船被海浪冲上了西班牙的海滩，小船上只有一具骷髅头骨和一张羊皮纸。在那张羊皮纸上写着一段预言：无论谁发现了这个头骨，都必须把它归还给它的家人，否则发现这个头骨的人就会身遭大难。但是，没有人把这个诅咒当一回事。

看过上面的例子，一些作家也许会怀疑我是否提供了太多的信息，或者说我限制了他人的创造力。然而，并没有。实际上，像这样一本笼统介绍故事灵感的参考书是能够激发创造力的。尤其如我们接下来会看到的那样，当受到这些灵感启发的时候，你可以以独特的方式用这些灵感创造出一些全新的故事。

让我们来看看下面这几种特别的方法，你可以采用这些方法来写出个性化的故事。

起点

首先选择好一个情境，然后运用你的想象力推进灵感的发展，使其成为一个羽翼丰满的故事。假设你打算写一篇惊悚小说，内容是关于“搜索被隐藏起来的炸弹”。那么第十七章（寻找）则正是为你量身打造的。翻到第十七章，纵览一下在这章里列举出的10个类别，找出一个与你打算写的最贴近的故事情境。比如说你选择了第十个类别（寻找武器）。与其他的类别一样，在这个类别中列举了10种“寻找武器”的故事情境，你可以从中随意挑选一个。最后你可能选择了情境二：

> 一位携带着军方最新武器绝密情报的科学家失踪了。美国中央情报局（CIA）的情报员，即故事的主角，来寻找她。而麻烦的事情是这位情报员曾经和这位科学家共事过。他们彼此都知道对方的犯罪经历。

这只是故事的起点。你可以根据自己的直觉，通过激发自己的创造力来进一步获得写作的灵感。对于这个故事，我想到了四种情节的发展，你也许可以从中选择一种：

· 科学家和 CIA 情报员都成了双重间谍，但彼此并不知道对方到底在为谁服务。

· 在后续的故事中，他们发现彼此曾经是对方的恋人。

· 这位科学家被一个恐怖集团绑架了，但是她并不知道关于那种秘密武器的任何情报。恐怖分子们并不相信她，还威胁要杀死她。

· 这位 CIA 情报员必须及时找到她。

你也许会有十几种不同的方式来推动故事情节的发展，无论你选择哪种方式，关键在于你要把某个情境作为出发点，推动故事向新的、其他作家都想不到的方向发展。向广处思，从奇处行。

深度发掘细节

当然，有很多其他的方法可以巧妙地处理故事的发展，比如说深度发掘细节并对这些细节加以修改。可以不改动主要情节，而是从我们提及的 10 个特殊情境里挑选 1 个。20 世纪 50 年代的间谍所担心的事情与现在的间谍担心的事情截然不同，每种不同的间谍都有自己特有的衣着风格、行话、武器、汽车等。性别或角色是可以转换的。也许那位科学家和 CIA 情报员并不是情人关系，而是母子关系；又或者你可以变化一下故事发生的地点，也许这个故事发生在东欧、南美或南极洲。

另一个可以发掘的细节是故事类型。上述情境倾向于用于讲述惊悚故事或间谍故事，但是如果把它写成一个浪漫故事会怎么样呢？我们谈到了那位科学家和 CIA 情报员之间可能存在的情感纠葛，那么就从这个角度去铺开整个故事。或者我们可以试着写一部科幻小说。谁又能说这样的故事不会发生在雷 · 布莱伯利（Ray Bradbury）式的科幻小说中呢？又或者这个故事发生在可怕的战争地带，那位科学家的新式武器可以带来大家都期望的胜利。可以尝试一下西部小说的风格，也可以尝试一下从硬汉的角度去描写，还可以尝试写一部受欢迎的推理小说，故事可以发生在那位情报员位于纽约公共图书馆地下室的 CIA 秘密办公室里。这些故事由谁来讲呢？由你。就像玩魔方一样，你要仔细地去发掘一个情境的各种细节和可能性。这样你就可以找到属于自己的故事情节。

情境的合并

也可以把在同一章中的两个甚至更多的情境进行合并。以第一章（奇幻的经历）第二个类别（航空的奇幻经历）中的情境六为例：

> 在 20 世纪 20 年代，一位女飞行员在全国进行了一系列巡回冒险。一位男飞行员觉得她抢了自己的风头，于是想让她当众出丑。他甚至对这位女飞行员的飞机动了手脚。

现在，让我们把这一情境与在同一章中的另一个情境相结合。我们可以选择同一个类别中的情境一：

> 早年间，有一位巡回飞行表演者想要通过表演惊人的飞行特技来获得女子的芳心。但是后来他在表演中出了事故，身体情况每况愈下。

把这两个情境结合起来，对每个情境中的细节加以调整，你就可以得到如下全新的故事情境：

> 在 20 世纪 20 年代，一位女飞行员进行了很多次令人难

以置信的飞行表演，并因此抢了她同行们的风头。一位男飞行员——一个巡回飞行表演者——感到自己的地位受到了威胁，但同时又被这位女飞行员所深深地吸引。因此，这位男飞行员向这位女飞行员发起了挑战。女飞行员接受了挑战，却全然不知这次挑战会有多么危险。

虽然许多本书里提供的情境都适合写成短故事，但如果你想要写一个篇幅更长、情节更复杂的故事，那么这种把情境两两合并起来的办法也是非常有用的。当然，你还要运用自己的想象力，为这些情境添加进新的细节。

主题合并

当你找到了自己喜欢的情境后，还可以从其他章节中选取另外一个情境。把这两个情境结合在一起，或者把其中一个情境当作另一个情境中重要的次要情节，你就可以创造出一个更有深度的故事。比如说你选择了第二十章（转化）的第一个类别（瘾君子和犯罪分子的转变）中的情境二：

一个犯人曾经产生过自己是医生的幻觉。于是他找到了一份医务室的工作，并在业余时间学习护理。但因为他总是很难控制自己的脾气，所以错过了很多机会。

接下来，你打算把这个从罪犯转变成医生的故事放在一个与众不同的情境中，比如说第十九章（威胁）的第九个类别（自然灾害带来的威胁）中的情境八：

飓风朝一座医院直扑而来。整个地区马上就要被洪水淹没，并被大面积地破坏。医院里有许多老弱病残，他们的状况很糟糕，必须依赖医疗设施来维持生命。政府官员们必须想办法疏散这些老弱病残。

现在，你就拥有了一个在极度危险的情境下的特别角色，并且还给自己留了充足的空间去描写戏剧性的情节、处理剧情细节或讲述一个自我救赎的故事。

正如我在前文中讲过的那样，这本书中所有的灵感素材都是可变通的，是可以和其他灵感素材相结合的。这样，你就可以利用更多的故事情境，而不仅限于简单地翻阅一下这些灵感素材并用随机选出来的一个来写故事。但是无论你使用哪种方法，最终你写出来的都会是属于你自己的、完全原创的故事。

当你手边有了这本包含 2 000 个故事情境的灵感宝典，你就再也不用绞尽脑汁地去寻找写作的灵感了。灵感就在这部宝典里，等待着你用自己的创造力和想象力，把它们从萌芽状态培育成激动人心的故事或小说。

鼓舞人心的话就说这么多吧，接下来该是你忙着写作的时间了。

第一章　奇幻的经历

类别一：在另一个宇宙或超现实的奇幻经历

从某种意义上说，任何一部科幻作品都描述了另外一个宇宙，或另外一种可能存在的现实。读者之所以热衷于进入一个截然不同的世界，不仅仅是因为能够暂时逃离让我们束手无策的现实很有趣，也是因为一个全新的世界可以给我们带来全新的可能性，还可以让我们对那个已被我们所知晓的现实产生全新的了解。用以下这些情境来帮助你创作出描写另一个世界的故事吧。

【情境一】1929 年 10 月，华尔街的投资专家竭尽全力地阻止了股市的崩盘，并引发了随之而来的一系列疯狂投资。如果不是因为他的救市行为，根本就不可能出现这一系列投资行为。但是随后不久，到了 20 世纪 30 年代，另外一场投资泡沫又开始形成了。很不幸，由于这场投资泡沫，美国根本来不及做好准备去应对接下来即将在世界上发生的巨变。

【情境二】在另一个地球上，空气被有毒的气体污染了，科学家们开始着手改变人类的基因，让人类能够在水下生活。但由于气温变得越来越高，海洋也逐渐干涸。人类不但要改变自己的基因，还要采取其他更极端的生存方式。

【情境三】一支远征探险队被派到了一个宇宙中的火星。在这颗火星上，探险队的队员们发现了可供人呼吸的空气，还发现了一个也许曾经存在过的远古文明——队员们发现了一个地下墓穴，有迹象表明这个地下墓穴属于另外一个远古文明。

【情境四】另一个地球上的莱昂纳多·达·芬奇成功地造出了飞机。战争爆发后，莱昂纳多竭尽全力不让自己的发明落入军方之手，但最终还是事与愿违。

【情境五】另一个地球上的华特·迪士尼是一个很有创造力的天才，也是一个喜怒无常的人。在他的迪士尼乐园里，他制造了一台机器。这台机器把游客暂时地变成了他动画片里的角色——包括那些著名的动画人物和几乎不为人知的角色，有许多角色甚至相当恐怖。一位游客躲过了被机器变成动画人物的命运，他找到了心理扭曲的迪士尼先生，想办法让他把所有的游客都变回了正常人。

【情境六】在另一个地球上，一个被称作“迪士尼教派”的宗教席卷了全国。迪士尼教派把各种孩童时代的异想天开作为它的福音书，而在各地传播这些福音的信徒都是各种卡通人物。但是当迪士尼教派开始变得无法掌控的时候，一位家长下定决心，计划将其摧毁。

【情境七】1492 年，哥伦布和他的船员们遇到了美国当地的土著。这些土著拥有超自然的能力，而且他们所信奉的神不允许那些从欧洲来的探险者们干涉他们自己的文化。

【情境八】一次偶然的经历使一位探险者发现了进入另一个地球的通道。这位探险者发现这个新地球和原先居住的地球截然不同，在那里充满了各种奇遇。但是随后他遇到了居住在新地球上的人，这些原住民使他想尽快回到他原来的世界中去。

【情境九】在另一个世界的美国，得克萨斯州正式宣布脱离联邦，成立一个独立的国家。居住在得克萨斯的居民们不但被允许，而且被要求必须拥有自己的武器。这些武器全都是高容量弹夹的突击步枪。他们还要接受训练，以达到可以熟练使用这些武器的地步。尽管内部尚存在分歧，但是得克萨斯的领导层还决定要把向外扩张当作保卫这个新国家的唯一办法。

【情境十】在另一个地球上，人类被一种智力高度发达、可以直立行走的狗族控制了。由于狗族无法控制人类的繁衍，因此通过杀死人类来达到控制人类数量的目的。在对狗族发动了几场失败的攻击之后，人类试图与狗族进行谈判，并签署和平协议。

类别二：航空的奇幻经历

我们天生就向往飞行。很久以来，我们就渴望自己可以像鸟儿一样在天空中翱翔。从18世纪起，我们可以乘坐热气球飞上天空了，而这正要归功于儒勒·凡尔纳及其他科幻作家在他们的科幻作品中对热气球载人上天的生动描写。随着莱特兄弟发明了飞机，我们内心对于乘坐飞机进行航空冒险的渴望也开始急剧地膨胀起来。下面这些描写飞行的情境可以带你的读者们在天空中畅游。

【情境一】早年间，有一位巡回飞行表演者想要通过表演惊人的飞行特技来获得女子的芳心。但是后来他在表演中出了事故，身体状况每况愈下。

【情境二】一位滑翔机驾驶员梦想着驾驶自己的悬挂式滑翔机横跨大峡谷。他的计划是驾驶滑翔机从大峡谷的北缘飞到大峡谷的南缘。基本上，这次飞行将无异于自杀。但是，他依然痴迷于这个想法。

【情境三】在2027年，一位飞行员打算重演查尔斯·林德伯格那次横跨大西洋的飞行，无论是机型还是航线都力求做到一丝不差。他这样做是为了让更多的人都注意到林德伯格那并不是很受欢迎的政治观点，而他的支持者们决定要大力宣传他的这次飞行。因为这些支持者们认为，在100年前林德伯格驾驶飞机横跨大西洋之后，人们已经失去了冒险精神，现在正是需要唤醒人们内心深处冒险精神的时候了。

【情境四】几位热气球飞行家乘坐热气球横跨大西洋。在旅程中，他们有好几次都陷入生死攸关的困境。大部分困境都是自然因素造成的，其中一次则是因为其竞争对手在他们的热气球里安装了一个爆炸装置。

【情境五】为了使驾驶喷气式机飞行能够成为一项竞技体育运动，一些喷气机发烧友们试着提高了喷气机的机动性。但是由于一些人对喷气机进行改装的时候低估了飞机的性能，于是出现了很多麻烦。

【情境六】在20世纪20年代，一位女飞行员在全国进行了一系列巡回冒险。一位男飞行员觉得她抢了自己的风头，于是想让她当众出丑。他甚至对这位女飞行员的飞机动了手脚。

【情境七】一架喷气式客机的副驾驶员劫持了飞机，并且命令飞机驾驶员改变飞机航线飞向敌国。劫机的副驾驶员发现有位空警在这架飞机上，用诡计缴了那个空警的械。然而，另一位尚在培训阶段的实习空警也在这架飞机上。

【情境八】故事的主人公是黑鹰直升飞机的驾驶员。在一片居民区之中有一个恐怖分子的巢穴，主人公所在的部队准备使用黑鹰直升飞机针对该巢穴发动一场袭击。但主人公认为除非有可以确保该地区居民安全的措施，否则就拒绝执行命令。他认为即使让驾驶员冒生命危险，也要保证平民的生命安全。

【情境九】一位战斗机飞行员有一个同行竞争对手。这个同行曾经侵害过他的权利。一次，这位飞行员和竞争对手参加了同一个飞行表演，他认为这次表演是一个报复对手的好机会。然而事与愿违，他在报复的过程中受了伤。而这次事件也让他的竞争对手重新审视了自身的行为。

【情境十】太阳耀斑破纪录的爆发造成了大面积停电，这使得机场的空中交通管制系统陷入瘫痪，需要经验丰富的飞行员和机场塔台的空管员通力合作才能找到避免空难的办法。

类别三：逃亡者、背叛者的奇幻经历

亡命天涯的人、多行不义的人、背叛组织的人，以他们为背景的故事总是扣人心弦的。威廉·布莱（《叛舰喋血记》的作者）和赫尔曼·沃克（《叛舰凯恩号》的作者）等作家所讲述的都是这些人的故事。世界的历史中充满了英雄们反抗压迫者的故事。以下情境应该可以让你产生创作的灵感。

【情境一】在某城市有一个工作条件恶劣、工资待遇很差的工厂，一位饱受摧残的女工带领她的同事进行了一场大规模的罢工，但遭到工厂经理的反攻倒算。工人们并没有被吓倒，他们都是最有经验的工人，他们使用了一种独特的方式让老板和公众了解他们的诉求。

【情境二】在遥远的南方，一名奴隶，即故事的主人公，踏上了逃亡之路。在逃亡的路上，他救了一个种植园主儿子的命。就在他即将踏入陷阱的时候，这名被他救过的孩子帮助他顺利脱身。

【情境三】一群离家出走的十几岁少年通过努力创立了一个组织，

这个组织致力于教那些准备为人父母的人培养孩子。然而这些少年的父母们不知道从哪里得知了他们的下落，想方设法地让少年们回家。

【情境四】一个来自极权主义国家的叛离者在美国得到了政治庇护。但实际上他是一名间谍，计划要破坏美国国家航空航天管理局的一项秘密任务。然而在执行任务的过程中，他却产生了别的想法。

【情境五】一名即将被处决的逃兵告诉他的长官，他知道哪里有埋伏。长官相信了他的话，给了他一次机会来证明自己有勇气。然而击溃这场伏击的概率却几乎是零，因为那只是一个利用高科技设置的诱饵。

【情境六】一名士兵因为作战英勇而被授予了勋章，但是在某次突袭战斗中，敌人的作战人员混入了平民中间，他看到自己的战友朝着平民开火，便离开部队，当了一名逃兵。但当他得知部队里的好友被射杀之后，又改变了自己的想法。

【情境七】一艘军舰上的几个船员担心自己的船长有通敌之嫌。一名女军官认为自己可以阻挠船长的计划。

【情境八】一名士兵在接受了使用绝密军事设备的强化训练后叛逃到了敌国。一名特工受命在士兵有机会把受训的内容通报给敌人之前把他截获。

【情境九】亚瑟王最勇敢的骑士背叛了圆桌骑士团，消失得无影无踪。亚瑟王命令自己的另一名骑士去找到那个叛徒，并把他带回来接受审判。但事情的真实情况是，那名叛逃的骑士把自己伪装成了仆人，并揭开了一场计划推翻亚瑟王的阴谋。

【情境十】一条装有古代工艺品的货船遭到了海盗的洗劫。当海盗们准备离开的时候，有两名海盗被意外地杀死了。于是海盗首领要击沉货船来给死去的海盗报仇。

类别四：与鬼魂共舞的奇幻经历

带你的读者来一场惊险的捉鬼之旅吧，或者是一场被鬼追逐的亡命之旅。不论男女老少，那些扣人心弦又令人毛骨悚然的鬼故事从来都不会让读者们感到厌烦。彼得·斯特劳勃的《鬼故事》或雪莉·杰克逊的《山宅鬼惊魂》就很精彩。下面这些情境应该可以给你带来创作的灵感。

【情境一】故事的主角在孩提时代经历过一次闹鬼事件。经过这件事后，她发现自己有找到猛鬼的天赋，但又对鬼怕得要命。为了捉住一个特别凶猛的鬼，她的男朋友帮助她克服了其内心对鬼的恐惧。

【情境二】一个捉鬼人长年累月地捕捉那些喜欢恶作剧的捣蛋鬼，终于他决定接受一次危险的捉鬼任务。鬼魂们计划用阴谋诡计打败他，但这位老捉鬼人却有自己的锦囊妙计。

【情境三】一位贵族捉住了一个鬼，却发现这个鬼生前是自己的爱人。该贵族有一个非常嫉妒自己的冤家对头，他曾在贵族家里放了火，而贵族的爱人正死于这场大火。尽管贵族和他爱人的鬼魂都想让那个对头受到惩罚，但是这位贵族还是全力劝说自己爱人的鬼魂，让她不要去报复那个人。

【情境四】一个捉鬼者完全理解作为鬼的痛苦，并且很同情这些鬼。她试图运用自己的真知灼见去感化一个恶鬼。但这个恶鬼向她提出了很多令她瞠目结舌的要求。她觉得自己根本无法满足恶鬼提出的要求。

【情境五】几个鬼比赛看谁最会吓人。它们玩得很开心，却遇到了一个颇有吓鬼手段的人。

【情境六】在大学的学生公寓里（或在学生联谊会上），有几个鬼作祟，把场面弄得一团糟。然而，当某些学生因为严重的不良行为即将被赶出去的时候，这几个鬼勉强提出了停战要求。

【情境七】一个无私的鬼试图帮助一个小偷，并让他认识到自己的错误，直到这个鬼让小偷了解到自己到底有多慷慨，他才把这个鬼的话当回事。

【情境八】鬼向一个人说想在他的身体里生活一年，作为交换，这个人可以拥有鬼的超能力。人同意了。但是一年过后，这个鬼却不想离开这个人的身体了。

【情境九】一些婴儿的鬼魂经常出没在一家医院里，它们让医院里的婴儿去做一些正常婴儿根本无法做到的事情，对婴儿们造成了很严重的伤害。一个巫师要来解决这个问题，她说自己对付婴儿的鬼魂很有经验，但却把事情越搞越糟。

【情境十】电影摄制组正在内华达鬼城进行一部西部片的拍摄。住在鬼城里的鬼魂们打算对这个摄制组搞一些恶作剧。摄制组的演员们扮演的是 19 世纪 80 时代住在这个城镇里的居民，而那些曾经亲身经历过那个时代的鬼魂们却知道一些演员们不知道的事。在演员和鬼魂之间发生了一场奇遇。

类别五：在神奇土地上的奇幻经历

在讲故事的时候，奇幻的元素存在于很多地方。比如说魔术师的表演、遍布神奇世界的魔法，以及来自现实世界中黑暗角落的巫术。比如列夫·格罗斯曼的著作《魔法师》就是关于奇幻的，当然，还有 J.K. 罗琳的“哈利·波特系列小说”。下面的 10 个故事情境会给你将魔法变为现实的机会。

【情境一】这是一个全新的《爱丽丝漫游仙境》的故事，柴郡猫把爱丽丝带到了仙境中一个从未被发现的地方。在这里，爱丽丝不得不竭尽全力去对抗恶毒的矮人和吃肉的毛虫。

【情境二】一个小女孩具有超感知的能力。通过这种能力，她能够发现进入魔法王国的入口，虽然她不敢进入魔法王国。有一天，她的弟弟悄悄地跟踪她，发现了她的秘密，并劝她和自己一起进入魔法王国。但是，他们却找不到了回家的路。

【情境三】故事的主人公接受了催眠师的催眠，开始分不清梦境与现实了。催眠师带她在梦里进行了一次疯狂的冒险。但更糟糕的是，催眠师无法唤醒她，她只有依靠自己才能找到回到现实的办法。

【情境四】在一个贫穷的村庄里，一个小女孩会施展神奇的魔法，能够帮助村民们对抗疾病和饥荒。有人见识了小姑娘的魔法，想让她用魔法来满足自己贪婪的欲望。

【情境五】为了让自己的爱人尤丽黛丝复活，奥菲斯来到了地狱。但是当他进入地狱后，地狱里的亡灵和怪兽让他觉得心烦意乱，以至于无法去拯救尤丽黛丝。于是他试图用自己的歌声对这些亡灵和怪兽施以魔法，但是他的魔法却对一个人无效，这个人就是冥王哈迪斯。

【情境六】阿波罗向卡珊德拉求爱。卡珊德拉对阿波罗承诺，只要阿波罗赋予自己预言的能力，她就接受阿波罗的追求。于是阿波罗便赋予了卡珊德拉预言的能力。然而卡珊德拉并没有遵守自己的诺言，于是阿波罗便施法让卡珊德拉不能够准确地做出预言。随后，一支侵略军准备毁掉阿波罗的神庙，卡珊德拉制止了侵略军，并以此使阿波罗改变了自己的决定。

【情境七】有一块大陆常年经受战乱。为了带来和平，天使们降临在这里，并选择了一些凡人，不管他们的信仰如何，都给他们灌输神力，让他们去制止战争。但是，一个天使爱上了一个凡人，并被敌对的一方捉住了，于是事情开始变得复杂起来。

【情境八】故事的主人公是一个被放逐的国王。他故国的土地受到了男巫的诅咒，变得十分贫瘠。于是，国王找来了一位术士，请他帮忙施法恢复土地的肥沃。但国王并不了解这位术士的本性。国王的计划是在术士施法使自己王国再次繁荣之后便夺回自己的王权，但术士却有着自己的计划。

【情境九】这个故事发生在伊甸园，那时所有与“智慧果”有关的那些事情还未发生。撒旦想利用 7 种原罪引诱亚当和夏娃离开伊甸园，而“智慧果”是撒旦用来诱惑他们的最后的工具。

【情境十】一位慈祥的老太太是魔法世界里的巫师，有一次她从某个家庭中救出了一对饱受家暴摧残的兄妹，并把这对兄妹送到了自己的魔法世界中。然而，国王的军队正在追捕这位巫师，现在轮到这对兄妹帮助她逃脱军队的追捕了。

类别六：水手、登山者和洞穴探索者的奇幻经历

你描写的奇幻经历越是严酷危险，故事就越令人兴奋。用下面给出的一个或几个情境去创造令人紧张的冒险故事吧。故事可以发生在大海上（比如扬·马特尔的《少年派的奇幻漂流》），也可以发生在深山里（比如乔恩·克拉考尔的《进入稀薄空气》），或发生在地球的表面之下（比如儒勒·凡尔纳的《地心之旅》）。

【情境一】一个下半身瘫痪的登山者在接受登山训练。她要去攀登一座从未被残疾人攀登过的山峰。她对自己的能力心存疑虑，这也是她最大的障碍。她的男朋友和她的妹妹在努力帮助她克服这个障碍。

【情境二】两位女子在攀登一座危机四伏的山峰时被困在了山上。两位男子试图去营救她们，但是他们自己也被困住了。那两位女子不仅凭一己之力摆脱了困境，也把那两名男子救了出来。

【情境三】在《白鲸》的前篇里，亚哈驾船开始了捕鲸之旅，但最终却丢掉了一条腿。（在《白鲸》的第28章和第36章中可以找到更多的故事背景线索）

【情境四】在一次深海捕鱼航行中，渔夫们被吸进了深海的漩涡。当他们再次浮上海面时，发现自己身处另一个世界，在这个世界的海洋里，到处都是各种陌生的海洋生物。其中一种生物似乎聪明异常，甚至可以帮助他们回到原来的世界中去。

【情境五】一群古典文学爱好者从特洛伊到伊萨卡岛进行了一次重走奥德修斯之路的航行。令人出乎意料的是，他们沿途见到了一些在《奥德赛》里出现过的神话中的生物，这些生物给人设置了很多陷阱。故事的主人公是一位研究荷马的学者，他必须找到方法避开那些陷阱。

【情境六】星际探险者们在土星的一颗卫星上发现了一个洞穴。在勘探这个洞穴的时候，他们发现了一个地下城市。这个城市似乎是星际旅行者们在几千万年前建造的。

【情境七】探险者进入了一个被封闭的洞穴腹地。他们发现了一些棺材，棺材里是处于休眠状态的人。也许那些人是吸血鬼？探险者们是否应该复活这些人呢？

【情境八】潜水员发现了一艘古代沉船。沉船上到处都是工艺品，但这些工艺品似乎并不属于任何已知的古代文明。故事的主人公是一位非凡的考古学家，要由他来确定这些工艺品到底源自何处及有何特质。

【情境九】人类学家在某个偏远的地区勘察一个洞穴。他们在洞穴里发现了一种未知的类人动物的残骸。经过对现场的勘察，人类学家们意识到这种类人动物已经灭绝了。

【情境十】一群朝圣者登上了位于奇幻大陆的神山，在神山上，他们见到了自己苦苦追寻的真神。但是真神并不像人们心中想的那样乐善好施，而是顽皮捣蛋、作恶多端。他们总喜欢让朝圣者们去那些做违反其意愿的事情。

类别七：叛逆者、游手好闲者和疯狂者的奇幻经历

在我们所有人的身体里或多或少都流淌着叛逆的血液。从孩提时代起，我们就会时不时地表现得很叛逆。最典型的例子就是艾米丽·勃朗特在《呼啸山庄》中创造的希斯克里夫，或者是塞林格在《麦田守望者》中所描写的霍尔顿·考尔菲德了吧。因此，读者们会顺理成章地认同下面这些情境中的叛逆角色。

【情境一】一个有犯罪前科的人为了追求精神上的完整，违反了假释条款，开始了他的朝圣之旅。他发现自己的信仰并没有像自己希望的那样坚定。同时，他遇到了一位年轻的朝圣者，这个年轻人是一个理想主义者，与主人公有着相同的疑问。面对步步逼近、准备要逮捕他的警察，他必须做出选择，到底是要平静地放弃掉自己的坚守，还是不惜进一步违反假释条款来帮助那个年轻人？

【情境二】一些精神病人从医院逃了出来，并在附近的社区开始了传教活动。正当越来越多的当地居民开始拥护他们的教义时，医院的官员们试图围捕他们。

【情境三】在 19 世纪末期，一群贼登上了一条江轮，准备洗劫船上的乘客。这条船的船长试图以智慧来对抗这些蟊贼。这些贼有的是溜门撬锁的惯犯，有的是身手敏捷的扒手，还有的是混迹赌场的职业赌徒。事实证明，这些贼要比船员们预料的更狡猾。

【情境四】马戏团里的小丑们经常受到马戏团经理的虐待，于是小丑们团结起来反抗了。他们接管了马戏团，并演了一些从未表演过的节目。一个小丑没有控制好自己的暴脾气，试图杀掉马戏团经理，这样一来事情就变得复杂了。

【情境五】两个从大学退学的学生乘火车环游美国。他们要从旅行中领悟自己和这片土地之间的精神联系。但在旅途中他们不断地遇到各种地痞流氓，这也使他们的理想慢慢动摇了。

【情境六】一个十来岁的少年身上有着三重人格。在他服用过一种魔药，或者被施加了某种魔法后，他身上的三重人格被分离出来，变成了三个完全独立的人。这三个人开始过起了各自独立的生活。这三个人中最理性的那个人意识到离开了另外两个人，自己无法生存下去。于是他就想去找回另外两个人，并使他们三个人重新成为一体。但另外两人却出乎意料地难找。

【情境七】王宫里的宫廷小丑悄悄地对国王施了催眠术，使国王和自己互换了身份。这个小丑是国王的私生子，与国王长得几乎一模一样，因此所有人都被蒙骗了。但这件事被王后发现了，王后立刻采取了行动，让国王和小丑恢复了彼此的身份。

【情境八】一个行为怪异的流浪汉中了 5 亿美元的强力球大奖。为了实现自己那些邪恶的幻想（比如角斗），他拿这些钱进行了一次周游世界的旅行。

【情境九】在第二次世界大战期间，一位被俘的美国士兵想方设法劝降了一个俘获他的人，并说服他对自己的军队发动一场进攻。但是，那个人却临阵倒戈。为了证明自己的忠诚，他胁迫这个美军战俘去参加一项针对美国的秘密军事行动，否则就要杀死这名战俘。

【情境十】坏国王的卫兵与一位好国王派来的间谍密谋用魔咒操纵坏国王的军队。起初，魔咒使坏国王的军队向好国王效忠，但该魔咒却过早地失去了效力。

类别八：改变形体的奇幻经历

这是在科幻小说里很受大家欢迎的主题，而且改变形体在现实世界中也是确实存在的。我们会在很多情况下改变我们的形体，比如说我们会减肥，我们也会在万圣节前夜穿上千奇百怪的服饰，我们还会在戏剧中戴上义肢。你可以试着把下面任意一种改变形体的情境写成严肃或有趣的故事。

【情境一】故事的主人公在生活中一直受丈夫的虐待。后来她学会了变形术，就用一些非常的手段来报复丈夫。

【情境二】狼人的变形术出了差错，只有一部分身体可以变形了，于是他的身体变成了一半是人一半是狼的样子，而他的行为举止也就同时具备了人和狼的特性。

【情境三】特工绑架了一个毒品走私集团中的重要人物，并乔装打扮成这个重要人物，混进了毒品走私集团。但这个毒品走私集团里的其他人怀疑她是内线，并计划要杀掉她。

【情境四】宙斯总是把自己变成各种看起来无害的动物去接近那些年轻貌美的女子，引诱她们和自己寻欢作乐。但是有一个少女从另一个神那里得知了宙斯的把戏，便给宙斯设了一个圈套。

【情境五】外星人变成了警察和军队长官的样子，以便能够潜入战略基地。一旦计划成功，他们就会对地球发动全面侵略。外星人给一些地球人洗了脑，企图让这些地球人帮助自己实行潜入战略基地的计划，但其中一些人还是保留着自己的理智。故事的主角就是这些尚存理智的人之一。他试图及时阻止外星人的入侵计划。

【情境六】堕落的天使们把自己伪装成善良的天使潜入了天堂。在进入天国之门后，他们就到处搬弄是非，把天堂弄得乌烟瘴气。一位聪明的天使制订了一个计划，准备把这些堕落的天使从天堂驱赶出去。

【情境七】女子通过减肥，改变了自己的体型。但是她发现这并没有给她带来幸福。于是她打算减掉更多体重。就在她的健康即将遭受无法恢复的伤害时，她的一位密友帮助她了解到她的行为是多么的荒唐。

【情境八】一些会变形术的人准备在忏悔星期二（四旬斋前的最后一天）这天在新奥尔良的化装游行盛会上制造骚乱。但是，这场原本属于变形术的盛会却出了差错，参加游行的一个“正常人”在狂欢节上伺机报复自己的仇人。

【情境九】一个会变形术的人的妻子有了外遇。于是，他变成了妻子情人的模样，用非常恐怖的方式去报复她。她发现了他做的事情，也施展自己的变形术做了一些令人瞠目结舌的事情。

【情境十】一群会变形术的人企图利用自己的能力改变联邦法律。他们绑架了一些重要的参议员，施展变形术把自己变成了那些参议员的样子，并试图控制参议院。然而，尽管计划得十分周密，他们的阴谋还是被瓦解了。

类别九：时间旅行者的奇幻经历

时间旅行是典型的科幻冒险题材（其代表就是赫伯特·乔治·威尔斯的著作《时间机器》，比较新的类似代表有奥黛丽·尼芬格的著作《时间旅行者的妻子》）。这类小说满足了我们摆脱时间桎梏的渴望，既可以让我们回到过去改变那些不尽如人意的事情，也可以让我们了解未来将会发生的事情。以下情境应该可以帮你写出属于你自己的时空穿越的科幻故事。

【情境一】一位内科医生穿越到了1889年的奥地利。他企图阻止希特勒的母亲和父亲相遇，这样希特勒就不会出生了。但是，这样做只会让未来的纳粹党首领进行重组，即使没有希特勒，还是会有另外一个党首出现。于是这位内科医生进行了一次更大胆的尝试。这一次，他把目标锁定在戈培尔、戈林及希姆莱这些人的母亲身上。但每次尝试都以同样的悲剧方式结束。最后，他采取了一个更简单的策略：针对希特勒的暗杀有很多，他只要保证有一次暗杀成功就可以了。

【情境二】为了防止人类自掘坟墓，一群时间旅行者穿越到未来去寻找拯救人类的秘诀。找到办法之后，他们回到了属于自己的时代，但是没人相信他们的办法能够成功。恰恰相反，所有人都认为这些时间旅行者所提出的办法只会给人类带来麻烦。

【情境三】为了使大图书馆免于被毁，两位书籍收藏家穿越时空回到了公元5世纪的古亚历山大。在拯救大图书馆的过程中，他们被卷入了发生在基督徒和异教徒之间的暴乱。

【情境四】一位时空穿越者来到了50年之后的未来，看到了那时自己悲惨的处境。他向50年之后的自己了解了在自己身上到底发生了什么事情，然后回到现在，试图避免那些事情的发生。但结果却事与愿违，他的计划并没有奏效。

【情境五】由于一系列政治决策的出台，一位美国州长面临身败名裂的危机。她竭尽全力想找到挽救自己政治生涯的办法。最终，她穿越时空回到了过去，并且及时对一些关键的决策进行了修改。虽然这些对决策的改动使她的境况有所改善，却又因此引发了新的麻烦。

【情境六】一个进行时空旅行的少年来到了 23 世纪。在那里虚拟现实到处都是，甚至比真正的现实生活更重要。为了逃避一个个接踵而来的噩梦，他强迫自己把虚拟现实和真正的现实混淆在一起。

【情境七】一个女人迷恋上了一个男人，但这个男人却把她引入了歧途。这个女人决定让自己的生活重头再来，于是她进行时空旅行，穿越回 17 岁。为了报复，她设法找到了那名男人，但他的魅力却令她再度神魂颠倒。直到这个男人再一次做出伤害她的事情，她才彻底对他失望。

【情境八】一个孤儿的双亲死于一场车祸。为了从这场车祸中拯救自己双亲的性命，这个孩子穿越回到了过去。但是，由于他对时间的干扰，他生活里的麻烦变得比以前更多了。他现在必须做出抉择：是要成为一个孤儿，还是要双亲健在但生活艰难。或者，还可以有第三种选择……

【情境九】剧作家穿越回到了 16 世纪末期的英国，并成为了莎士比亚的好友。这段友谊促使他与莎翁合作完成了一部具有深远影响意义的话剧。

【情境十】在地中海，一艘小船受到怪异天气的影响偏离了航线并穿越到了古希腊。在让古希腊人相信他们并不是入侵者后，这条船上的乘客们逐渐融入了正处于黄金时代的雅典文化。

类别十：寻宝者的奇幻经历

财宝，一个可以激起我们冒险精神的词语。我们都梦想着自己可以找到一大块金子，或一件源自一种已经消失了的文明的价值连城的工艺品。从《金银岛》到《达·芬奇密码》，许多文学作品都描写了寻找财宝的冒险经历。这些被发现的宝物不仅可以改变一个人的生活，甚至还能够改写历史。如果你要写寻宝题材的小说，这里为你提供了10个可以利用的情境。

【情境一】流浪汉从他的一个老朋友那里学会了勘探金矿的秘诀。在一片锯齿状山脉的山脚有一个已经废弃了的金矿，流浪汉打算在这里实践一下自己学到的秘诀。在这里他遇到了几个声名狼藉的探矿者。这几个探矿者想强迫他说出探矿秘诀。

【情境二】有两个探矿者，他们以前曾经是非常亲密的朋友，现在却成了死对头。其中一个人在内华达州一个已经废弃了的矿洞里发现了银矿，另外一个人却千方百计地想要破坏这个矿洞。

【情境三】一位考古学家发现了一些古印第安文明时期遗留下来的残骸。但是居住在发掘现场附近的印第安人却不允许考古学家使用现代科技手段对那些被发现的骨骼进行检测。

【情境四】一群野生动物保护主义者获得了一大笔鼓励奖金。他们的工作是阻止象牙偷猎者残害大象。为了成功阻止偷猎的发生，他们必须用犀角这种比象牙更珍贵的东西把偷猎者从大象身边远远地引开。当然他们用来引诱偷猎者的犀角都是假的。

【情境五】在第二次世界大战期间，有一座仓库被专门用来藏匿价值连城的艺术品。人们在这个仓库里发现了一幅已经丢失了很久的油画，但不久之后，这幅画就被几个艺术品大盗偷走了。在追踪这些盗贼的时候，人们又有了更有价值的发现。

【情境六】潜水员们尝试着打捞一艘已经沉没100多年的货船里的财宝。一名潜水员被困在了货船里。经过一番努力，在沉船侧滑进旁边一条深深的海沟里之前，故事的主人公终于把被困的潜水员救了出来。

【情境七】在50年之后的未来，宇航员们试图钻透木星的卫星“木卫二”（欧罗巴）上的冰层，从而接触到冰层下面的海洋。最初的证据表明，宇航员们在冰层下发现的东西将是外星有机生物，当然，有一些东西可能是致命的。木星的辐射很强，足以让宇航员们致命。因此宇航员们要顺利完成这项任务的最大挑战，就是要在来自木星的致命辐射到来之前就钻透冰层。

【情境八】火山已经到了爆发的临界点，火山脚有一座废弃的古代村庄。 一旦火山爆发，这个村庄就会被毁灭。一群冒险者要抢在火山爆发之前把村子里的珍贵文物抢救出来。与此同时，他们还要阻止其他人偷取这些文物。

【情境九】亿万富翁的全家人在数十年前被一群激进分子杀害了。现在亿万富翁悬赏一亿美元请人潜入并消灭这群激进分子。

【情境十】考古学家们了解到有一批源自古地中海文明的财宝尚未被发掘，但是却不知道这批财宝到底被埋藏在何处。有一群海盗知道埋藏财宝的地点，但不知道用何种办法才可以把财宝挖出来。考古学家们必须用计谋打败海盗，才能夺回那些珍宝。

第二章　冲突或竞争

类别一：体育或游戏比赛

竞争是生活中的重要元素。我们在学校里与同学竞争、在工作中与同事竞争、在运动场上与对手竞争。无论是在游戏里还是在职业体育联赛中，竞争都为我们带来了乐趣与刺激。一场比赛与一个故事一样，都有明确的目的和紧凑的结构，并且都由强烈的冲突和巨大的悬念来推动。从下面给出的情境中选取一个，写出一篇扣人心弦的故事，令你的读者身临其境，欲罢不能。

【情境一】一位职业拳击手被公认非常有天赋。但是由于头部不断受到击打，他的一部分大脑受损，甚至要借助别人的帮助才能保持平衡，因此他退役了。但为了击败给自己带来如此巨大伤害的对手，他准备复出拳坛。

【情境二】登山者们参加了一个设有重奖的登山比赛。在这次比赛中，他们要攀登一座非常危险的山峰。故事的主角是其中一位登山者，虽然他只是一名业余选手，却是对这座山峰的情况研究得最仔细的人。

【情境三】一位身价不菲的投手在比赛中犯了许多愚蠢的错误，使他所在的球队排名垫底，成了大家的笑柄。他进行了恢复训练，却毫无起色。直到他的老对手们公然奚落嘲笑他，他才发愤图强，并有了“一日千里”的进步。

【情境四】因为热爱拳击，一位在校女大学生受到了大家的嘲笑。为了提升拳击在当地的地位，她组织了一次全部由女拳手参加的锦标赛。但要找到够资格参赛的女拳手和正经的赞助商却是很困难的事情。与此同时，她突然患了重病，这场病使她也许再也无法参加拳击运动了。

【情境五】一位前垒球明星因为一次严重的违规而被禁赛了。她希望通过一场比赛改变形象并重拾信心。但她必须先获得家人和垒球协会的信任。

【情境六】故事的主角是一位不擅长社交的高中女孩。为了得到同学们的尊重，她刻苦磨炼自己那原本已经很高的棋艺，并向学校里的国际象棋大师——一位老师——发起了挑战。她打败了那位老师，但事与愿违，她并没有因此而被大家接受。

【情境七】为了减少黑帮暴力事件和毒品生意，故事的主人公赞助了由黑帮成员参加的篮球比赛。最初，这个计划没有成功。后来，随着一名黑帮成员违法被捕，在另一位黑帮成员的帮助下，他的计划获得了成功。

【情境八】一个少年对拼字游戏很有天赋，但是却被胁迫一定要输掉一场比赛。这件事情被比赛的组织者察觉到了，他试图通过支持这位少年，让一切回到正轨。但是他发现这件事情很复杂，远不像表面上看到的那样简单。

【情境九】万圣节前夜的服饰大赛结束了，因为被施了某种魔法，所有参赛者都发现自己变成了他们所装扮的角色。只有一个装扮成福尔摩斯侦探的人可以找出破解魔法的办法。

【情境十】一位女子计划参加一项危险的雪地车大赛。由于她是女性，朋友们都劝她不要去参加这个比赛。她下定决心要在比赛中胜出，并以此让她的朋友们看到性别与技术并没有任何关系。

类别二：战场上的冲突

战争中的冲突是非常典型的冲突，其他各种冲突也经常会被比喻成战争。我们经常会用“论战”这个词来描述“辩论”，“辩论”（debate）这个词本就是来自法语里的“战争”（battre）。战争故事在文学作品中随处可见。你可以把这里的10个情境写进你的故事。

【情境一】在战斗中，一名中士突然预感到自己的部队会战败。这种预感是如此强烈，以至于他命令自己的部队马上撤退。他的长官斥责了他这种不战而退的行为。虽然决心要执行长官的命令，但他还是不断地产生各种不祥的预感。最后，他忍无可忍，终于还是按照自己的预感采取了行动。

【情境二】第二次世界大战期间，一个德国士兵在战场上遇到了一队美国士兵。在这些美国士兵里，他发现了自己远在美国的哥哥。就在1933年，希特勒担任总理前，他的哥哥离开了德国。尽管他们都极度忠于各自的祖国，但仍无法做到与对方为敌。他们在同一个散兵坑里一起度过了一个漫漫长夜，在黎明到来之前，他们必须做出最后的决定：到底是要继续战斗还是一起逃离战场。

【情境三】虽然主人公知道服从命令是军人的天职，但仍旧拒绝向某个敌军营地开火，因为他确定有平民住在营地里。在军事法庭上，面对自己的长官们，主人公必须让他们相信他当时的决定是正确的。

【情境四】在美国内战期间，一个曾经是奴隶的士兵为北方军队作战。有一次他解救了一家奴隶，并试图劝他们烧掉奴隶主的种植园，杀掉奴隶主全家。这个奴隶家庭拒绝了他的劝说，于是这名士兵打算亲手来做这件事。但是当他见到奴隶主的妻子时，他的内心却开始纠结起来。

【情境五】在美墨战争中，一位墨西哥士兵受伤倒下了。他在昏迷之际产生了幻觉，并预见到了未来。他预见到随着美国赢得这场战争，加利福尼亚州和内华达州会被割让给美国，从而引发淘金和淘银的热潮。他在昏迷之中看到的这一幕不仅让他苏醒过来，还坚定了他的决心，他决定帮助墨西哥赢得这场战争，不能让美国获胜。

【情境六】在古代发生的一场战争中，一位将军的军队马上就要被打败了。在这紧要关头，这位将军被送到了未来世界。在那里，现代人向他展示了远超过他那个时代的战争武器。原因很简单：现代人希望他改变历史。这位将军带着超级先进的武器回到了古代战场，但不幸的是，他带回去的武器却落入了敌军手中。

【情境七】在另一个地球上，两个种族之间爆发了一场战争。这两个种族之间唯一的差别是体型。体型较小的一方率先挑起了争端，他们声称体型较大的对方在自己的领地上进行非法殖民。

【情境八】一支拥有强大秘密武器的美国原住民民兵部队入侵了大平原镇，并把那里的人当作人质。他们要求归还印第安保留地。那是一片极其广阔的土地，在150年以前被政府以不正当的手段充公了。

【情境九】这场未来战争将网络空间作为战场，但战争的输赢却会影响到现实生活。它并不是通过舆论来控制公众，而是通过控制公众的精神来实现统治。在未来世界，每个人只要一出生就会有一张神经芯片，这张神经芯片把所有人与在网络空间里发生的事情紧密相连。

【情境十】在奇幻世界里，所有战争都是在一个国际象棋棋盘上进行的。这个棋盘足有一个小镇那么大，进行战斗的各方必须遵守国际象棋的规则。但是，一些士兵或者说棋子，却会耍一些不合规则的花招。

类别三：商业世界中的矛盾

在现代世界，工作场所是绝佳的战场。这里也许不会有真正的“血流成河”（好吧，几乎从来都没有过）和“人头滚滚”。但正如你会在下面这些情境中看到的，即使没有迫在眉睫的“掉脑袋”的风险，还是会有许多原因让你在工作中如履薄冰。

【情境一】故事的主人公认为，性别原因使她的营销计划没有被重视，因此她想尽办法要让一个男性主要竞争对手名誉扫地。但是，对手察觉了她的计划，并试图以其人之道还治其人之身。

【情境二】虽然工资待遇很好，但是一位员工再也无法忍受老板那种愚蠢的管理策略了，他决定要让老板认识到自己的错误。老板发现了他的图谋，对他更加严苛了。与此同时，这位员工也面临着被解雇的危险。

【情境三】公司里有一位级别较低的行政主管，虽然很有抱负，但经常鲁莽行事。由于他的父亲有病在身，他接任了公司总裁一职。但他的经营计划却与公司成立的初衷背道而驰，这也使得这对父子之间爆发了激烈的冲突。

【情境四】一位最近被解雇的员工在一家新公司找到了工作，但是他对之前解雇他的那家公司心怀不满并想伺机报复。于是，他准备把前任老板的客户挖到新公司来。但是，当他把客户挖过来之后，却受到了新老板不公正的对待。

【情境五】一位技术员这些年来一直都在勤勤恳恳地为公司服务，但因为她资历尚浅，最终还是被解雇了。她与公司已婚的CEO有染。为了更有效地报复这位CEO，她并没有直接敲诈他，而是选择了揭发他的不法行为。这位CEO察觉到了她的计划，并反过来威胁她。这样一来事情就变得很复杂了。

【情境六】公司的管理层正在策划一些诡秘的事情。员工们怀疑公司要进行一次大规模的检查，但是却找不到任何要进行检查的蛛丝马迹。一次，一名员工无意中听到了CEO和副总裁的对话。他从对话中得知了更糟糕的事情，让他觉得毛骨悚然。

【情境七】几家互为竞争对手的公司同时发布了性能相似的新产品，这使这几家公司之间原本很公平的竞争变得不那么正常了。其实这些新产品的性能虽然看起来非常相似，但并不是完全一样的。这些新产品各自的设计者发现他们彼此其实都是远亲，这使事情变得更复杂了。

【情境八】一位广告文案撰稿人说服公司采用了一个很聪明但会引起争议的广告宣传，而这正导致了这家公司被告上法庭。这位撰稿人想设法劝上诉人撤诉，但是被上诉人拒绝了。

【情境九】故事的主人公患了一种致命的疾病，并准备参加一项治疗这种疾病的医学研究项目。为了支付丈夫治病的费用，身为会计的妻子挪用了公司的公款。就在这个项目即将开始的时候，她挪用公款的事被发现了。

【情境十】故事的主人公迷上了自己公司里的一位女员工，经常当面大肆褒奖她的美貌。但是，这位女员工却对他提起诉讼，控告他对自己进行性骚扰。他请求这位女员工撤回指控，没想到却受到了她的第二次指控。由于害怕自己会因此失去工作，他不得不采用了一种非常规的办法来证明自己的清白。

类别四：民主制与独裁政权、君主制度与神权政治的对抗

世界上可能存在仁慈的独裁者或开明的君王吗？民主制度是不是对抗暴政最好的办法呢？从下面的故事情境中选出一两个，试着用它们创作出一波三折、引人入胜的权力斗争的故事吧。

【情境一】在一个虚构的国度中有两派人。其中一派坚信只有由人民自己管理国家才能带来和谐的社会，而另一派则坚持让一位开明的君主来治理国家才是最好的选择。一场内战即将在这两派之间爆发。故事的主角四处招兵买马支持民主派，而他的一位旧友则全力支持君主派。

【情境二】人民会更喜欢哪种领导人？是发誓要维护传统婚姻模式的保守派，还是不遗余力宣扬自由婚姻关系的自由主义者？在这个未来的社会中，一个在政府内部工作的消息灵通人士可以近距离地观察两位候选人。随后，他明确表示要支持其中一位候选人。

【情境三】一位以神权治国的领导人颁布了一条极端的法令，命令所有国民都必须参加礼拜仪式。这条法令遭到了国民的反对，但是国民们采取了同样极端的反抗手段。

【情境四】一位君王自称是神的代言人，并以此为依据统治国家。当他意识到自己的神权统治已经摇摇欲坠、处于崩溃的边缘时，便向他所信奉的神祈求帮助，希望重新赢得公众的信任。他的神并没有理会他的祈求，于是这位君王便筹划了一系列“神迹”，希望以此让他的子民

们相信那是神在显灵。

【情境五】在美国南方的重建时期，一位牧师由于“扰乱了和平”而被悬赏通缉。尽管如此，这位牧师仍旧认为女性、少数族裔和同性恋者应该获得与白人同等的地位。为此他四处奔走，支持民主改革。一次，几名白人至上主义者把他打成了重伤。这时，一个秘密的同盟组织向这位牧师做出保证，承诺要帮他实现梦想。

【情境六】国防部的一个秘密部门正在密谋一次针对现任政府的军事政变。但是一个参与策划政变的人临阵倒戈，并与同在这个秘密部门工作的同伴一起准备把阴谋告诉首相。

【情境七】有没有人会支持女权制度呢？一个新独立的国家决定成立一个全部由女性管理的政府。它之所以要这样做，是因为在维系和平与协调国际关系的事务上，女性拥有着更良好的记录。但是，一个全是男性成员的监管委员会却提出了反对意见，他们认为没有任何女权制的国家可以长时间地维持自己的统治。

【情境八】一些巫师试图成立一个属于自己的政府——巫术政权。为了获得成功，巫师们必须在公众心中获得一席之地。为此，他们需要招揽一批不会巫术的“正常”政客为自己服务。那些曾公开或私底下对巫术表现出极大兴趣的政客是巫师们要招募的对象。

【情境九】为了抵抗人类的攻击，吸血鬼们聚集在一起，它们准备建立自己的政权，成立自己的军队，以此保护自己的安全。

【情境十】某个小国家的总统亲眼见到了神迹的显灵，于是他准备在自己的国家里实行神权治国。他自己担任最高领导人，并声称这样做是受到了一位天使的指引，但是却受到了全国国民的反对。这位总统请求天使在他的国民面前显灵，天使满足了他的要求。但是，国民们却认为那是一个假冒的天使。

类别五：工业主义者与环保主义者、热爱自然者之间的冲突

传统的观点认为工业化和自然是不能和谐共存的。虽然有时情况确实如此，但现在还是有很多“绿色”工业。在保护野生环境和为了发展城市而使用自然资源之间确实一直都存在着冲突，这里提供了很多与之有关的故事。

【情境一】一位企业家自诩是绿色环保主义者。她准备以牺牲环境为代价从很有潜力的太阳能市场中获利。由于她的计划会对自然带来极大的危害，有人对她提出了警告。但她无视这些警告一意孤行。她伪签了公文，然后项目引发了严重的自然灾害。

【情境二】循环利用有毒工业废料的成本很高。为了规避这一成本，制造商一直在违法秘密倾倒有毒的工业废料。一些总是在废料倾倒点附近玩耍的孩子生病了。故事的主人公是其中一位患儿的家长，他在一位环保积极分子的帮助下追查到了这家倾倒废物的工厂。但是，这家厂商却拒不承认错误，并对患儿的家长们进行了反击。

【情境三】一个石油精炼厂坐落在某个生态环境极其脆弱的地区。尽管这家炼油厂已经很努力地与环保主义者们合作，并在该地区附近建立了一个自然保护区，但一些激进的环保主义者们却采取了极端的手段，要彻底赶走这家炼油厂。

【情境四】一条河流上将要建造一个水坝。水坝会破坏这条河流的生态环境，众多环保主义者采取了许多办法来阻止它的修建。这座水坝将会给附近的居民区带来急需的水和电力，但与此同时，也会造成原本生活在这条河流里的生物灭绝。

【情境五】一只会变形术的北极熊把自己变成了人的样子，它忧心忡忡地告诉很多人——它的栖息地正在急剧缩小。有几个听过它演讲的人恐吓它，于是，它又变回北极熊的样子，而这一举动触怒了更多的人。

【情境六】一群热爱自然的人希望过远离工业和技术的生活。于是，他们放弃了所有的电子通信设备，包括收音机、电视及网络；他们也拒绝使用汽车；他们甚至不去高科技的医院就诊，而是选择使用民间药物。不久以后，他们就发现以这样的方式生活是非常困难的。是要追求理想，还是让自己在21世纪的社会中获得一席之地？故事的主角在这两者之间进退维谷，不知何去何从。

【情境七】政府计划在一个自然保护区附近修建高速公路，遭到了这个自然保护区工作人员的反对。这条准备修建的高速公路会给当地带来数以百万计的旅游收入，但是在这里生活着一些不为人知的濒临灭绝的动物，而自然保护区对这些动物的保护是卓有成效的。

【情境八】某地的生态系统面临着崩溃的危险。一群环保主义激进分子控制了这个地区，他们禁止游客驾车去该地区游览。一群开着SUV的猎人计划对这些环保激进分子发动袭击，而这些环保激进分子早就预料到了自己会受到攻击。

【情境九】开发商打算在一个生态系统非常脆弱的地区修建高尔夫球场。有了这个高尔夫球场，附近的高尔夫球爱好者们就不必再驱车去好几英里外的球场打球了。但开发商的这个计划却导致了环保主义者和高尔夫球爱好者之间的冲突。有一位高尔夫球爱好者很能理解环保主义者们的担忧，他提出了一个能令双方都满意的解决方案。

【情境十】林地中生活着一些濒危动物，但一家木材公司却要在这里进行伐木作业。尽管受到政府的警告，这家公司还是开始了伐木工作，并准备砍光这片林地。生态主义者们采取了行动，试图阻止这家木材公司乱砍乱伐的行为。他们破坏了这家公司的伐木设备，从而导致与这家公司之间的暴力冲突。故事的主人公想要努力解决这一矛盾。

类别六：恋人间的矛盾和旧爱间的冲突

难道有比身处感情旋涡更容易产生矛盾的情况吗？正是情侣或配偶之间的矛盾冲突造就了大量传世佳作。下面的10个情境为你列举了那些彼此相爱或曾经相爱的人之间所产生的冲突，也许这些冲突会让你有创作的欲望。

【情境一】一对空中飞人演员是情侣。后来一个新人加入了表演，这对情侣反目成仇。这位新人其实是那个男演员的一位老对手，她之所以引诱他，并不是因为爱上了他，而是因为她想以此影响他的表演状态。然而，那位女演员也有自己的计划。

【情境二】再婚后，故事的叙述者后悔自己离婚并想和前妻重归于好。他的新妻子察觉到了他的想法，开始费尽心机地挽救自己的婚姻，结果却徒劳无功。丈夫是被拉回来了，但是这到底是因为回心转意还是为了要报复她呢？

【情境三】两位网球运动员一直都是彼此的老对手。他们爱上了同一个人——女子网球冠军。这种三角关系影响到了他们三个在网球场上的成绩。网球锦标赛即将开赛了，为了让每个人都能快速恢复状态并在比赛中取得好成绩，这位女子网球冠军想出了一个非常聪明的办法。

【情境四】同一个研究项目里工作的两位科学家陷入了爱河。在这个研究项目的一些细节上，他俩却意见相左，情侣关系也影响到了他们各自的判断力。于是他们开始思考到底是该停止交往，还是该停止在项目中的合作。也许这个亟待完成的项目可以促使他们做出决定。

【情境五】一位美国士兵在伊拉克服役期间爱上了当地的一位女子，并许诺要爱她一生。但是，在他服役期满返回美国后，却不再与那位伊拉克女子联系了。这个伊拉克女子发现自己怀上了他的孩子，她逃离了自己的祖国，千里迢迢来美国找自己的爱人。

【情境六】一位精神科医生非常有职业精神，他时刻都注意与自己的病人保持距离。尽管如此，一位患严重躁郁症的患者还是爱上了他。因为这位女患者有自杀倾向，所以这位医生知道自己必须谨慎处理这件事情。

【情境七】一位婚姻指导顾问爱上了自己的客户，而她正在帮助这位客户挽救婚姻。她越想压抑自己的情感，这种情感就变得越强烈，尤其是在她见到那个男子的妻子当着她的面奚落自己的丈夫后，这种情感更是变得一发不可收拾了。

【情境八】年轻的大学教授爱上了自己的研究生，她只比这个学生大 5 岁。这件事使这个学生目前的同居女友嫉妒得发疯，并想以暴力威胁这个女教授。女教授暗地里也有自己以暴制暴的一套手段。

【情境九】一对同性情侣住进了一个保守的小区，经常受到邻居们的骚扰。但这对情侣的关系却比小区里大部分异性情侣的关系更和睦。在发现这一情况后，他们努力尝试去教会其他情侣如何和睦相处。

【情境十】有两对感情不和、濒临离婚的夫妇登上了同一艘游轮，他们都希望通过这次旅行来挽救自己的婚姻。但事与愿违，他们的夫妻关系并没有得到改善。但在船上偶然发生的一件事却给了他们一个意想不到的机会来解决问题。

类别七：帮派之间的冲突

帮派和家族犯罪集团有自己的文化、规则和仪式，任何违反的人都将受到仇视并被惩罚。无论是过去、现在还是将来，凡是那些描写有组织犯罪集团活动的故事都是备受大家关注的。

【情境一】在末日浩劫后的世界里，幸存者组成了不同的帮派。这些帮派为了寻找食物四处游荡、居无定所。如果一个帮派遇到了另一个帮派，就会为了争夺对方的资源而大打出手。一个帮派的首领想要把其他帮派合并到自己的帮派中。他认为这样做可以更好地整合资源，但其他帮派成员却不愿意合作。

【情境二】在美国的某个城市，两个帮派为了争夺这个区域的控制权，严阵以待、刀兵相向。一个帮派想在这里进行各种违法的生意，比如建造妓院、开设赌场、出售毒品等。而另一个帮派则想把这个区域里的所有违法生意都清扫掉，并按照严格的道德准则实行独裁统治，他们准备用暴力来确保这些准则的实施。无论如何，这个城市都必须让自己摆脱这两个帮派的控制。

【情境三】一群吸血鬼和附近的一群女巫发生了冲突。其中一些吸血鬼诱拐了一些女巫，并把她们变成了吸血鬼。这样一来，事情就变得复杂了，因为吸血鬼们低估了那些一半是吸血鬼一半是女巫的人的强大力量。

【情境四】几个年轻的女孩在一起练习自由搏击。其中一个女孩遭到了一群流氓的侵犯，因此这几个女孩子成立了一个小帮派，并想向那群流氓讨回公道。那群流氓对此置之一笑。但是随着这群女孩子把两个流氓的下巴打成骨折住进医院，事态就开始升级了。

【情境五】在经过了末日浩劫的美国，确保生存的唯一方法就是加入帮派，但是某些帮派首领命令他们的手下去做一些违背天良的事情。故事的主人公也加入了一个帮派，这个帮派致力于消灭那些使用暴力的帮派。要达到这个目的，帮派的成员们必须经过严酷的训练。

【情境六】到了 22 世纪，全球性的粮食减产造成了大面积的饥荒，也造成了受到敌对帮派控制的黑市粮食商人迅速崛起。一场帮派大战在中西部爆发了，这场战争的获胜者将决定数以百万计人的命运。

【情境七】在未来世界，占据统治地位的帮派决定着人们的宗教信仰，因此信仰不同的帮派之间经常爆发冲突。为了取代现在的统治帮派并取得统治地位，每个帮派都必须大量招兵买马。为了能招募到新成员，这些帮派都对成员们做出承诺，要么在来世获得回报，要么在今生得到神的恩宠。

【情境八】在 22 世纪，敌对的机器人帮派之间经常大打出手。一个机器人的帮派为人类提供保护，另一个帮派却要把世界上的人类全部杀死。互相渗透进彼此帮派里的间谍机器人使局面变得错综复杂。人类也伪装成机器人潜入了敌人的帮派。

【情境九】在未来世界，由于基因紊乱，男性变得体弱多病，到处都是由女性组成的帮派。由于所有男性都处于残疾状态，为了争夺那些本该由男性担任的角色，女子帮派之间冲突不断。一个帮派想把男性当成自己的奴隶，另一个帮派打算只让男性充当生育机器，而第三个帮派却要竭尽全力地帮助男性恢复健康。

【情境十】故事的主人公是一个为许多街头帮派工作的法律顾问。她为帮派成员提供工作机会，希望以此激励他们改掉自身的帮派作风，按照普通人的社会行为准则来要求自己。然而，她目前正在为两个敌对的帮派服务。想让这两个帮派握手言和却不是一件容易的事情。

类别八：宗教冲突及精神信仰冲突

有人认为，历史上由于宗教信仰不同而造成的冲突要比由于其他原因造成的冲突多得多。无论这个观点是否正确，由于宗教信仰而造成的冲突倒是给我们带来了许多优秀的文学作品，比如萧伯纳的《圣女贞德》、T.S. 艾略特的《大教堂中的谋杀》、赫尔曼·黑塞的《悉达多》、萨尔曼·鲁西迪的《撒旦诗篇》、扬·马特尔的《少年派的奇幻漂流》等。基于宗教或精神信仰冲突而创作的故事有着无限的可能性。

【情境一】一个邪教组织招揽了成千上万名信徒，并在大山里建立了自己的据点。年轻人纷纷来到山谷里的村寨安家落户。没有人知道该如何阻止他们。最终，一位探员决定试着潜入这个村寨。

【情境二】一名生物教师在一家教会学校工作。尽管她的学生对她评价很高，但校方还是以她的课不尽如人意为由，把她开除了。她认为自己被开除的原因是她拒绝在课堂上用神创论代替进化论。她的一位男同事表示自己可以帮助她走出困境。

【情境三】一位化学家是无神论者，从来不相信任何宗教，但当他研究了 1978 年以来所有关于都灵裹尸布的科学实验后，在他身上发生的转变就像是“扫罗在去大马士革的路上变成了保罗”一样。现在他的同事们都奚落挖苦他，甚至背地里诋毁他在科学界的声誉。

【情境四】在一个虚构的社会中，由于担心会造成社会不安定，评论国家的宗教被视为一项重罪。故事的主角是一位自由主义思想家，他公开反对国家的这项法律。他认为对宗教的自由讨论可以使社会更加稳定，因此他鼓励大家对国家的宗教发表意见。政府非常反感他的做法，并且威胁要逮捕他。

【情境五】一名反对同性婚姻的牧师试图规劝一名有同性恋倾向的年轻男子。他劝告这名男子，根据圣经，应该把同性恋当作不自然的，并且应该通过祷告使自己摆脱这种情感纠葛。但牧师和这个男子接触得越多，就越觉得圣经里的教诲是不对的。

【情境六】上帝造访了一位性格孤僻的无神论者，而这位无神论者却认为这只是一种幻觉。上帝再次登门拜访，无神论者邀请一位女同事与自己同住几天，来判断自己是否产生了幻觉，但这位同事却认为他不怀好意。最后，为了一劳永逸地判断上帝是不是真的来拜访自己了，这位无神论者制订了一个计划。

【情境七】五个信仰不同宗教的人在工作中成为了朋友，他们聚在一起讨论各自的宗教信仰，并分享各自不同的心得体会，尤其是如何能使各自的宗教信仰和谐地融入其他宗教氛围中。

【情境八】三位历经困苦的主角参观了圣母马利亚的神庙，之后，他们各自的生活便发生了截然不同的改变。虽然并不明显，但他们的生活却逐渐发生着细微的变化。每位主角都想弄清在神的召唤下，自己要做什么事情。

【情境九】一对无神论夫妻参加了一次宗教活动。这次活动没有影响到妻子，却深深地影响到了丈夫。就在这次活动上，他经历了一次神启，之后就放弃了无神论的观点，这给他的妻子带来了极大的困扰。

【情境十】在一个小镇，参加教堂活动的人突然少了很多。为了了解其中的原因，小镇上的神职人员拜访了那些不再参加教堂活动的人。他们在这些人身上的发现促使他们开展了相应的活动，以此让民众重新回到教堂。

类别九：科学与迷信之间的冲突

我们认为黑暗时代之所以黑暗，是因为迷信影响着日常生活。但是，时至今日，我们发现迷信还在继续控制着一些人的生活。也许正因如此，科学——或者说是理性——与迷信之间的冲突才能激发出众多探究人类精神层面的故事。

【情境一】有个孩子患了重病，父母却拒绝让他接受治疗。他们坚信任何让孩子接受治疗的行为都会冒犯他家的守护神。这对父母甚至以暴力来威胁任何想干预这件事的人。于是，这个在绝望中求生的孩子开始秘密接受一位医生的帮助。

【情境二】这个故事发生在另一个世界里。那些被我们认为是迷信的观念在这个世界里却是常见现象，比如打碎镜子的人确实要走 7 年背运。因此，对于那些会引发怪事的禁忌，人们总是小心翼翼，生怕自己做错。有一天，一个“疯子”科学家宣称自己可以终结这些建立在迷信上的现象。

【情境三】一只颇具科学头脑的猫头鹰试图让那些迷信的鸟了解自然的法则，但那些鸟却根本不想听这些颇具煽动性的无稽之谈。猫头鹰固执己见，其他鸟密谋要杀死它，让它永远地闭嘴。就在这时，出现了一只讲求实用主义的乌鸦，它弄清了科学和迷信各自的价值所在，并出面调停双方的矛盾。

【情境四】一对兄妹有不同的世界观。一个人认为世上万物都遵从可证的科学法则，另一人却认为这个世界是由魔力和神力控制的。他们无休无止地争论，试图说服对方自己对于世界的理解才是正确的。

随后发生的一些事情使他俩意识到，从不同的角度来看，他们的世界观都没错。

【情境五】在末日世界，人民重新开始迷信，并且认为科学技术是种邪恶的力量。故事的主角努力使这些人相信引发“哈米吉多顿大战”的是对科学技术非理性的滥用，而不是科学技术本身。

【情境六】一对情侣在对待彼此关系的时候总是很迷信。当其中一方认为应该不再依赖迷信时，他们的关系出现了问题。一方认为这正好证明了迷信是有道理的，另一方则认为这只是心理误区。最终发生的一些事解决了他俩之间的问题。

【情境七】由于一场大火，一个史前村庄所有的食物来源都被烧毁了，村庄濒临饥荒。由于相信大海是神祇们的居所，村民们不敢渡过大海去寻找食物。村里有一位姑娘因为不相信神祇的存在而被驱逐出了村子。她愿意渡过大海去寻找食物，但是需要征集一批敢于同行的船员。

【情境八】故事的主人公决定让自己不再受迷信的影响，并努力不再理会自己曾经——哪怕是在潜意识里——有过的迷信想法。但她很快就意识到，要想彻底摆脱相信了 30 年之久的东西的确想起来简单，做起来难。

【情境九】在一个小岛上居住着两群人。一群人相信迷信，他们有很多娱乐和游戏。另一群人则很理性地生活着，根本没有时间消遣。一位拜访者意识到，如果这两个群体可以和睦相处，互相都能受益。于是他想出了一个办法实施自己的计划。

【情境十】挡住黑猫走路的人会有厄运，而摸摸兔子腿则能让人交上好运。在这个世界上，人类很多迷信的说法都与动物有关，正因如此，动物们的生活变得一团糟。

类别十：超级英雄与超级反派的对抗

故事中的英雄越强大，他的敌人就必须越厉害，这样的故事才能引人入胜。超人必须有莱克斯·卢瑟作为他的对手，蝙蝠侠的对手也一定要是小丑，诸如此类。你可以利用这里的10个情境来描写超级英雄和超级反派抵死相斗的故事，这会让你的读者爱不释手。

【情境一】故事发生在参孙尚未遇到给自己带来悲剧的情妇戴利拉的时候，有一次，参孙被迫迎战一位来自非利士的勇士。非利士的神大衮赋予了这位勇士超乎常人的力量，甚至可以和参孙的力量相媲美。

【情境二】天使降临在一个少女面前，告诉她她命中注定要用超能力去拯救人类。女孩问："我具有什么超能力呢？"天使却拒绝回答她。女孩又问："那么我要把人类从什么当中拯救出来呢？"天使只是伸出手指，指向了深远的夜空。

【情境三】一个超级大反派穿越了许多层宇宙空间，追杀一种自称是超级英雄的生物。为了躲过追杀，这种生物藏在了一个少年的身体里。少年搞不清这些生物是不是被电子游戏创造出来的，也搞不清自己是否发疯了，更搞不清这个超级英雄的故事是否真实。

【情境四】赫拉克勒斯有一项并未被记录下来的苦差。一只食人魔居住在雅典卫城地下深处的一个巨大洞穴里，赫拉克勒斯的任务就是去杀死这只食人魔，这项任务简直就是为他量身定制的。但食人魔的力量却是赫拉克勒斯无法匹敌的。在绝望中，赫拉克勒斯乞求诸神赐予自己更强大的力量或得到可以制服食人魔的锦囊妙计。神灵们并未满足他的愿望，但他却发现自己拥有了新的天赋。

【情境五】这是一个并未被荷马收在《奥德赛》中的故事：在刺瞎了波吕斐摩斯——食人独眼巨人——的眼睛后，奥德修斯必须与波吕斐摩斯的兄弟斯忒洛珀斯战斗，而斯忒洛珀斯比他的哥哥更加残暴。

【情境六】俄狄浦斯的儿子波吕尼刻斯和厄特克勒斯继承了父亲在底比斯的王位，并约定轮流执政掌管国家。但当厄特克勒斯的任期结束时，他却拒绝交出王位。波吕尼刻斯便联合 7 个王子，集结大军围困住了底比斯。传说中，这对兄弟在这场战争中同归于尽了，但是，在这个故事里，事情的发展却截然不同。

【情境七】为了避免常规战争带来的大量伤亡，两个敌对国家决定在一个特殊的战场上进行交锋。战争中失败的一方将把岛屿割让给对方。眼看着己方的君主即将要输掉这场战争，一方的司令官不顾自己君主的命令，私自部署了军队的行动。

【情境八】两个可能会成为超级英雄的人参加了一场比赛，胜出者将当选为超级卫士。在比赛中，他们不仅要展示自己超人的力量，还要表现出异于常人的聪明才智。尽管两个人都很聪明，却都使用了肮脏的手段。

【情境九】为了获得霸主地位，一只雄性霸王龙向自己的对手发起了挑战。它们俩势均力敌，打得血流成河，即将同归于尽。由于恐龙的食物越来越少，其他体型较小的掠食者也进入了它们的猎食区域，并开始抢夺它们的食物，一只雌性霸王龙说服了它们，让它们通力合作。

【情境十】流浪汉并不知道自己被另一个平行宇宙中的人看作超级英雄。在一次雷电交加的暴风雨中，强烈的雷暴形成了通往另一个平行宇宙的通道，流浪汉碰巧跌入通道并进入一个陌生的世界。在这个陌生的世界里，他受到了当地居民的欢迎。这些人希望他能够去打败那个世界有史以来最强大、最可怕的坏蛋。

第三章　自省

类别一：艺术家的自省

艺术的表达可以被看作一种自省或精神上的宣泄。有时候，艺术家们不得不承认自己的作品中存在着缺憾，即使他们的艺术作品可以表达自己的一部分情愫，也是不完美的。甚至有时候，他们是如此执着于追求完美的艺术作品，以至于在作品中留下了更大的遗憾。

【情境一】一位肖像画家喜欢上了自己的女模特，无论他如何努力遏制这件事情发生，还是和女模特陷入了爱河。他现在面临着自己经历过的最大的困境：州长的妻子请他为自己画像，他们两个人竟彼此都产生了好感。

【情境二】一位作家承认她写的故事情节全都变成了现实。因此，她努力试着只写一些快乐的故事。但每当她写到一半的时候，就会受到一股邪恶力量的控制，快乐的故事便无法再继续写下去了。她的丈夫发现了一个故事的草稿，故事里描写了一个有杀人倾向的妻子。丈夫开始为妻子感到担忧。

【情境三】一位钢琴家在演奏时，总是会想起自己饱受创伤的孩提时代，并因此无法集中精力演奏。他把这一经历告诉了妻子，却无济于事。他决定勇敢地去面对那些曾经给自己造成创伤的人。

【情境四】一位神秘小说家承认使用了以前的真实案件作为自己故事的素材。在一本书中，他准确无误地解析了一个案件，那个正在被警方通缉的罪犯还告诉了他自己所犯下的其他罪行，这使小说家的生命安全面临着极大的危险。

【情境五】这个故事的主角是摇滚歌星。他想对自己所犯下的罪过进行忏悔，却又不能让别人知道。因此，他用密语把这些罪行写在了歌词里。在他众多的前女友之中有一个非常聪明的姑娘，她破译了一些隐藏在歌词中的密语，并以此来要挟这位摇滚歌星。

【情境六】画家在她的画作中用象征的手法坦白了自己所犯下的一桩耸人听闻的罪行。侦探非常善于在错综复杂的线索中抽丝剥茧找出头绪，他接手了这个案子并试图破译了这些具有象征意义的图案。与此同时，画家已经和她的情人逃到了国外。

【情境七】故事的主角是一位词曲作家。他利用自己会写歌编曲的本领在歌词里坦白了自己所犯下的罪行，却没有人意识到这一点。尽管他的作品感动了数以百万计的人，但有一个人理解了他在歌词里真正要表达的意思，并且去和他当面对峙。

【情境八】诗人曾经犯下了一桩罪行却并未因此获罪。多年以后，他向自己深爱的女人坦白了自己曾经犯下的罪。既想要保护自己的爱人，又希望他能服罪自首，这使得他的爱人陷入进退维谷的境地。她想找到一个两全其美的解决办法。

【情境九】雕塑家告诉自己的朋友，她曾经被一只怪物纠缠了很多年。在朋友的建议下，雕塑家给这头怪物做了一尊泥塑。这尊泥塑使她回忆起了过去那些痛苦的情景，而她的朋友则帮助她正视并克服那些痛苦的回忆。

【情境十】大海上的一艘游轮正在慢慢地下沉，船上四处弥漫着死亡的气息。船上的乘客全都是壮怀激烈、抱负满满的作家。面对死亡，他们互相坦白了自己的罪过。然而在最后关头，他们获救了。他们突然意识到自己必须想办法接受互相坦白的罪过。

类别二：罪犯的自省

坏人也会有内疚感，有时候他们也会忏悔——经常是间接地——自己所犯下的罪行。有些人甚至会承认一些罪行，而这些罪行是他们根本就没有做过的，或者说这些罪行是他们想做却做不到的，看起来就好像这些人渴望成为罪犯。下面给出的这些情境都着重于罪犯的犯罪心理学，你可以从中随便挑选一个，把它写成一个完整的故事。

【情境一】天使拜访了一名犯罪家族的首领，要求他停止犯罪行为，为其所作所为进行忏悔并去投案自首。天使说，如果他这样做了，从监狱服完刑出来后，他和家人一定会得到奖励。到底是听从天使的劝告还是继续自己的黑道生意，这位黑帮老大不知该何去何从。

【情境二】一群窃贼溜进了一家枪店，偷走了一批自动武器，然后在大街上胡乱射击，引发了一场骚乱。这件事使一群主张私人有权拥有武器的人改弦更张，他们开展了一场号召控枪的运动。出乎意料的是，他们受到了一群激进的反对控枪人士的抵制，生命安全也受到了威胁。

【情境三】珠宝大盗被自己偷来的一颗宝石催眠了：她在这颗宝石里看到了一个圣人的形象，而她小时候经常向这个圣人祈祷。她向这位圣人坦白了自己的盗窃行为，圣人让她把偷来的珠宝物归原主，她照做了。但宝石的主人却把这件事诉诸法律，对她提出了控告，这时一件奇怪的事情发生了。

【情境四】发生在两个坏蛋之间的忏悔：警察和窃贼是室友，他们互相坦白了彼此的秘密罪行。他们互相谴责彼此在生活中所犯下的罪过，从更深层次理解了人类犯罪的诱因。

【情境五】故事的主角承认自己犯了罪，但实际上他并没有做什么。也许在一辈子默默无闻后，他希望借此来吸引媒体的关注；也许他一心求死或精神错乱了。又或者他是一个非常狡猾的人，在演“狼来了”的故事，这样即使他以后真的犯了罪，也没有人会相信吧。

【情境六】在禁酒令时期，为了争取宽大处理，一家地下酒吧的老板向警方坦白了自己的罪行，但警察还是把他的酒吧夷为平地。他出狱后，为了报复警方的背叛，一口气修建了多家地下酒吧。

【情境七】故事的主人公梦想找到一位美女同伴和他一起抢劫银行，就像邦妮和克莱德那对“雌雄大盗”一样。但当机会来临时，他那位所谓的女友却“先下手为强”，并使他落入警方的手里。原来，这位美女有一位秘密情人，他是一个有前科的罪犯，也曾经抢劫过银行。故事的主人公向警方承认了全部罪行，希望以此来保护自己的“女朋友”，但后来才发现谁才是她真正的爱人。

【情境八】几个罪犯每周都会聚在一起交流自己做过的案子。后来，他们每次聚会都会投票选出一件最惊世骇俗的案子，其他人会请做这个案子的人喝啤酒。这样，每个人都想做下一件最厉害的大案来赢过其他人。

【情境九】随着年事渐高，一位前三 K 党成员承认了自己在前民权运动时代所犯下的罪行。但是他并没有请求得到谅解，而是希望一个美国黑人团体帮他决定，如何能最大限度地在自己去世前把巨额财产捐赠给这个黑人团体。这个黑人团体会接受这笔捐赠吗？

【情境十】总统候选人私下里承认拿到了竞选对手私生活的记录，并对其加以篡改后将这些文件泄露给了媒体。然而，这位候选人的这番话也被泄露了出去，于是她的竞选对手借此对她展开了攻击。

类别三：心怀不满者的自省

每个人都希望自己生活中的某个方面可以变成另外一个样子，比如外貌、智力、性情或某项特别的能力。通常我们都会把对自己的这些不满藏在心底，但是有时我们会把它们告诉旁人，又或者我们只会对自己讲述。

【情境一】故事的主角这辈子最大的愿望就是学会演奏一种乐器，但他一直缺乏学习的动力和热情。他把自己的愿望告诉了魔鬼。魔鬼说可以满足他的愿望，让他变成一个极有天赋的钢琴家。但如果想要做到这一点，他必须放弃自己的另外两项能力。

【情境二】这个故事是讲给孩子们听的。一只猫对妈妈说它想变成一条狗。它经常坐在窗台上，看到邻居家的狗总能受到大家的关注，总是和附近的孩子们一起玩耍。尽管妈妈警告它作为一条狗会碰上许多麻烦，但它还是准备在一位魔术师的帮助下把自己变成一条狗。

【情境三】一位新婚妻子对丈夫坦白自己是双性恋。她希望在继续自己婚姻的前提下，拥有一个同性恋人。丈夫同意了她的要求，但这对夫妻的关系很快就破裂了。

【情境四】在天堂幸福生活了一年后，故事的主人公告诉圣·彼得，她已经厌倦了天堂的生活，经不想再整天都听到天堂里的竖琴声，也不想再整天都沐浴在天堂那金色的圣光中了，她想要离开。圣·彼得同意让她回到地球，但是她只能以动物的形态回去，当然她可以选择变成哪种动物。

【情境五】一位女子对变性手术专家说，如果她是一个男人，也许她的生活会更幸福。经过变性手术后，她却发现自己的身体并不具备任何男性功能。于是，她要求再把自己变回女人。但大夫却告诉她，其实自己并不具备做外科手术的资质，有许多和她处于相同境况的人已经把他告上了法庭。

【情境六】一个颇有道德感的魔鬼定了一条规矩：无论是谁，只要坦白自己所犯下的一项罪过并为此做出补偿，他就可以实现这个人的一个愿望。有些人承认了自己的罪过并实现了自己的愿望，却没有用实际行动去赎罪。这些人将受到魔鬼严厉的惩罚。

【情境七】故事的主人公是一个长生不老的女神。她对魔法师说，她愿意用自己长生不老的生命换来一个爱人。魔法师帮助她做成了这件事。但是当她和自己爱人的感情破裂之后，她希望魔法师能把长生不老的生命还给自己。

【情境八】宙斯对自己的生活感到十分厌倦，他不想再做宇宙的主宰，也不想再做奥林匹斯山上的众神之王了。他把自己的想法告诉了赫拉。因为宙斯风流成性四处留情，赫拉早就盼着能有个机会报复宙斯。她也不会介意在众神之殿上取代宙斯的地位成为众神之王。

【情境九】无论妻子做什么来取悦自己，丈夫总是感到不满意。终于，他忍不住把自己的不满告诉了最好的朋友。朋友认为他应该做些事情来调剂自己的婚姻生活，于是给了他一些非常规的建议。

【情境十】故事的主人公是一位千万富翁，她非常怀念自己以前的生活。那时候，她没什么钱，必须努力打拼、量入计出。于是她决定放弃自己的财产，把它们全部捐给慈善事业。讽刺的是，慈善捐赠却使得她变得更加富有了。

类别四：医务工作者的自省

从护士小姐到脑外科医生，这些专业的医护工作者可以给你讲出许多故事，比如医生的误诊、新手的恐惧、医生们互相打掩护、失去信心的医生等。你能从以下的情境出发，创作出什么样的故事呢？

【情境一】年长的医生一直在密切地注意实习生的表现，因为这个实习生似乎对医院里某类疾病的患者心怀不轨。最终，他把自己的疑虑告诉了他的上司，但结果却事与愿违。

【情境二】有一位非常自负的外科医生喜欢欺凌弱小，和他一起工作的护士总是委屈自己来迁就他。在一次外科手术中，护士想出了一个计划来报复医生。但她随后便意识到自己的计划已经在不经意间危及了患者的性命，于是她向医生承认了自己的错误。

【情境三】心理医生发现自己的一个病人很可能会伤害别人的性命，便把关于这名病人的机密信息泄露了出去。当那个病人得知是医生把自己的信息泄露出去了之后，便对他展开了报复。

【情境四】多年以来，一位外科医生对待护士的态度一向不好。现在他向媒体公开承认了自己之前的行为是错误的，并组织了一场运动为护士争取进一步的权利，努力为护士这个职业谋得更大的福利。与此同时，他必须克服来自其他外科大夫的抵制。

【情境五】在一次外科手术中，护士发现一位原本很出色的外科医生表现得很古怪，于是她把这个情况上报给了院方高层。院方高层批评她不该管这些闲事，让她做好自己的本职工作就可以。随着病人陷入昏迷，院方终于开始认真地对待她所担心的情况了。

【情境六】私人疗养院的院长告诉来疗养院暗访的记者，这家疗养院里的条件其实是不符合标准的。但是，这一情况在这个记者发表的报道里被过度夸大了。于是，疗养院的工作人员们便开始响应院长的号召，试图挽回疗养院的声誉。院长发誓要把这家疗养院变成模范疗养院。

【情境七】一位乡村医生告诉记者，村子里的人相信神会拯救生病的孩子而不让孩子服用药物，因此对村子里生病的孩子无动于衷，这导致了很多孩子因病夭折。尽管他掌握了更多的知识，但是因为自己没有付出更大的努力，也没有寻求过外界的帮助，所以村子的情况变得越来越糟糕，而他也变得越来越没有信心。但是现在，他下定决心要弥补自己之前所犯下的错误。

【情境八】医院里的一位病人是名人。被派去护理他的护士承认在常规治疗手段无效的情况下，自己对他使用了非常规的治疗方法。这位护士被告知，如果她再对这位病人使用那些非常规的治疗方法，那么她就要被医院开除。但是，当这位病人处于弥留之际时，她还是不顾一切地决定要使用那些方法来救治他。

【情境九】健身教练的工作是一对一地指导学员们进行健身。出于各种各样的原因，他的学员们都必须把自己的身体锻炼到最好的状态。这位教练承认为了帮助学员，自己做过一些不太符合职业道德的事情。而且，他的某些做法也得到了相反的结果。

【情境十】一位德高望重的外科大夫饱受间歇性精神病的折磨，而且发作得越来越频繁。他告诉自己的主治医生，自己的精神病在手术室里也曾发作过几次。尽管主治医生建议他休息一段时间，但是他仍旧继续给病人做手术。

类别五：员工和老板的自省

当今大部分工作都界定了明确的职业道德标准，但是，这并不意味着不存在任何不公平的现象。依旧有许多由于员工和老板之间不平等而引发的故事。

【情境一】一位空乘讲述了自己每天都要面对乘客的真实感受。有些乘客粗鲁无礼，有些乘客偏执爱妄想，有些乘客暴躁好斗，我们可以从一幕幕重现的场景中间接地体会到她饱受的折磨。出乎意料的是，她吐露心扉的对象是航空公司派来的情报员。而这位情报员把这位空乘的话归结为她厌恶自己的工作。

【情境二】在一个第三世界国家的工厂里，工作条件恶劣、工资待遇很低。这家工厂的经理向当地报纸的记者坦言，老板强迫他无视消防安全措施，从而导致三名工人的死亡。经理的话一经披露，工厂老板便要对他展开报复。

【情境三】守夜人在一间办公大楼里工作了很多年，他每天的工作就是清扫废纸篓和碎纸机里的垃圾。一次，他把从碎纸机里拿出来的纸屑仔细地拼好，发现那正是公司里某些员工犯罪的证据。

【情境四】一个商业间谍伪装成电脑技术员，接触到了竞争对手的机密文件。在他盗取这些文件时，被对手公司里的一名员工当场抓了个现行。他把这些机密文件的内容透露给了这名员工，同时向这名员工提出了一个对方无法拒绝的提议。

【情境五】老板给她的员工提供的工作条件十分恶劣。当她手下最出色的员工身患重病之后，她终于“良心发现”，准备改正自己的错误。

但是由于过去的所作所为，她被告上了法庭。

【情境六】一位深受欢迎的教师很反感统一的标准化考试。但是，她的主管上级却警告手下的教师，除非学生们能在考试中达到一定的分数，否则就要把教师都开除。迫于压力，这位教师只能开始进行应试教学，但也把上级的这一决策泄露了出去。上级知道这一情况后便威胁她，除非她答应帮助篡改学生的考试成绩，否则就要开除她。

【情境七】一座油井发生了灾难性的爆炸。本该对此负责的主管却将罪责推卸到了一个只犯了一些无足轻重的失误的下属身上。当这个拖家带口的下属面临牢狱之灾时，这位主管却“良心发现”，自愿伏法受刑。这位下属对主管满怀感激，愿意竭尽所能帮助他免受牢狱之苦。

【情境八】经理总是能为自己骚扰女下属的行为找到狡猾的借口，并且自认为绝不会因为性骚扰而惹上官司。那些被他骚扰过的女员工们想出了一个伸张正义的办法。在一次聚会上，她们诱使他承认了自己那套本性难移的“男人总归是男人”的伎俩，并把他说的话录了下来。

【情境九】一个在码头工作的工人承认自己与毒贩合作，帮助他们把毒品运过海关。这件事情被贩毒集团知道了，工人的生命受到了威胁。一位 FBI 特工承诺不追究他的罪责并为他提供保护，作为交换，他要帮助这位特工把这个犯罪集团的成员一网打尽。

【情境十】老板开除了几十名雇员，并把这些人的工作以极其低廉的价格外包给了别人。一名员工把这位老板的所作所为报告给了州里的官员，但是，官员们却和这位老板相互勾结、狼狈为奸。因此，这位员工的工作不保，甚至生命安全都受到了威胁。

类别六：情人和配偶的自省

当谈及自己的感情生活时，情人或配偶们总是会滔滔不绝。准确地说，感情关系是很复杂的问题。描写这些矛盾冲突的好故事有助于了解如何解决这些问题。

【情境一】故事的主人公与一名女子相爱了，但没有人知道这名女子其实是一个变性人。当她承认自己曾经是男人后，主人公感到非常震惊。但随着主人公渐渐了解她以前的生活，也渐渐接受了她是变性人这一事实。

【情境二】沉迷于珠宝的女人告诉自己的医生，穿戴偷来的珠宝会让自己有一种浪漫的惊喜感。她沉溺于这种惊喜感而无法自拔，她总是让男人们去为她偷那些珍贵的珠宝。她还告诉医生，正是由于孩提时代的经历，才使她形成了这样的心理需要。

【情境三】餐厅里有两位彼此相爱的厨师，他们通过自己精湛的厨艺来向对方表达爱意。他们烹制的菜肴越是令人惊叹不已，就越是眷恋对方。但其中一名厨师对有异国情调的菜品产生了兴趣，而另一名厨师却认为那些菜着实令人倒胃口。

【情境四】一对情侣曾经是时尚界里的宿敌，他们坦承了彼此曾对对方做过的轻率之举。然而，这些过往却使得他俩再度反目成仇。

【情境五】一个人告诉他的爱人，自己拥有读心术的能力，这让这段原本完美的感情出现了严重的问题。但是，这个会读心术的人还拥有让他的爱人也学会读心术的能力。

【情境六】一位著名的科学家带着他的研究生参加了一个秘密实验。

在此期间，研究生表白了自己对科学家的爱意，却被一口回绝。她因爱生恨，以实验为由对科学家敲诈勒索。鉴于这个实验的机密性，科学家不得不委曲求全，努力讨得她的欢心。

【情境七】一对夫妻结婚已有数年之久，如今他们的婚姻已经走到了崩溃的边缘。丈夫向妻子承认了自己是一个双性恋者，这让妻子感到十分震惊。然而，妻子本人其实也在一直压抑着自己内心强烈的双性恋愿望。丈夫的坦诚使她有了勇气承认自己的双性恋取向。

【情境八】女教徒向教区里的牧师承认自己爱上了他。犹豫再三，牧师放弃了自己的神职，以求和这位女子共浴爱河。但此时，女教徒却说自己不再爱他了。恼羞成怒之时，这位前牧师采取了极端的手段以挽回女子对自己的感情。

【情境九】两条龙彼此相爱了，却很讨厌对方的恶习：公龙生气时总情不自禁地要喷火，而母龙生气时则忍不住要吃人。于是，它俩一起报名参加了一个龙族医生的关系治疗课程，但这位龙医生也有自己的问题。

【情境十】司机为有钱的寡妇工作了 30 年，他承认自己一直深爱着这个女人，这段单相思甚至在她与自己那已经过世的丈夫结识之前就已经开始了。寡妇对于他的表白无动于衷，认为他只是看上了自己的财产。司机做出了一些惊人之举后，这个寡妇改变了自己的看法。

类别七：军人的自省

清晰准确的信息在军事中是至关重要的，但是误会，甚至是欺骗，却时有发生。一般来说，这些情况都是因为疏忽而造成的。但出于一些复杂的原因，有些误导却是蓄意而为的。在危急关头，战友间的信任、绝对服从命令和严格遵守规章制度等因素组成了那些扣人心弦、充满悬念的故事。

【情境一】授勋的老兵一直把战场上的经历藏在心底，但是多年以后，那些可怕的场景突然又出现在他的脑海里。他决定退回自己的勋章，承认他不仅不配得到这些勋章，还在战争中犯下了罪行。

【情境二】中士把一名列兵派去执行一项危险的任务，这名列兵受了重伤。对此，中士一直心怀内疚。他承认这样做是出于一个现在看起来很愚蠢的原因。这名中士发誓为了替那个列兵讨回公道，他愿意竭尽所能来弥补自己的过失。

【情境三】军校里的女学员扬言要向长官报告自己受到了性骚扰，随后她突然生了重病。她的室友怀疑她是被投毒了。随着调查的大规模展开，人们发现军校里普遍存在性侵的情况，越来越多的女学员的生命安全也都受到了威胁。

【情境四】一位士兵作战时十分英勇，却没有得到上级中士的认可，因此这名士兵便对中士展开了报复，他揭发了中士的一些违纪行为。这件事情被中士发觉了，便威胁要把这名士兵送上军事法庭，除非他同意帮助自己做这些违纪的事情。

【情境五】一些绝密军事文件被盗了，文件里记录着一些会引起极大争议的化学实验。要想把文件找回来，就必须让负责这一案件的调查员了解文件里的内容。由于其中一份文件的内容实在太敏感，所以军方决定继续保密，不让调查员知道这份文件的内容。但只有这份文件才能帮助调查员抓住罪犯。

【情境六】一位女中士接替了男中士的工作，但她接管的士兵却不肯认真执行她的命令。她告诉一名士兵，自己很厌恶男中士那套严苛的带兵手段。于是，这名士兵与她秘密合作，帮助她成为了一名能够做到令行禁止的长官，并用人道的手段激励自己的士兵。

【情境七】一队美国士兵把另一支美军部队当成了敌人，朝对方开了火。军方展开了调查，以图弄清此次事件的起因，同时想秘密确定是否有敌方的人员渗透进了自己的军队，故意散播虚假情报。

【情境八】一位专门研究军人心理病理学的专家在调查一些被指控士兵的情况。这些士兵被指控肆意杀人以获得杀戮的快感。这是一种心理疾病，会导致士兵将开枪时机判断得过早。

【情境九】军校里经常会出现性丑闻的流言，故事的主人公奉命对这家军校展开调查。他发现这些所谓的丑闻只是冰山一角。一位要求得到豁免的军官告诉了他这所军校里的种种不法勾当，例如贩毒、聚众赌博、敲诈勒索等。

【情境十】在一次潜艇的水下测试过程中，潜艇上的技师发现官兵正在密谋一次针对艇长的兵变。传言这位艇长有酗酒的恶习，但这名技师发现这只是一个假消息，这些人正在准备一场更大的叛乱。

类别八：来自政治家的自省

政治家就像商人，把大量时间花在不择手段的钩心斗角上。他们必须让自己看起来与众不同，又不显得鹤立鸡群。在对待麻烦的时候，为了不让自己的名誉受损，即便是自己还处在有利的地位上，他们也会选择妥协退让。有时候，在真诚和虚伪中间并没有很明确的界限。

【情境一】某个正在争取连任的参议员向朋友承认，她对于一个特别的问题一直都有自己的看法，但是由于担心会输掉竞选，只好一直隐瞒自己的真实态度。私下对朋友坦白了自己的看法后，她觉得自己就像个伪君子，她想公开地向民众坦白自己的看法。

【情境二】一位深受民众喜欢的保守党候选人因为倡导传统的价值

观而得到了公众的支持，例如他认为应该禁止同性婚姻，学校应该重新举行祷告会，等等。他也因此以绝对的优势赢得了州长选举。但是随后，他便公开承认自己对于大多数有争议的话题其实是很温和，甚至是很开明的。他承认自己在竞选州长的过程中误导了大多数保守的选民。当新一轮选举来临之际，这位年轻的州长力求使自己提出的提案得到国会的同情并得以推行。

【情境三】在总统的连任竞选过程中，总统的一位竞选顾问承认自己把总统连任竞选策略中的一些敏感信息透露给了竞选对手。这位竞选对手用这些信息给自己的竞选增加优势，却得到了相反的效果。这一切都是有预谋的吗？一位记者开始着手调查其中的原委。

【情境四】一位参议员承认一直以来自己都没有尽到该尽的义务，而且还和自己的一位员工有染。尽管让他引咎辞职的呼声很高，但这位参议员还是坚定地做出努力，试图挽回自己的声誉。他坚称有些人看起来似乎没有什么罪过，却不能像他一样全身心地投身于自己的工作。与这样的人比起来，那些勇于承认自己罪过的人更值得信任。

【情境五】一位女国会议员赢得了自己党派中所有人的尊重。随后，她向媒体坦言之所以会提出自己的施政纲领，是因为一个很自私的目的。她有一个希望得到解决的问题，在这个问题得到解决之后，她就会急流勇退，退出政坛。党内一些人开始对她群起而攻之。她决定把这些人的注意力转移到那个问题上去。

【情境六】一名中西部城市的市长承认自己与犯罪集团有黑幕交易。现在，这个犯罪集团的很多成员都被依法惩处了，其他犯罪分子认为市长背叛了他们，打算杀掉市长。

【情境七】某个极权主义国家通过给犯人服用药物或对犯人进行催眠来获得他们的口供。为了亲身了解犯人们是如何被严刑逼供的，一个记者故意让自己被捕。但是她的计划却被逮捕她的人发现了。

【情境八】一名立法委员的行政助理掌握了自己部门里贪污腐败的证据。她把这些证据交给了一名特工。但这名特工本身也是这些贪墨之人中的一员。现在，这名助理的性命受到了威胁。

【情境九】一位深受欢迎的国会议员精神崩溃了。精神恢复正常后，他承认自己是一名巫师。他的同事们对此深表震惊，并且义愤填膺地要罢免他的职务。但与此同时，选区里的民众却表示更加支持他了。

【情境十】总统先生想让国会通过自己的一项提案，一位参议员表示支持总统的提案。但他随后又改变了自己的立场，开始攻击起这项提案来。他承认自己这样做是为了报复总统，因为总统曾经向他许诺过让他担任某个职务，却失信于他。就在总统的这项提案看起来似乎不可能被国会通过时，这位参议员却再次改变自己的立场，转而支持这项提案。

类别九：宗教信仰者的自省

宗教领袖们被世人视为行为典范，但他们也许身藏世上最阴暗的秘密。而与这些无法公诸于世的秘密相伴的就是巨大的负罪感。这里为你提供了10个情境，你可以利用这些情境写出由神职人员的忏悔而引发的故事。

【情境一】一位致力于宗教事业的神父发现自己的信仰动摇了，于是向另外的一位神父进行忏悔。出于种种原因，这位神父把他忏悔的内容告诉了大主教。大主教自己也正经历着信仰的危机，他把自己的想法告诉了这位苦恼的神父。

【情境二】在吸引了一大群追随者后，一位信仰疗法者对她的信徒承认自己只是一个骗子。但是他们却不相信她的话，并坚持认为她曾至少治愈了三名信徒。

【情境三】一位在美国生活的萨满教巫师承认自己并不赞同一些人的施政纲领，并曾使用伏都教的咒语对这些人施以诅咒，看起来这些咒语似乎是有效的。但是，故事的主人公——一位侦探——却疑惑于是否能因为一个人使用了巫术而起诉他。

【情境四】一位僧侣的头脑里总是不断地产生有关天堂和地狱的幻象，这给他造成了极大的困扰。他采用了一些可以放松精神的办法，比如用画作、诗歌或文章的形式把自己看到的幻象记录下来。他的作品像病毒一样蔓延了开来，由此引发了一场骚乱。

【情境五】一位很有魅力的传教士布道多年，拥有大批的信徒。但他实际上是一个骗子，因为他从来都没有被授予过神职。当他从城镇里被驱逐出去后，一些信徒组织了示威游行，以此来支持他多年以来的善举。

【情境六】一位牧师终日饱受内疚的折磨。尽管他心里十分清楚，如果公布自己的罪过，那些原本就已经在逐渐减少的信徒终将全部离开他，但他还是每周都在布道坛上公开忏悔。出乎意料的是，他的信徒人数非但没有减少，反而戏剧性地增加了。“继续忏悔吧！”他们似乎在对他说。

【情境七】尽管一位牧师努力想变成大家的楷模，成为一名精神领袖，却无法彻底地摆脱自己的过往。尤其是当她出名后，众人皆知她能让那些背离了信仰的人重新恢复信仰。

【情境八】一个自诩为宗教领袖的人通过“坦白”自己那完全是虚构的犯罪生涯来获得声誉——或者说是恶名。当他获得了大家的关注后，便不再“坦白”自己的罪行了。但他的追随者们却要求他必须继续交代罪行，否则他们就会把他当作骗子。其实，这个教派里的一些老信徒们已经意识到了他在撒谎。

【情境九】一位修女承认自己是一系列谋杀推理小说的作者，她作品的主角是连环杀人狂、疯狂的虐待狂、恐怖分子，诸如此类。作为一名隐居的修女，她拒绝接受任何采访，这却使得公众更想去进一步地了解她，并且想知道在她身上是否有一些不为人知的可怕秘密。

【情境十】一位虔诚的宗教领袖遇到了一些事情，这些事情让他开始怀疑是不是真的有上帝存在。他先是在噩梦里见到了这些事情，在随后的几天里，这些事情就会真的发生。他把这些事情告诉了一位知己，知己对他说，也许这些事情只是上帝对他的考验。

类别十：叛徒和骗子的自省

> 但丁把最底一层地狱留给了那些臭名昭著的叛徒。但也许这些罪人可以通过对自己的行为进行忏悔来获得救赎。以下有10个情境，你可以用它们写出一些背叛的故事。

【情境一】美国独立战争期间有一位士兵，大家都认为他为了殖民者的独立事业而奋斗，但他却改换门庭投效英军，并成了英军的线人。由于受到良心的煎熬，不久之后，他痛改前非，向华盛顿将军交代了自己的所作所为。他犯有叛国罪，因此被判处死刑。就在行刑前夕，他却做出一件颇有英雄气概的事。

【情境二】骗子以两种身份周旋于两个女人之间，并分别对这两个女人说自己对她是真心的。其中一个女人发现了这个骗局，并把这个消息告诉了另外一个女人。但是另外那个女人却打算把自己和骗子的关系继续保持下去，并想要除掉“她的情敌”。

【情境三】一位律师接手了一起盗窃案，为被告辩护。被告说自己是清白的。但是这位律师却从赃物中发现了被告犯罪的证据。与此同时，这位律师又急需一笔巨款来为自己的女儿治病，于是便威胁这名被告，除非他分给自己大部分赃款，否则就放弃这个案子。律师的计划不仅未能奏效，还造成了事与愿违的结果。

【情境四】一位无良的销售经理命令她的员工以“坑蒙拐骗”的方式进行销售。她的手段是把每个员工的污点掌握在自己手里，以此威胁他们服从自己。然而，有一个员工把所有的一切都上报给了公司的伦理委员会。

【情境五】一位20世纪50年代的影星在晚年把自己的秘密告诉给了为自己写传记的作家。她天赋异禀，可以控制别人的思想。她利用自己的控心术操纵电影公司经理签下合同。但是有一位经理却能抵制她的异能，而且一直都想要报复她。

【情境六】为了知道谁能够骗倒所有的人，大家举办了一次骗术大会。骗子甲打赌说自己可以骗倒骗子乙，而骗子丙认为自己可以赢过骗子甲和骗子乙，诸如此类。最后把所有骗子都骗倒的那个人可以赢得一次免费的旅行，他可以去游览世界上任意的一个地方。出乎众人意料的是，这些骗子们全部都是各种宗教派别的领袖。

【情境七】为了获得宽大处理，叛国者交代了自己的间谍行为。但是他隐瞒了自己最严重的间谍活动。而事实证明，他要求得到宽大处理的请求确实被拒绝了。如果他交代了那项可能会影响到国家安全的间谍活动，他是不是会被宽大处理呢？

【情境八】侨居海外的作家曾在一封公开信中宣称，拒绝让出版商再出版自己之前的作品。因此，当他请求自己之前的出版商再版自己的书时，毫无意外地遭到了出版商的拒绝。而他的一位新朋友答应从中进行调解。

【情境九】一个双面间谍假意放弃了自己的美国国籍，并把某些军事机密“泄露”给另一个国家。看起来她似乎是要叛逃到那个国家去窃取他们的机密。但是，与保罗·纽曼在希区柯克的《冲破铁幕》中所饰演的角色截然不同的是，实际上，这个间谍想把情报以大价钱卖给第三方国家。她的一个同事识破了她的阴谋。

【情境十】在宣布放弃了自己作为国际公民的权利后，一位身居海外的美国侨民承认了自己的受贿行为。为了获得特赦，他同意告发那些曾密谋把敏感信息泄露给敌国的人。

第四章　征服

类别一：克服坏的或危险的习惯

任何讲述嗜好或兴趣的故事都并不仅仅限于“内部”情节的描写。例如，一个讲述酗酒者如何戒酒的故事（情境二）既要包括对煎熬心理的描写，还要讲到来自外部的努力，比如家庭、朋友、工作等。一个讲述如何戒掉坏习惯的好故事应该同时包括内部情节和外部情节。

【情境一】一位咨询顾问总是控制不住自己的盗窃癖。无论朋友和家人怎样帮助她，她还是不断地从商店里顺手牵羊一些小东西。一天，她在偷东西的时候被当场抓住，导致她面临失业的危险。

【情境二】为了改掉自己酗酒的恶习，一位警长参加了“匿名戒酒协会”，他严格按照协会的要求去做，并接受了药物治疗。但是，在一次极不愉快的调查中，他酗酒的恶习又死灰复燃并且越发严重了。他的一位女性朋友成了可以拯救他的唯一希望。但是这位朋友自己也染上了酗酒的毛病。

【情境三】故事的主人公有一种奇怪的嗜好，他总是盗取那些在工艺品展会上展出的珠宝。因为他无法让自己停手，所以向一位行为治疗师求助。然而，这位医生也有同样的盗窃癖。于是他俩发誓要一起戒掉这个恶习。后来他俩慢慢地开始喜欢上对方，问题开始变得复杂了。

【情境四】一位心理学专业的学生发现自己的男朋友总是因为一点小事就发脾气。为了帮助他控制自己的脾气，她让他把小时候发生过的事告诉自己，希望以此找到问题的根源。然而，她很快就意识到，这样做就等于是把自己置于危险之中。

【情境五】故事的主人公养了一条十分聪明的狗，这条狗总是在邻居家的院子里找骨头，每次都要把邻居的院子翻个底朝天。对此，故事的主人公无计可施。有一天，她的狗从邻家院子捡回来的却是一根人骨头。

【情境六】尽管一位私立小学的老师既抽烟又喝酒，却十分赞同吸烟和酗酒是恶习，并发誓要把烟酒戒掉。因为不能戒掉，她备受内疚的煎熬。一天，她在学校里喝酒，不小心被几个孩子发现了。这几个孩子把这件事情告诉了校长。

【情境七】一位亿万富翁总是给无家可归的人发钱，有时一次就给100美元。这是善举还是恶行呢？从表面上看，这似乎是一种慈善之举。但讽刺的是，许多受赠者用这些钱来购买毒品，甚至枪支。她的慷慨解囊给他们带来了更多痛苦。

【情境八】一个少女可以凭意志移动物体，比如，她会让欺负她的人浮在半空中，或在父母吵架的时候把他们扔到房顶上去。但她却无法控制自己的这种能力。除了她原来的男朋友，没有人敢帮助她。

【情境九】为了控制住自己的坏脾气，一位女子请自己的治疗师对自己进行了催眠。将她催眠后，治疗师发现她有一种非常危险的人格。尽管他不能确定该如何对她进行治疗，但是他却非常清楚，自己必须在她受到这种危险的人格控制之前做点什么。

【情境十】一位德高望重的CEO赌瘾很大。他总是挪用公款去赌博。就在他准备拿全部的养老金作赌注孤注一掷的时候，一位朋友阻止了他。这位朋友准备帮助他戒掉赌瘾。

类别二：克服威胁

不管是受到嘲讽还是伤害，我们总是想站出来捍卫自己的信仰，而我们内心最艰苦的斗争也多源自于此。孤身奋战是一件困难的事情。下面这些情境可以帮助你创造出许多故事。你可以在这些故事中描写那些通过努力奋斗而成为自己梦想中的勇士的人。

【情境一】一个学生总是被同学欺负，他感到深深的绝望。一个朋友鼓励他用非暴力的方法获得大家的认可。结果却事与愿违，这个学生也因此变得一蹶不振。这个朋友还有另一条锦囊妙计。

【情境二】一位演员非常有上进心，为了克服自己怯场的毛病，他尝试了很多心理控制技巧来帮助自己在观众面前表现得更加自然。终于有一次，他碰上了紧急情况，正是这次经历使得他克服了内心的恐惧。

【情境三】尽管工作中纷争不断，一位女政治家依然对自己的事业充满信心。但是当她离婚后，她的精神就崩溃了。然而她的前夫却竭尽所能帮助她重拾信心，还打算和她重归于好。

【情境四】一位手风琴演奏家的音乐品位受到了大家的嘲笑，于是她决定不再演奏手风琴了。曾经嘲笑过她的朋友对于自己的所作所为十分懊悔，并设法说服她重新登台演奏。

【情境五】一位先锋派画家的画作时常受到嘲笑，因此他准备放弃作画。正当此时，这位画家曾经的老师重新审视了他的作品。画家正准备毁掉自己所有的画作，而这位老师必须说服他，让他知道自己作品的价值所在。

【情境六】一位非常有天赋的游泳健将经历了一次溺水事故，使他无缘参加奥运会比赛。一位心理治疗师也曾受过类似的心理创伤，便对这位游泳健将进行了治疗，企图帮助他克服自己内心的恐惧，重返泳池。

【情境七】一位退休的马戏团演员胆子很大。由于感觉自己受到了来自竞争对手的威胁，他计划冒生命危险进行一次走钢索表演。他准备蒙住双眼，不要安全网，在一条固定在两座摩天大楼之间的钢索上进行表演。在他准备推迟表演期间，对手的胁迫便成了恶意的人身攻击。

【情境八】有一对姐妹从小就互不相让，长大工作后更是成了生意场上的对手。其中一个因为对方剽窃了自己的点子而威胁要把对方告上法庭。这样一来，这对姐妹的关系就变得更糟糕了。被告的那方有一个生意上的搭档，为了帮助这对姐妹解决矛盾，他想出了一个不同寻常的办法。

【情境九】一个饱受口吃困扰的人希望可以改掉口吃的毛病，并成为一名演员。但由于总是受人欺负，而且在说话方面也没有太大的进步，他的信心很受打击。博学的老师为他量身定制了一个计划，通过这个计划，他可以早日实现自己的目标。

【情境十】年轻女子梦想成为演员，却非常怯场。她尝试过行为疗法，也尝试过其他演员教给她的心理技巧，甚至服用过镇静剂，但是所有这些办法对她都没有效果。这时，她结识了一位演员，这位演员告诉她自己成功克服了怯场的心理障碍。这位女子相信他可以帮到自己，但他用的却是另辟蹊径的办法。

类别三：克服疾病

大部分疾病都是很复杂的，不易诊断，也不易治愈，甚至有些疾病根本就无法治愈。但医疗工作者们仍在坚持不懈地与疾病进行着斗争，同时，深受病痛折磨的人们也在努力战胜病魔。正如以下这些情境所介绍的，以疾病为主题的故事总是既充满悬念又鼓舞人心。

【情境一】一位教师被确诊为神经障碍。尽管如此，他还是想继续教书。因此，他要证明自己的情况是可以被治愈的，至少可以控制。这位老师的儿子是从事卫生保健的专业人士。几年前，这对父子间曾经爆发过一次激烈的冲突，因此他现在不能决定是否该帮助自己的父亲。

【情境二】抑郁症患者的妻子为了帮助自己的丈夫摆脱抑郁症的折磨，尝试了各种办法，但都未能成功。后来，她碰巧发现了一个可能有效的治疗方法。从来没有人想到过使用这种疗法，因为这种疗法对病患的伤害比抑郁症还要大。

【情境三】是什么怪病会让人的皮肤变成蓝色呢？研究者们在寻找这一问题的答案时，发现患上这种疾病的人不仅皮肤会变成蓝色，连行为举止也会发生变化。最后，一位病理学家提出了一个理论：因为人们过度使用电子设备，才引发了这种疾病。

【情境四】在一个与世隔绝的社会中，人们饱受一种疾病的折磨，患上这种疾病的人会无缘无故地变得非常暴力。如果连警察、牧师和医疗工作者都感染这种疾病，那人们该向谁求助呢？

【情境五】在22世纪初期，一种转基因抗病毒药物突然发生变异，变成了一种致命的病毒，其他抗病毒药物对它都没有效果。一个由微生物专家组成的小组夜以继日地拼命工作，期望可以研究出一种神奇的新药来对抗这种病毒。

【情境六】故事的主人公患有一种无人知晓的疾病，这种疾病使她完全丧失了时间感。当她和别人交谈时，她搞不清自己是“正在说”，还是在多年之前就已经说过了，而现在只是头脑里的幻觉。一位神经科专家认为自己可以确定她的病因，但这种病因太奇幻了，让人难以置信。

【情境七】小镇上的孩子们感染了一种疾病，这种疾病使他们的感知力大大地提高。比方说，他们能听到几英里以外的声音，甚至可以听到别人的思想，而这也正是镇子上的医生不愿意医治他们的原因。

【情境八】人们在格陵兰岛的永久冻土层中发现了存活于上一次冰河时代的细菌，并把这些细菌送到美国去进行研究。但是，在一次事故中，这些原本被隔离在实验室的细菌在城市里散播开来。很快，人们就感染上了一种怪病。故事的主人公必须在这种疾病蔓延开来之前找到解药。

【情境九】一场“昏睡病”席卷了一个村庄。村子里的人全都陷入了超过 40 个小时的沉睡，当人们醒过来之后，他们的性情发生了很大的变化。一位研究睡眠障碍的专家试图解决这个问题。当他也染病陷入沉睡后，他了解了这种疾病的来龙去脉。可当他醒来后，他那已经改变的性情却让他无法制造出解药。

【情境十】如果一种疾病是致命的，治疗它的手段却是不道德的，那么是否该采取这种治疗手段呢？或者说，是不是一切都是唯结果论呢？一个男孩已经病入膏肓，他的家人乞求大夫使用一种备受争议的疗法来治疗，但是被大夫拒绝了。

类别四：克服嫉妒

据说羡慕和嫉妒是一种变相的奉承。如果不对嫉妒加以约束，这只怪兽就会破坏人与人之间健康的友谊。不管怎样，自古以来嫉妒总是能激发出传世佳作。

【情境一】一对新婚夫妻总是对一些小事疑神疑鬼、小题大做。一次，丈夫发现自己误会了妻子，并且造成了很严重的后果。他们这才发现自己的婚姻受到了这些琐事的影响。于是这对夫妻开始各自想办法改变疑神疑鬼的习惯。

【情境二】一位年轻的女子很反感以貌取人，发起了一场反对时装界的运动，专门把模特当作攻击的对象。然而，她的影响越大，受到的反对就越强烈。

【情境三】马拉松运动员十分渴望能够赢得一场即将开始的长跑比赛。但其实她的真正目的是在赛场上打败一名男子，这名男子是她最强有力的对手。而他却决定退出这次比赛。她要如何劝这名男子重新参赛呢？

【情境四】商人的事业江河日下，濒临倒闭。他的女儿也是商人。女儿在生意场上采用了深受父亲诟病的经营手段，却大获成功，把生意做得蒸蒸日上。因此，她深受自己父亲的嫉妒。女儿的生意突然一落千丈。通过调查，她发现是自己的父亲从中做了手脚。

【情境五】一位女子从事销售工作，她意识到自己对丈夫的嫉妒是一种病态的心理现象，而一位精神科医生认为自己可以治愈这种心理疾病，这位女子便去这位医生那里进行治疗。医生采用的治疗方法是情绪转移，虽然他成功转移了女子对自己丈夫的嫉妒，但是她在工作中的态度却开始变得咄咄逼人。

【情境六】一位歌手十分刻苦，渴望成为天皇巨星。她一直对自己的偶像歌手心存嫉妒，这种嫉妒心已经影响到了她自身的成长。当她意识到这一点之后，便开始创作自己的原创歌曲，但这些原创歌曲对她的演艺事业并没有起到推动作用。直到她招募了一位专门为自己进行宣传推广的人，她的事业才有了起色。然而，她的出名却导致了这名宣传人员的嫉妒。

【情境七】见到自己的女友总是和其他男人眉来眼去，故事的主人公妒意横生。于是他请一位演员朋友与自己一起在女友面前上演持刀相搏的一幕，他相信这样做会让女友为自己的勇气所打动。可没想到，他的这位演员朋友却不小心伤到了他。在主人公康复期间，这位演员朋友迷上了他的女友，并向她坦白了之前的计划。

【情境八】一个高中生十分羡慕那些拥有美妙歌喉的朋友，于是报名参加了一个演唱训练班，但收效甚微。她的一位朋友劝她试试别的方法。尽管说来容易做来难，但她还是在自己身上发现了一项出人意料的天赋。

【情境九】故事的主人公和她的姐姐都是运动员。这对姐妹一直都怀着“既生瑜，何生亮”的想法明争暗斗。终于，她们间的恶性竞争影响到了各自的比赛成绩。于是，妹妹对姐姐开诚布公地谈起了她们之间的问题，但是，姐姐却认为这是妹妹的一个阴谋，目的是让自己放松警惕。

【情境十】故事的主人公总是羡慕甚至嫉妒那些在工作上取得成绩的同事。他觉得自己这样很不好，便向一位精神导师寻求帮助，希望使自己摆脱嫉妒的心态。但是，当他看到自己的竞争对手升职的时候，却开始责备自己的精神导师。他认为在竞争激烈的职场上，羡慕嫉妒是必需的。他这样说对吗？

类别五：克服恐惧

最能影响我们精神的因素也许恰恰就是我们自己。内心的恐惧会影响甚至彻底毁掉我们的雄心壮志。心存恐惧的人通常需要专业指导才能克服自身的心理障碍，而这个过程则可以创造出扣人心弦的故事。

【情境一】隐士的妻子非常喜欢各种户外活动，隐士自己却患有旷野恐惧症，对空旷的场所十分恐惧。这使得他无法和妻子一起享受户外生活，只能让妻子独自去参加各种活动，就好像他俩的关系很疏远一样。后来，隐士勇敢地努力克服了自己的恐惧。

【情境二】一位患有幽闭恐惧症的女子总是想方设法地避免乘坐电梯。有一次，她住进了一家酒店，房间却在酒店的顶层。这样一来，她必须搭乘电梯了。她第一次坐电梯的时候平安无事。第二次坐电梯时，电梯发生了故障，她被困在了里面。和她一起乘坐电梯的人努力使她从惊恐不安中平静下来。

【情境三】一位公司的主管在某次乘坐飞机的时候经历了迫降，从此就非常害怕坐飞机。但是她的工作却要求她经常坐飞机出差，这就变成了一个很大的麻烦。尽管她努力去克服自己的恐惧，但还是很怕坐飞机。这时，她遇到了一个同样饱受坐飞机恐惧症折磨的人。

【情境四】故事的主人公曾因为溺水而差点儿丢掉性命，从那以后他就得了恐水症。他害怕一切与水有关的活动，游泳或划船，甚至在岸边散步都会让他恐惧。一次，为了克服自己的恐水症，他和朋友来到了湖边。这时，他目睹了一艘在湖中心的船翻掉。他和朋友想要去救那些在船上的人，但心里对水的恐惧成了他最大的障碍。

【情境五】经过一系列槽糕的事，一位老师的自信心受到了很大打击，并因此得上了言语恐惧症。尽管他多年以来一直可以在公众场合泰然自若地与人交流，现在却害怕在公众场合说话。他对自己的教学技巧进行了研究，并令人难以置信地克服了自己的恐惧。

【情境六】一位女子从来都不知道自己有恐高症，直到她的未婚夫带她坐上了热气球，她才发现自己有多么地恐高。他们乘坐的热气球在突如其来的风暴中颠簸，这名女子开始变得惊慌失措，而这也使同在热气球中的另外两对夫妻的生命安全受到了威胁。恐高的女子机智地转移了自己的注意力，开始设身处地地为每个人的安全着想，这样一来就克服了自己心里的恐惧。

【情境七】由于总是做噩梦，一位女子得了睡眠恐惧症。睡眠治疗专家对她的病束手无策，家居疗法也不起作用。随着她的噩梦一个接一个地变成了现实，她开始担心自己会彻底疯掉。后来，一位在她的噩梦里出现过的人出现在了她的生活里，并给她带来了一个可行的解决办法。

【情境八】尽管一位生物专业的学生患有蜘蛛恐惧症，但他还是出于科研的目的开始研究蜘蛛，尤其是狼蛛。他希望人们不要再把狼蛛抓来当作宠物饲养。但是，随着他的研究越来越深入，他心里对蜘蛛的恐惧也变得越来越重。

【情境九】一位女子在孩提时代受到过另一个民族的孩子的袭击，并因此得上恐外症。尽管她的理智告诉她害怕其他种族的人是不符合逻辑的，但还是无法让自己摆脱这种心理恐惧。之后，发生了一件事，让她的恐外症痊愈了。

【情境十】由于故事的主人公急需一份工作，因此尽管他患有黑夜恐惧症，还是接受了一份守夜人的工作。起初，他强迫自己把全部的注意力都集中到工作上，以此减轻自己对黑夜的恐惧。但在第二天晚上突然停电了，电梯竖井里又传来了奇怪的声音。

类别六：克服懒惰或重树信心

懒惰和消沉就像压在我们胸口的千斤重担。我们要做的就是把它用力推开，这样就可以重获自由了。但是，把这副重担推开却远不像看起来的那么容易。就好像在一场熟睡后，让我们一睁眼就起床，是多么困难的事情啊！但是，我们却可以用克服懒惰的经过来创作出引人入胜的故事。

【情境一】一位天赋异禀的运动员在训练方面缺乏自律精神，或者更准确地说，她总是无法让自己开始进行训练，因此她总是与各种良机失之交臂。但只要她全身心地投入一件事中，就没有什么事情可以妨碍她了。对她来说，想要克服自身的懒惰几乎是一件不可能的任务，直到她遇到了一个人。这个人教会了她一些心理技巧。

【情境二】钢琴家的志向是成为一位伟大的演奏家。但是在一次事故中，他的手受伤了。他认为自己再也无法达到钢琴演奏家那种熟练的水平，感到心灰意懒。治疗师相信自己可以帮助他达到那种水平，但这需要他自己付出异乎寻常的努力。

【情境三】一位士兵在战斗中十分英勇，但当他解甲归田后，由于再也感受不到战争的激情，变得十分消沉。无论做什么事情，他都提不起兴趣，同时他开始酗酒。这时，一位朋友帮他报名参加了志愿消防员。这位朋友希望这可以唤醒他对生活的渴望，同时让自己重新感受到战友间的手足之情。

【情境四】一个人饱受抑郁症的摧残，终于，在一天早上，他发现自己完全无法下床了。为了帮助他，他的家人和朋友们梳理了他生活中的点点滴滴。尽管在他身上发现了许多负面的事情，却没有一件事情是造成他抑郁的原因。随后，一位朋友发现了一些出人意料的事情。

【情境五】一位很有艺术天分的少女非常仰慕一位艺术家，但这位艺术家却批评她的画作“糟糕透顶”“一无是处”。少女因此备受打击，并放弃了绘画。无论老师和其他的艺术家再如何鼓励她，都不能让她重新拿起画笔。这时，心理学家想出了一个绝妙的办法来帮助她重拾信心。

【情境六】因为受到了同学们的威胁，同时认为自己无法胜任新闻报道这一职业，一位新闻专业的学生做出了退学的决定。但是她的导师却不赞同。终于，在一次需要做现场报道的新闻播报中，这名学生向所有人，也包括她自己，证明了自身的价值。

【情境七】马戏团里的小丑已经上了年纪，他发现自己已经无法再做那些憨态可掬、能让孩子们捧腹大笑的表演了，这让他心里十分沮丧。马戏团里的另一位小丑创编出了一些全新的节目。这些节目一旦公演，肯定会大受欢迎，但是要想演好这些节目，不但需要演员们进行大量的练习，还需要有足够的胆量。

【情境八】虽然乡村音乐靠一些描写失恋的歌曲大行其道，但一位乡村音乐唱作人被妻子抛弃之后却失去了创作的欲望。随后，一位女歌迷引起了这位唱作人的注意，他开始重新写歌。他的新歌描写的是新欢旧爱间的矛盾冲突，发布后大获成功。他的前妻得知他一举成名，便想回来和他破镜重圆，这却加剧了他内心的矛盾。

【情境九】一个十几岁的少年因为注意力不集中而接受治疗，因此变得对任何事情都提不起兴趣。当治疗停止后，他又有兴趣做自己喜欢做的事情了，可是脾气却变得十分古怪。一位神经科专家为他找到了一个折中的办法，但是对于一个原本很有创造力的人来说，这种折中的办法真的适用吗？

【情境十】少年几个月以来一直努力地练习芭蕾，却受到了其他同学的欺负。于是他对老师说，自己已经不再想当一名出色的舞者了。老师并没有让他退出芭蕾舞课程，而是找到了那些欺负他的学生。她不仅让这些人向他道了歉，还让这些学生主动地来参加芭蕾舞课程。

类别七：理性战胜迷信

即使是在我们这个推崇科学的年代，迷信仍旧存在。许多人仍旧愿意相信在冥冥之中存在一种可以超越因果关系的神秘力量。也许——仅仅是也许——宇宙中确实存在科学永远也解释不了的力量，尽管不能盖棺定论，但是我们可以确定，那些描写种种神秘力量的故事仍旧大受欢迎。

【情境一】一位撰稿人的母亲十分迷信，如果她查阅星象，发现今天不宜出门，那么就绝对不会走出家门。这位撰稿人试过了许多方法劝她解释，但都失败了。然后，他想到了一个聪明的办法。他与一位在当地报纸上发表占星术文章的作者合作，诱使他的母亲走出家门去户外活动。但这却造成了非常不幸的后果。

【情境二】一位从小就接受严格教会教育的教师对现代科学一直保持着浓厚的兴趣。她不得不努力地在自己的信仰和进化论之间找到平衡。当她第一次接触智能设计时，信仰发生了动摇。但是她很快就发现，这也可以被看作植根于现代科学中的神创论。她的未婚夫是一位开明的神学家，他为她解决这种两难的境况提供了很大的帮助。

【情境三】一位棒球打击手每次上场前都要进行一些迷信仪式，尽管如此，他还是不断地被三振出局。他把自己的失利归咎于没有正确地进行那些仪式，但是球队的经理却认为根本就不需要什么仪式活动。与此同时，他还在这位打击手身上发现了更深层的心理问题。

【情境四】一位生物学专业的学生是虔诚的信徒。为了成为一名出色的科学家，她必须让自己怀疑一切，与此同时，她努力坚守着自己的信仰。而她那音乐家男友却面临着与她截然相反的问题：他坚信现实世界是由魔力统治的，但要努力让自己保持理智。他俩一起努力，试图解决各自的问题。

【情境五】因为一对夫妻坚信精神疗法可以治愈他们那重病缠身的女儿，他们拒绝对女儿施以任何医疗手段。他们甚至还威胁说，如果医院的专家们敢无视他们的监护权，私自治疗他们的女儿，就要把医院告上法庭。他们的女儿发着烧，体温已经达到了足以危及生命的程度，这时，他们的家庭律师开始劝说这对夫妻，试图让他们做出一些让步。

【情境六】今天是本月的 13 号，星期五。一名女子自觉无法挽回投资失败所造成的损失，准备从自己位于 22 层的办公室跳楼自杀。她的一位同事及时发现了这一情况，试图劝她放弃自杀的念头。但无论说什么都没用，这名女子还是想要轻生。这时，他突然想到了一个极有说服力的方法。

【情境七】在这个故事中，一个 10 岁大的孩子由于听了自己朋友父亲那一套严厉的道德说教，便相信圣诞老人是某种恶魔或怪物。一次他的父母带他去购物中心，但并没有告诉他是要去见圣诞老人。这个孩子一见到圣诞老人，就立刻变得惊慌失措。圣诞老人和他的父母对他动之以情，晓之以理，却使情况变得更糟。随后，圣诞老人有了一个好办法。

【情境八】世界上有一个地方，在这里，任何嘲笑迷信活动的行当都会被视作违反法律。这里的许多人都被迷信控制着。在这里，唯物论者都要被驱逐出去。尽管明知势不可为，但这些唯物论者还是冒着生命危险，努力让人们摆脱他们那种畸形的信仰。

【情境九】据线报称，金库里被放置了一枚炸弹，但由于这天是13号星期五，看守金库的保安又是一个迷信的人，所以他拒绝打开金库的大门。而另一个知道金库密码的保安又被绑架了。只能靠一位FBI探员来说服这名迷信的保安，让他及时打开金库大门。

【情境十】外交官对从敌国逃亡来的少年难民们晓之以理、动之以情，并赢得了他们的信任。但是这些孩子们已经被军事极端分子灌输了极端的思想，被认为是极端的危险分子。

类别八：军事征服和抵抗

人类历史中贯穿着各种征服异族的战争。无论是派军队去征服其他国家，还是爱国将士把侵略者从自己的家园赶走，这些经历对我们来说都是至关重要的。即使这些故事没有重要到推动人类历史的发展，至少也可以让我们了解当时人们的生活境况。你可以用以下10种情境来写出自己的故事。

【情境一】多年来，社区里的人们一直都过着平静的生活。但现在，这个社区面临着被极端主义分子入侵的威胁。在此之前，一位生活在该社区的人就秘密召集了群众，并训练他们使用长期以来一直被禁用的高科技武器。为了使社区免受那些极端主义分子的威胁，他需要为自己的“部队”召集更多的人手。但由于担心使用这种武器会使自己的生活不再安定，没有人愿意参加他的“部队”。

【情境二】一艘高科技战舰神秘地穿越到了500年前，并在海上偶遇了一支16世纪的海军舰队。这支舰队的目标是征服世界，这时正在去征服一个国家的路上。这艘高科技战舰的船员们决定用自己船上的高科技武器“劝说”那支舰队里的“好战分子”改变主意。

【情境三】在一场军事政变中，独裁者把很有个人魅力的反抗组织领袖当作打击的对象，并企图摧毁他所维护的方方面面：平等的工作机会、文学艺术、均衡的财富的分配等。但是这位领袖的军事才能却比独裁者想象的要高得多。

【情境四】在未来世界，女性向男性发起了一场真正的战争。她们组织了自己的军队。一位女将军准备通过外交手段解决男女之间的分歧，她认为这种分歧归根结底是男女性别不同而造成的。

【情境五】工业主义者向环保主义者宣战了。地球的未来岌岌可危，全球性气候变暖和污染正威胁着这颗星球。工业主义者们坚信自己的办法可以更有效地拯救地球，他们主张规范污染物排放和保护经济发展。

【情境六】阿金库尔战役爆发于1415年，是英法百年大战中的一次著名战役。在这场战役中，英国军队与数倍于己的法国军队展开了战斗。英军士兵受训于一位技艺娴熟的弓箭手。尽管英军可能会输掉这场战役，但弓箭手还是要激起英军士兵们作战的勇气。英国人之所以最后赢得了这场战役，在一定程度上是因为英军所使用的长弓，以及那位弓箭手和他训练出来的百发百中的士兵们。

【情境七】在另一个地球上，生存着两个种族：身体经过机械改装的游牧者和热爱和平的城市居民。城市居民们拥有一种物质，这种物质可以赋予他们击败游牧者的力量。为了获得这种珍贵的物质，游牧者不断向城市居民发动攻击。

【情境八】这个世界的吸血鬼们组织了一支军队，任务是征服那些未被感染的人类，并把他们圈养起来以便给吸血鬼们提供新鲜的血液。幸存的人类发现了一种对付吸血鬼的新武器：巨型紫外线灯。于是，他们在人类最后的堡垒里到处都装上了这种灯。但是他们中间出现了一个叛徒。

【情境九】在公元前一两百年的三次罗马与迦太基的战争中，罗马人征服了迦太基人——靠近现在的突尼斯，从而把自己的帝国扩张到了北非。故事的主人公是迦太基城里的一个市民，他亲眼目睹了本族文化的消亡。与此同时，为了使一部分本族文化得以保存，他做了一些英勇的事。

【情境十】反政府民兵组织攻击了政府的办公大楼，绑架了几名人质，并准备接管政府。退休的警官认识这个民兵组织中的一个人，他相信自己可以通过这个人阻止这个组织的行动。

类别九：精神战胜物质

最难战胜的事情其实是我们自己的内心。我们必须有足够的意志力才能抵制住诱惑。在战胜心魔的过程中，随处可见各种饱含激情的故事。接下来的这些情境能让你写出一系列精神战胜物质的故事，这些故事绝对引人入胜，并能得到大家的认同。

【情境一】女孩总被人叫作胆小鬼，于是她便在每个周末都去参加刺激危险的活动，以此为自己的生活增加乐趣。一次，她又出门去找刺激，而这次的活动看起来无异于自杀。她的前男友对此深感内疚，因为最初正是他鼓励她去做那些鲁莽的冒险活动的。他打算劝她不要再冒险。

【情境二】故事的主人公准备戒掉自己的酒瘾，却发现要戒掉对酒精的生理和心理依赖是一件非常困难的事情。她已有孕在身，为了防止孩子患上先天酒精综合征，她下定决心把酒戒掉。然而，戒酒给她的身心带来了很大影响，以至于她开始怀疑自己是否能承受得住这种折磨。

【情境三】同性恋少年一直受人欺负，已经到了想要通过自杀使自己获得解脱的程度。这时，一位朋友及时出现，并向他伸出了援手，准备与他一起面对那些欺负他的人。但是在此之前，这位饱受欺负的少年必须先重树自尊。

【情境四】同卵双胞胎拥有过目不忘的惊人天赋，他们那不名一文的双亲便想靠他们的这种能力大赚一笔。这对双胞胎在私下里继续开发自己的能力，甚至学会了隔空取物，而这可以给他们带来更多的财富。

【情境五】故事的主人公拥有读心的特异功能，而这却给她带来了很多麻烦。于是，她设法让自己摆脱这种异能。她试过了很多种办法，却都无济于事。最后，她遇到了一个接受过东方灵修训练的人，这个人自称可以把自己的心理能力传授给她，从而达成她的心愿。

【情境六】科学家拥有一种异能，他可以让自己变成隐形人。这位科学家发现自己在工作以外根本交不到任何朋友，因此决定让自己一直隐形下去。然而，没过多久，他就厌倦了隐形的生活，但当他想变回到正常人的时候，却发现自己不能显形了。

【情境七】魔术师发现只要自己集中精神，就可以从任何密闭的环境中逃脱。即使密封得再好，她也可以成功。她遇到了另一位魔术师。这位魔术师坚信她绝对不可能从自己设计的密室中逃出来，并为此跟她打了 100 万美元的赌。

【情境八】位于市中心的学校里有一位富有革新精神的教师。她使用非常规的创造性教学方法来激发学生的学习热情，而她本人也因此饱受非议。尽管学校的校长坚持要采用传统的教学方法，她还是偷偷地用自己的方法去发掘学生的潜力。

【情境九】故事主人公的毕生梦想就是能在家相夫教子，并以此来证明她能摆脱掉自己糟糕的童年阴影。当她经历了一段非常失败的婚姻之后，她发誓自己再也不会结婚了。后来，她的一位密友帮助她进行了重塑自主精神的心理训练，帮助她摆脱掉了心理阴影，也使她不再担心自己的下一段婚姻会失败了。

【情境十】一位立志成为优秀教师的人非常怯场，心理医生对她也束手无策。虽然她可以很好地完成一对一的教学，但心里一直都渴望能在教室里给很多人公开上课。最后，她的演员朋友想到了一个极具想象力的主意。

类别十：克服生理障碍

生活中总是充满各种危险，总是会发生各种意外。有时候人们会在这些意外中受到很重的外伤，他们的生活也会因此而发生改变。有些故事讲述的是如何应对生理障碍，有些则描写的是如何克服生理缺陷并从绝望中获得新生。这样的故事一直都受到身处逆境之人的喜爱。

【情境一】一位接受了喉部手术的歌手还能继续自己的演艺事业吗？起初这件事看起来似乎不可能，但一位外科医生发明了人工喉，她确信可以改进技术以满足歌手的要求，让歌手能戴着人工喉演唱美妙的歌曲。但是她最初的几次改进均以失败告终，使那位歌手非常失望，并打算放弃演艺事业。

【情境二】一位钢琴家得了关节炎。因为担心自己的事业会因此受到影响，所以进行了一系列治疗，但是治疗的效果却不尽如人意。最后，她遇到了一位专科医生，这位专科医生对她采取了一种别出心裁但又风险极大的治疗方法。

【情境三】为了治疗黄斑变性，一位教师进行了眼部手术。当缠在头上的纱布被揭开后，他发现自己的视力变好了，或者说变得与众不同了——他发现自己能够凭空看到一些原本没有的东西。医生同意再对他的眼睛动一次手术，但这位教师却想知道，自己这种发生视觉变异是否是一种特异功能。

【情境四】一位有史以来跑得最快的短跑运动员韧带撕裂了。他伤势很重，手术却不太成功。为了在奥运会上保住自己的荣誉，他又开始了训练。在恢复性训练中，他给自己定的训练强度太高，以至于韧带又一次撕裂。

【情境五】在一次马拉松比赛中，一位选手突发心脏病。尽管主治大夫建议她不要再参加比赛，但她还是请了一位理疗师帮助自己恢复。然而，就在她准备参加下一次马拉松比赛时，她的心律又一次出现了问题。

【情境六】许多动物由于各种各样的原因受到了不同程度的伤害，比如说被路上的汽车撞伤、因为落入陷阱而失去一条腿、从大火中逃出时被烧伤，诸如此类。它们聚集在一起，互相讲述自己如何克服伤痛的经历。通过交流，这些动物不仅学会了如何应对各种不同的情况，还学会了如何利用自己的伤病来获得利益。

【情境七】故事的主人公个子很矮，不断有人对他说："你是不可能去打职业篮球的。"但是，他用自己在大学篮球联赛中出色的表现回敬了那些质疑他的人。即使如此，还是没有一支职业球队愿意招揽他。但最终他成功地做到了一些非同寻常的事情。

【情境八】一次事故在故事主人公的脸上留下了一道长长的疤痕。

她认为没有人会想看到自己的脸，便过上了深居简出的生活。但有一天，她遇到了一位退伍老兵。这位老兵的脸上也有一道在战争中留下的深深的伤疤。所有人都非常敬仰这位老兵，并把他脸上的伤疤看作庄严和英雄的标志。

【情境九】一些退伍老兵组成了一个互助小组。他们都是做过截肢手术的人，大家都经历过绝望无助的阶段，都因为自己的残疾而改变过自己的生活习惯。尽管失去手脚会使一个人的生活变得困难重重，但是他们每一个人都克服了这种障碍，并且还在互助小组里交流各自享受生活的心得体会。

【情境十】一位退伍老兵脖子以下的身体都瘫痪了，但他的脊髓并没有被切断。要是有人告诉他，只要通过精神训练就可以让他的手脚恢复知觉，那他一定觉得那个人是在痴人说梦。但是后来，他遇到了一位上师。这位上师教导他如何运用自己的精神力，而他从来都不知道自己居然有这么强大的精神力。

第五章　交流

类别一：与动物交流

一直以来，科学家们都在努力寻找与其他物种沟通的办法，但是他们只在一些灵长类动物——比如黑猩猩和大猩猩的身上获得了极有限的成功。如果我们发现了一种可以和其他物种交流的方式，会怎样呢？会有什么新的发现吗？以下这些故事情境可以帮助你去发掘这些可能性。

【情境一】大多数黑猩猩只能学会一些简单的手语，但有一只黑猩猩却与它们不同。这只黑猩猩是由一位远见卓识的动物心理学家训练出来的，它可以通过一台特制的电脑表达一些抽象的想法，其中一些想法着实令人瞠目结舌。但不幸的是，由于大家对这项实验众说纷纭，所以投资者决定终止这个项目。

【情境二】一位生物学家发现海豚拥有惊人的交流能力。于是，她设法建立了与海豚的双向交流。这时她发现海豚们想向人类传递一个信息，大概内容就是告诫人类要对海洋资源的开发加以限制。

【情境三】一位昆虫学家正在着手研究一种好斗的蚂蚁是如何进行交流的。考虑到这些蚂蚁的集体意向，这位昆虫学家得出了一个令人不安的结论：由于这些蚂蚁的栖息地发生了改变，它们现在对人类产生了威胁。

【情境四】整天忙着采蜜的蜜蜂也拥有高级的交流手段。它们不仅可以和其他蜂群的蜜蜂交流，还可以和其他种类的蜜蜂交流，甚至可以和其他动物交流。一位科学家怀疑这些蜜蜂会对人类不利，便尝试着与它们沟通，沟通后却得到了一个不幸的结论。

【情境五】在这个世界上，马是会说话的，但它们并不愿与人类交流。故事的主人公得知自己的马喜欢魔法，就说服马把自己带到了一个所有骑师都梦寐以求的国度。

【情境六】猎人们把狼群从自己的领地里赶了出去，而一个美国土著孩子能够和狼交流。孩子想帮助这些狼，狼却并不想要他的帮助。与此同时，这个男孩的行为被人发现了，这群人计划利用他把狼群一网打尽。

【情境七】在未来世界，生物工程学家们提高了动物们的智商，以便让它们在这个饱受战火摧残的地球上帮助人类保护仅存的栖息地。一些动物开始反抗人类，并建立了自己的庇护所。

【情境八】在不远的将来，全世界的大象都面临灭绝的危机。一个非洲自然保护区里的科学家们通过改变大象的基因提高了它们的智商，并试图与它们沟通。科学家们想要做的是，让大象去主动攻击那些象牙偷猎者。

【情境九】科学家们对一种来自遥远星球的奇异生物进行了研究，发现这种生物拥有一种复杂的语言。科学家们还发现这些生物可以通过语言操纵现实。

【情境十】通过研究，一位鸟类学家在人和乌鸦之间建立了一种令人惊叹的沟通方式。当乌鸦们发现了这种新的沟通渠道后，向这位鸟类学家发出了令人害怕的警告。

类别二：与感官受损的人交流

安·苏利文帮助聋盲的海伦·凯勒战胜残疾的故事激励了数百万人。今天，全世界的神经科专家们正在尝试着用各种方法去帮助那些感官受损的人们。这里的10个故事情境可以帮助你写出引人入胜的故事，这些故事里的主人公都在感官方面有残疾，并且通过努力克服了这些缺陷，拥有快乐的生活和成功的事业。

【情境一】有一个人天生失明，一次成功的手术使他能看到东西了。但他所看到的都是一些不可思议的东西，他害怕自己会因此而发狂。他的朋友找到了一个帮助他的办法，不仅可以保持住他的理智，还能以一种特殊的方式使用他的视力。

【情境二】男孩从小就失聪了，但他自称可以听到来自外太空的声音。医生们认为这是他的大脑对失聪做出的补偿机制，然而，一位科学家却发现这个男孩确实可以和外星人建立联系。

【情境三】一位女子立志要成为厨师，但是一场罕见的疾病使她失去了味觉。她的导师教会了她如何通过气味和外观来辨别食物的味道。终于，餐厅老板愿意给她一个可以证明自己实力的机会。

【情境四】一对夫妻没有让自己早慧的女儿去学校学习，而是在家里进行教育，他们禁止女儿走出家门一步。一位法律顾问设法说服这对夫妻，让他们的女儿参加一些社交活动。但这对夫妻却说自己有正当的理由不让女儿走出家门去和其他年轻人接触。

【情境五】一对从生下来就被分开的同卵双胞兄弟一直保持着某种神秘的心灵感应。兄弟中的一人遭遇了车祸，智力受到了损伤。他的兄弟决定帮助他恢复智力。

【情境六】男孩天生就感觉不到疼痛，因此总是在生活中遇到各种危险。他不知道该如何在远离危险保护自己的同时享受生活的乐趣。他的一位朋友，尽管自身有残疾，还是充当了他的向导，让他能体会生活的方方面面。这个男孩也成了这个人的向导，因为他可以弥补她身体上的缺陷。

【情境七】一位前国际象棋冠军的头部受了伤，他的短期记忆也因此受到损伤。一位在记忆丧失方面有专长的神经学家尝试用一种新型药物对他加以治疗，并取得了惊人的效果。

【情境八】故事主人公所在的部队被伏击了。部队的长官在慌乱中不知所措，尽管如此，他还是奋力指挥，努力想让自己和手下的士兵们活下来。敌军对他们进行了强力的火力压制，使得这支部队面临着灭顶之灾。这时，一个士兵提出了一个计划。这个计划看起来就像飞蛾扑火，而且需要这位惊慌失措的长官配合这位士兵来实施。

【情境九】故事的主人公患上了失语症，并失去了使用和理解语言的能力。神经学家们都认为这种病是不可能被治愈的，但其中一位神经学家还是对她采用了新的激进的治疗手段，并希望以此使她重获语言交流的能力。

【情境十】一个人饱受感官过于敏感的折磨，这种疾病使他无法正确处理各种刺激，使他的生活变得一团糟。一位神经学家想出了一个解决办法，但使用这个方法会给他身边的人带来危险，并可能会引发出很多新的问题。

类别三：与昏睡中或被催眠的人交流

人类的头脑被比喻成一座巨大的冰山。我们的意识只是显露出来的冰山一角，潜意识却是这座冰山中并未显露出来的部分。大部分潜意识都是非常神秘的。早在弗洛伊德提出自己的理论之前，艺术家们就创作出了许多心理剧，这些心理剧都植根于神秘的潜意识。以下情境能帮助你创作出属于你自己的心理剧。

【情境一】一名男子拥有非常邪恶的第二人格。为了扼杀自己身上那邪恶的第二人格，他接受了催眠治疗。不过，经过催眠治疗，他身上的第二人格不但没有被扼杀掉，反而成了他的主要人格。

【情境二】身居要职的外交官在传递情报的路上遇到了一次严重的事故，并在这次事故中失去了意识。这份情报非常重要，因此她所效力的政府不敢冒险把情报以书面或数据的形式记录下来，只能以口述的方式来传递。敌国的一个双面间谍率先找到了这位昏迷中的外交官，并想通过催眠术从她嘴里套出这份情报。

【情境三】在一次催眠中，一名女子想起了以前的生活，一直被她埋藏在内心深处的自我意识也被这次催眠唤醒了。当她清醒以后，就一直保持着这种截然不同的人格。麻烦的是她的新人格是一个极度危险的罪犯。

【情境四】一位受人尊敬的外交官陷入了昏迷，但还保持着活跃的潜意识。作为故事的叙述者，故事的主人公可以看到外交官潜意识里的想法：她一直在想一个迫在眉睫的外交问题。外交官发现自己可以与看护自己的人交流，权衡利弊后，她终于决定通过护理人员去解决这个外交问题。

【情境五】一位女子身陷永久的被催眠状态，精神科医生设法与她建立了交流。没有任何事情能够唤醒她，但她还是可以与人交谈。只是她与人交谈时，语速非常缓慢，并且她所描述的东西似乎都来自一个不为人知的世界。

【情境六】一位职业杀手在被催眠的状态下接受了暗杀任务。她的任务是不惜一切代价把政府高层逐一杀掉。这是推翻政府的计划中的一部分。故事的主人公必须在事态恶化之前找到阻止这个杀手的方法。

【情境七】科学家们深入了解了实验对象的遗传记忆，那是一段生活在《圣经》时代的记忆。实验对象告诉了科学家们一些在那个时代发生的事情，但这些事情既没有被历史文献记录，在《圣经》中也找不到相关的内容。科学家们想要延长实验对象的催眠时间，但这样做的风险是他会永远忘记自己原本是谁。

【情境八】一名男子向自己倾慕的女子表达了爱意，却遭到了拒绝。这个被爱情冲昏了头脑的男子准备催眠这名女子，让她爱上自己。但是在催眠状态下，这名女子却表现出了自己的另一面，这是这名男子始料不及的。

【情境九】来自遥远未来的时空穿越者被困在了一个流浪汉的身体里。他请一位心理学家对自己实施催眠。当心理学家把他催眠了以后，才发现这名时空穿越者是一个极度危险的人物。

【情境十】一位外交官遭遇了一场车祸，并受了很严重的伤。为了保住他的性命，医生必须让他处于昏迷状态。但他脑子里的秘密情报必须及时传递出去，而几天后他才能从昏迷中清醒过来。由于时间紧迫，解决这一难题的唯一办法就是与正在昏迷状态中的外交官进行沟通。

类别四：与死者或亡灵交流

正如哈姆雷特说的那样，死亡也许就是“此境乃无人知晓之邦，自古无返者”，但是这并不能阻止人们想和逝者交流的愿望。以下都是尝试与逝者接触的情境，你可以用它们写出自己的故事。

【情境一】有一个灵媒非常清楚自己是个招摇撞骗的江湖骗子。但在一次降神会上，她吃惊地发现自己居然真的招来了一位恩主过世祖父的灵魂。当她请求他回到死亡之地的时候，这个灵魂拒绝了她。

【情境二】生物学家的一些亲朋好友感染了瘟疫并变成了僵尸。于是，她尝试用某种方法使他们恢复人类的本性。但是，她的办法却产生了无法预料的副作用。

【情境三】吸血鬼猎人们发现几位古罗马帝国的皇帝变成了吸血鬼，并在这个世界上游荡。他们一直在找机会打入一些国家的政界。

【情境四】故事的主人公发现在一位灵媒的帮助下，自己可以和耶稣对话。但是，这位灵媒却在为其他的圣经人物招魂时疯掉了。为了与耶稣取得联系，故事的主人公必须先治好这位灵媒的疯病。

【情境五】一位研究超自然现象的人与僵尸建立了联系。这群僵尸居住在一个洞穴深处。尽管有人警告这位研究员离这些僵尸远一点，但他还是设法找到了这群僵尸聚居地的准确位置，使自己身陷险境。

【情境六】一名男巫学会了一种魔法，可以和刚刚去世的人进行交流。随后，他设法复活了一个刚去世的人，却因此造成了无法预料的后果。

【情境七】为了证明天堂的存在，一位研究者对一位死而复生的女子进行了催眠，并请这位女子分享了她的死亡体验。研究者确实发现了另一个世界的存在，但那却是个出乎所有人预料的世界。

【情境八】催眠师在一位病人死亡后，设法保留住了他的神志。这样，病人就可以告诉他死亡之地的种种离奇怪诞的细节。随后，故事的主人公又设法使这位病人复活了，但这位病人在复活后却变得非常恐怖。

【情境九】一个灵媒专门在狂欢节上讨生活。她骗人说自己可以和他们去世的亲朋好友们取得联系，但她没想到的是，自己居然真的建立了这样一种联系。起初，她怀疑有人在用她自己常用的骗术来欺骗她。但在她结束了一天的工作后，那个灵魂还是在不停地和她对话。

【情境十】一位生物化学家发现了一种可以把吸血鬼变回成正常人的办法。于是，几十个吸血鬼闯进了他的实验室，想要接受这种治疗。但是这种治疗方法需要与恶魔取得联系并借助它们的力量，而这些恶魔的力量足以杀死这些吸血鬼。

类别五：与敌人交流

拥有不同文化、政治观点或宗教信仰的国家极有可能相互成为敌人，而不是盟友。想要求得和平，就必须付出艰苦的努力。尽管有些时候，和平确实可以依靠非同寻常的努力去获得，但是在更多的情况下，这种谋求和平的努力是无法奏效的。你可以用下面的情境来创作出用新的方法谋求和平的故事。

【情境一】故事主人公所在的家族与另一个家族一直都是势不两立的死敌，但这位主人公却违反了族规，与敌对家族的成员交上了朋友。他想知道为什么这两个家族会一直处于对立状态，对此，他的家族给他的解释是，那个敌对家族好像拥有一件本属于他们家族的无价之宝。

【情境二】两个国家几十年来一直处于敌对状态，但是这两个国家的人民都很尊重自然。这两个国家的领导人发现了这一点，便一起协商制订了一个可以长期维持和平的计划。在他们各自的政府中却有一些反对这项计划的幕僚，他们想尽一切办法来阻碍这项计划。

【情境三】谁是敌人？谁又是同伴呢？敌方的军队把自己伪装成盟军，并渗透进了盟军控制的地区。盟军长官机智地制定了部队口令，以此来区分敌友，或者说他希望如此。

【情境四】有两个国家，它们的关系原本很好，但由于领土纠纷，这两个国家间的局势变得剑拔弩张。虽然其中一个国家的大使努力缓和两国关系，但另一个国家的大使却怀疑他另有阴谋。

【情境五】美国与它的一个盟国断绝了外交关系，这个国家便一意孤行与美国针锋相对，并秘密储备了大量的核武器。这个国家的首相威胁说将对美国发动导弹袭击。故事的主人公必须抢在这位首相实施导弹袭击前，努力使两国重新建立外交关系。同时，这位首相正在饱受精神崩溃的摧残。

【情境六】一个残暴的国家向一个和平的王国发动了侵略。在这个和平的王国里没有强大的军队，却拥有一位强大的巫师。国王向侵略者发出了警告：他们的军队是抵抗不了这位巫师强大的魔法的。但他的警告却遭到了侵略军的嘲笑——国王并不知道在侵略军的队伍里也有一位邪恶的巫师。

【情境七】最好的朋友可能也是最大的敌人？一位音乐家现在就遇到了这个问题。他最好的朋友也是他事业上的竞争对手。因为他的帮助，这位朋友才在事业上获得成功。但是现在，这位朋友却想让他名誉扫地。他们在同一时间里爱上了同一位女子。这位女子想方设法让这两位音乐家重归于好。

【情境八】欧洲某国一位很有影响力的外交官受到了不公正的对待。为了报复自己的国家，他故意把一份错误的情报告诉给了敌国，希望以此挑起两个国家间的战争。因为他知道一旦开战，他的国家一定会战败。

【情境九】一个与美国对立的国家把自己伪装成美国的盟友，故意把一份有关恐怖分子老巢的错误情报交给了美国特工。这些特工截获并破译了发给恐怖分子的加密情报，识破了这个国家的阴谋，希望这些特工们能及时阻止一场即将到来的袭击。

【情境十】美国的一个盟国收到了一份关于高科技武器的情报，并立刻断绝了与美国的外交关系。于是，高级外交官的责任是去了解这个国家与美国断交的原因。然而，她所发现的事情却使她卷入了一系列绝密的任务中，她需要针对无法预知的危险展开行动。

类别六：与远亲近邻的交流

人有时会与自己的亲朋好友渐行渐远，这种疏远有时甚至没有任何理由。但是友谊和亲密的家庭关系在很多情况下都是非常有益的，因此值得我们努力去维持。同样，这一类型的故事都非常有启发性，有助于读者改善人际关系。

【情境一】因为身陷一段三角恋情，两位曾是闺中密友的女子反目成仇。其中一位女子在与这段三角关系中的男主角分道扬镳之后，试图改善自己和曾经的闺密的关系。但是，她的朋友却还是想报复她。

【情境二】一对夫妻离婚了，他们的女儿把他们的离异全部归咎于父亲，并告诉他再也不想见到他了。无论父亲如何费尽口舌地劝说都无济于事，她还是拒绝见他。后来，母亲生病了，父亲赶来照顾，这让这位女儿终于回心转意了。

【情境三】故事的主人公是一个流浪汉，好朋友的父亲警告他不要再和自己的儿子来往。在这个考验友情的时刻，朋友愤然离家出走，并和故事的主人公一起露宿街头。后来，这位密友和自己的父亲重归于好，并想说服自己的家人接受这位主人公，让他住在自己家里。这位主人公也希望如此，但又担心这样做的结果会适得其反。

【情境四】两位大学生曾经是最亲密的朋友，但因为彼此的政治观点相左，现在形同陌路。在一次政治集会上，他俩之间爆发了一场激烈的冲突。集会的组织者是一个持温和观点的人。他对这两个学生都很了解，并想让他俩重归于好。

【情境五】母亲给自己四个孩子中的三个留下了一大笔遗产，因为她的第四个孩子从小非常叛逆，和家里的其他人格格不入，所以这位母亲只给她留下了一小笔钱。现在，为了能从兄弟姐妹那里多分到一些遗产，这位曾经非常叛逆的女儿竭尽所能去讨好他们。

【情境六】两个男孩曾经是非常亲密的朋友。但是其中一人被确诊患有双相情感障碍，变得十分危险，因此他俩渐渐疏远了。尽管如此，男孩还是相信他俩的友谊可以一直继续下去。一天，患病的男孩失去了控制，差点儿杀死自己的好朋友。

【情境七】故事的主人公有一个姻亲而非血亲的表妹，他俩相爱了。这段感情受到了大家的责难。于是，他俩迫于压力，渐渐疏远了对方。一次，他的表妹受到了侵犯，于是故事的主人公奋起反击。尽管受到恶棍们的威胁，他还是下定决心要和表妹再续前缘。

【情境八】一位现代的哈姆雷特——故事的主人公——在父亲去世后被自己的叔叔抚养成人。当叔叔开始追求他的母亲时，他感觉自己受到了冷落，便竭尽所能去阻止他俩结婚。

【情境九】有两位女子是虔诚的教徒，也是好朋友。但当其中一人不再相信自己的信仰后，她俩就渐渐疏远了。尽管朋友竭尽全力想劝她重新信教，她却拒绝了朋友的好意。后来，她突然顿悟了，又有了自己的信仰。但是这种新的信仰并不是之前教会向她宣扬的那种。当她向朋友分享了自己的顿悟后，她的朋友在自己原来的信仰和朋友告诉自己的惊人事实之间进退两难。

【情境十】在一对连体人之间爆发了激烈的争吵，于是他们决定哪怕术后存活率极低，也要做分离手术。然而当他们真的在等待做手术时，内心对于死亡的恐惧又使他们检讨了自己的行为，并决定一起解决矛盾。

类别七：与殖民者和外星人交流

人类在过去的50年里，一直在用望远镜持续不懈地寻找外星人，但一直没找到任何外星人的踪迹。但宇宙是如此浩瀚，还是很有可能找到外星人的。人类将在未来进行星际殖民，并创造独立的文化。而我们的形体在未来也可能会发生改变。

【情境一】一位探索外星智能的研究员检测到了一段人工信号，这段人工信号是从海王星最大的一颗卫星特里顿（海卫一）上发出的。而这显然是不可能的，因为在特里顿这颗卫星上，任何生物都不可能存活，更不要说是智慧生物了。也许外星人已经开始在特里顿上殖民了，又或许它们用机器人占领了特里顿。于是，美国国家航空和航天管理局派宇航员去进行实地考察。

【情境二】故事的主人公天赋异禀，他用自己的超感与外星人建立了联系。这些外星人正在寻找适合殖民的行星。故事的主人公是天文专业的一名本科生，他成为拜访外星人所居住星球的第一位地球大使。

【情境三】天文学家们截获了一些或许是来自外太空的信号。他们破译了其中一段信号，这段信号的内容似乎是对很久以前的一个电视节目的反馈。而其他的信息则似乎暗示着一些不祥的事情。于是，天文学家们开始争论是否该对这些信号做出回应。

【情境四】故事发生在22世纪。月球殖民者们在科技上已经十分完善，因此他们展开了反抗地球统治、争取独立的革命运动。但地球方面担心的是，这些殖民者都是好战分子，绝不会只满足于独立。故事的主人公必须制定出能令双方都满意的条约。

【情境五】故事的主人公发现了另一个世界的存在。只要她在祖母家的某个房间里睡着，就可以进入那个世界。在那个世界里，她发现了另外一个自己和自己的亲朋好友。在两个不同的世界里，事物看起来似乎是一模一样的，但这些看起来一样的事物间却存在着细微而致命的差别。

【情境六】这个故事发生在未来。宇航员们遇到了一些外星生物。这些外星生物所信仰的神在它们的世界里是真实存在的，并且可以和它们进行交流。于是这些宇航员也想试着和这些外星生物的神进行交流，当他们这样做的时候，他们的心智发生了改变。

【情境七】故事发生在28世纪。人类在火星和带外行星的卫星上都建立了殖民地，并发展出了各自的文化和科技。其中一个殖民地不想再与地球有任何联系，但因为这个殖民地的自然资源对于人类来说实在是太过重要，以至于地球无法放弃它。为了防止战争的爆发，故事的主人公竭尽全力与殖民者进行交涉，希望可以达成协议。

【情境八】一队科学家组织了一支考察队，准备对木星的卫星欧罗巴进行考察。欧罗巴也被称作木卫二，这颗星球终年被冰层覆盖。科学家们在冰层下面的海洋里发现了一种智慧生物。这些智慧生物形似鲨鱼，却有手有脚，居住在海洋深处的洞穴里。科学家们设法与这些智慧生物建立了联系，这些生物所掌握的知识令科学家们大吃一惊。

【情境九】人们发现有一个类似外星人造的物品在围绕着金星运动，于是一队宇航员动身前往金星去调查。调查途中，在这些宇航员身上发生了一些令人费解的事情。他们的大脑似乎与外星人的电脑连接在了一起。故事主人公的任务是深入了解这种连接并尝试着利用它。

【情境十】一种可以改变自己身体形状的外星人侵入了地球，混迹于人类之中。它们把自己变成牧师的样子来赢取人们的信任，它们想让所有的人类都转而信仰它们那惨无人性的宗教。

类别八：与逃亡者交流

逃犯们在选择亡命天涯之前都会经过一番深思熟虑。对故土的热爱和对责任的坚守之间引发的强烈冲突总是能激发出令人印象深刻的文学作品。让我们拭目以待，看看你究竟可以用以下情境写出什么样的作品吧。

【情境一】很久以前，一个逃亡者放弃了美国国籍选择亡命天涯，现在她希望能回到美国。虽然很多国家都指责她与本国的革命运动有关，但美国国务院还是同意了她的请求。这名逃亡者一踏上美国的国土就销声匿迹了，只有一位一直监视她在国外活动的 FBI 特工才知道该如何与她取得联系。

【情境二】一位敌国的电脑程序员准备叛逃到美国去。美国的情报官员却强调，只有她同意破译从祖国的军事情报机构获得的加密文件，她才有可能获得政治庇护。这位即将成为叛国者的程序员立刻答应了这个条件，这使得故事的主人公怀疑她也许是一个双面间谍。

【情境三】故事的主人公被指控犯有某项罪行，但她称自己其实是无辜的。实际上，她确实触犯了法律，但没有因此而被起诉。她做了整容手术，改头换面，想躲过追捕。她的一位老朋友联系上了她，并知道了她的落脚之处。到底是该保证她的安全，还是将她绳之于法，这位老友面临着两难的选择。

【情境四】故事的主人公被他的邻居称为反美人士。因为受到了不白之冤，他倍感气愤，于是便去找那位邻居当面对质。但邻居却报了警，并把他描述成一个恐怖分子。出于害怕，他逃走了。国土安全局的一位调查员想方设法联系上他，并还了他一个清白。

【情境五】一位流亡海外的剧作家希望可以回到美国，但如果他回来，就会被指控犯有猥亵罪。然而他的剧本并不是下流的段子，他那些得以公演的作品也不是黄色话剧，他希望自己有机会把真相说出来。

【情境六】为了把一个极度危险的逃亡者从藏身之处驱赶出来，秘密特工带领一个小组精心设计了一次行动。他安排了一个同伴，让他假装刺杀一位重要的政治人物。为了让这一切看起来像真的一样，这名特工必须学会一门晦涩难懂的语言，并精通一些其他的工作。

【情境七】一位电子游戏开发员非常富有，她的前夫因此妒火中烧，并控告她盗用了自己的主意。这使得这位开发员躲了起来，其实前夫对她的控告是毫无根据的，只是她并不想和前夫的报复行为针锋相对。一位聪明的仲裁员帮助她解决了这个麻烦。

【情境八】一位伊拉克战争中的英雄组织了一批民兵，企图占领联邦办公大楼，并绑架大楼里的工作人员作为人质。在他们的行动失败之后，他走上了逃亡之路。为了调解他和 FBI 之间的关系，同是参加过伊拉克战争的一些军人自愿担当起中间人的角色。

【情境九】一位非常有个人魅力的精神领袖成立了一个慈善基金，但却被指控侵占了这个慈善基金的资金，于是他就逃到海外去了。实际上，他并没有侵占那些资金，他亡命天涯的原因是为了逃脱更大的罪责。

【情境十】一位工程师一直希望人类和智能机器人可以和谐共处，但是他制造出来的机器人却让他的希望破灭了。出于对自己的厌恶，他毁掉了生产机器人的工厂，并躲起来不见任何人。然而，一个幸存下来的机器人找到了他，劝他相信一切都还有希望。

类别九：与自我的交流

“交流”的意思是指将想法传递给别人，但有时候我们也需要与自己交流。我们心血来潮出现的很多念头都是自相矛盾、难以取舍的，与外在的冲突一样，利用我们内心的矛盾也可以写出引人入胜的故事。

【情境一】在这个和现实世界非常相似的幻想世界中有一个男人，他的内心极度分裂，被分成了三个彼此独立的人格。除非他们能够把彼此相左的需求有机地整合在一起，才有可能重新变回成一个人。但这却需要一些外力的帮助，准确地说是需要一位女子的帮助。

【情境二】一个患有双相障碍的人努力想为自己自相矛盾的人格找到解决的办法。他的一种人格是牧师，另一种人格却是无恶不作的暴徒。他想方设法扼杀自己暴徒的人格，却总是不能成功。这时，他的一位同事给了他一个建设性的意见。他的同事认为最好的解决办法并不是把暴徒的人格扼杀掉，而是想办法把这种人格同化并吸收。

【情境三】故事的主人公总是喜欢自言自语，所有人都认为他精神不正常。其实，他并不是精神分裂，只是意识到自己的身体里存在三个独立的人格。最近的这段时间，这三个人格间的争论变得越来越激烈。如果不能阻止他们，在他们之间就会爆发一场大战。

【情境四】故事主人公的第二自我变成了一个独立的人，并且已经开始威胁到主人公自身。无论主人公如何想方设法地去消除两个自我之间的矛盾，她的第二自我依旧我行我素，并且对她的威胁越来越大。她悄悄溜进主人公的家里，偷走她的东西。对于主人公要做的任何事情，她都和自己的朋友一起从中作梗。最后，主人公终于想出了一个能让她的两个自我合二为一的办法。

【情境五】有一个少年常年混迹街头，还吃过几年牢饭。一位法律顾问注意到了这位边缘少年，发现他其实很有音乐天赋。在赢得了少年的信任后，法律顾问对他进行了催眠，并让他了解到自己的艺术才华。最后，这位少年写出了很多音乐作品，以此来宣泄自己强烈的情感。

【情境六】一位画家具有两种对立的人格，其中一个喜欢描绘安静祥和的风景，另一个则钟爱战争和毁灭的暴力场景。于是，他设法让这两种人格通过相互交流达到和平共处，这两种人格却相互谩骂和攻击。最后，热衷于暴力的人格威胁要彻底毁灭掉热爱和平的人格。

【情境七】到底是去自己父亲的公司做一份待遇优厚的工作，还是投身于慈善事业去帮助穷人，这个问题让故事的主人无法抉择。于是她决定求助于心理医生，希望可以在医生的帮助下解决这个难题。她的丈夫认为她应该接受那份日进斗金的差使，然后把自己的一部分收入捐给慈善机构。然而，这在她看来就是一种逃避。

【情境八】因为无法忍受与别人共用一副躯体，故事主人公的第二自我从她身体里分裂出来并变成了一个独立的人。这两个人对于什么是理想的男人这个问题总是争论不休。于是，她俩决定用各自约会的男人作为实验对象来证实自己的观点是正确的，但结果却出乎她俩的意料。

【情境九】武士的幽灵来自一个失落的王国。这个幽灵附身在了一位女子的意识中，使这名女子开始像她的这位先祖那样去为人处世，这给她的生活带来了极大的混乱。那个武士的灵魂甚至怂恿她跟自己的对手以剑相搏。

【情境十】中年人对自己作为看门人的生活感到非常不满，于是他穿越回过去，找到年轻时的自己，劝他避开生活中的困难，去追求自己的梦想。他用尽全身解数让年轻的他相信他是来自未来的自己，终于，年轻的他听从了他的建议。但是他的这些做法还是导致了同样的结果。

类别十：与灵体的交流

与来自天堂或地狱的灵体交流会是怎样的一种情形呢？从史前时代起，人类就一直在试图召唤超自然的存在，并创造出了无数的传说。试着从下面这些情境中选出一些，写出属于你自己的超凡故事吧。

【情境一】见到鬼魂是一回事，坐下来跟鬼魂聊天则完全是另一回事。故事的主人公在一个不知名的小村子碰上了一个鬼魂，这个鬼魂被困在了一家酒店的一个房间里。这个鬼魂想让他帮助自己完成一项很久以前就该完成的事情。

【情境二】两位考古学家正在考察一个远古洞穴，这个洞穴里盘踞着一些阿那萨齐族人的鬼魂。一些鬼魂把很久以前自己是如何死掉的恐怖故事告诉了这两个考古学家。为了实现一个远古的梦想，有两个鬼魂决定附在这两个考古学家的身体里。

【情境三】这个世界上既有凡人，也有天使，但他们间的关系并不总是那么和谐。一些凡人总是欺骗天使，以求获得它们的神恩。而一些天使也有阴暗的一面，它们也会骗凡人们去做一些残暴无礼的事情。要想认清凡人和天使的好坏并不是件简单的事，但故事的主人公却必须想办法做到这一点。

【情境四】一位一事无成的艺术家在一个灵媒的帮助下邂逅了文艺复兴时期的三位大师。对于如何事业有成这个问题，每一位大师都给出了建议。但是，对于这些文艺复兴时期的大师们来说，她的艺术风格显然太现代了一些，他们对这一点感到很不满意，但有一位大师却是例外。

【情境五】一位很有抱负的逃脱大师唤醒了魔术师哈利·胡迪尼的灵魂。他请求胡迪尼把自己的魔术秘诀教给他，却遭到了拒绝。胡迪尼告诉他，那并不是什么秘诀。在这位年轻魔术师的一再要求下，胡迪尼给他上了非常重要的一课。所谓的秘诀并不是如何去表演逃脱术，而是如何建立一种心理状态。

【情境六】在这个世界里，灵魂是可以和凡人和平共处、各取所需的。灵魂们所追求的是感官体验，凡人们则希望突破生理的限制。一个凡人想利用灵魂的灵体来感受一下极致的感官体验。

【情境七】故事主人公的家里住着一个鬼魂，这个鬼魂想和他交流沟通，但他们都听不懂对方的语言。主人公先是尝试着用现代的语言和这个鬼魂沟通，但未能成功。接着他又试着用拉丁语和古希腊语与鬼魂交流，但鬼魂使用的似乎是一种更为古老的语言。最后在一位语言学家的帮助下，他们终于可以明白对方的意思了。随后这个鬼魂告诉了他一些不可思议的秘密。

【情境八】一位已经完全被盎格鲁文化同化了的因纽特女子不想被

人看出自己是一个因纽特人。实际上，她对一切与因纽特文化有关的事情都敬而远之。几位因纽特先人的鬼魂找到了她，慢慢地使她理解并接受了本民族的文化。

【情境九】一对兄妹在英国村庄附近发现了一座废弃的坟墓，他们遇到了坟墓里的一些鬼魂。这些鬼魂警告那些愿意相信它们的人，不要把这座坟墓的事情说出去。而这对兄妹被自己的遭遇吓得惊慌失措，并没有注意到鬼魂们的警告。于是，在他们离开那座坟墓之后，那些鬼魂便动身出发去寻找他们。

【情境十】一位古埃及学者在对一具木乃伊进行研究的时候，吃惊地发现这具木乃伊可以和自己进行心灵上的交流。当她从震惊中平静下来时，发现这具木乃伊知道许多离奇的故事，而这些故事都发生在一个已经消失的时代里。

第六章　诅咒或预言

类别一：来自黑暗深处的诅咒

典型哥特式小说中的恐怖元素来自以下场景：地牢、地窖、实验室、洞穴、神秘的走廊——各种黑暗和神秘的场所。与此相似的是，关于诅咒和预言的故事也有很多是超自然的。这些故事会让你联想到那些哥特式恐怖故事或恐怖心理剧，它们源自代代相传的诅咒或预言。

【情境一】一艘小船被海浪冲上了西班牙的海滩，小船上只有一具骷髅头骨和一张羊皮纸。在那张羊皮纸上写着一段预言：无论谁发现了这个头骨，都必须把它归还给它的家人，否则发现这个头骨的人就会身遭大难。但是，没有人把这个诅咒当一回事。

【情境二】故事的主人公是一位少年。他在翻看父母的私人文件时，发现了亲戚寄来的一封信。在这封信里，为了报复她父母所犯下的大罪，这位亲戚便对他们的第一个孩子——也就是主人公——施以诅咒。于是主人公拿着这封信去和母亲对质。他的母亲求他不要把这件事告诉他的父亲。

【情境三】一些矿工在检查矿洞的时候找到了一个小罐子。这个罐子里除了一些遗物还有一张牛皮，牛皮上写着一个预言：发现这个罐子的人将会拥有神奇的力量，让这个世界发生不可思议的改变。然而，这个预言却隐藏着邪恶的一面。

【情境四】一个人最近购买了一幢维多利亚风格的房子，房子里一直闹鬼。为了找到闹鬼的原因，房主找到了前房主的日记，并从中找到了线索。他挖开了这所房子的地窖，从中找到了一个被施以邪恶诅咒的护身符。

【情境五】一群考古学家在一次墓葬考古工作中惊醒了一个远古的恶魔。这个恶魔把这些惊扰它的人当成了攻击的目标。任何人都想不出能阻止这个恶魔的办法，其中一位考古学家在这时发现了一个远古时期的秘密。

【情境六】人们总是不断地听到一个废弃的井里传来奇怪的诅咒声，但任何想要一探究竟的努力都徒劳无功。最后，人们在这口井旁挖了一条与井平行的通道，之后又发现了一个密室。以前那些被驱逐的人都被送到了这个密室里任其听天由命，但是这些人都没有死，而是变成了一些邪恶的生物。

【情境七】拆迁人员把一所旧房子夷为平地后，在这所房子的地窖里发现了一条通道。没有人知道这条通道通往哪里。于是，这些拆迁人员沿着这条通道来到了一个地方，这里居住着一些像人一样的生物。这些类人生物警告拆迁人员，世界末日的预言马上就要变成现实了。

【情境八】一家公司准备把华盛顿特区内的一幢旧办公大楼拆掉，并在大楼原址上盖一间餐厅。但他们发现了一份文件，里面记述了这样一件事：在这座大楼下面是一片印第安人的墓地，任何打扰了这片墓地安宁的人都会受到诅咒。这使得这家公司陷入了进退两难的局面。

【情境九】三个矿工在检查一座废弃的矿井时发现了一个神秘教派曾在这里活动过的痕迹。他们还发现了一条警告式的诅咒，写着：任何企图进入密室的行为都会带来灾难。但是这几位矿工并没有理会这条诅咒，继续进行自己的勘探工作。

【情境十】人们在一个教堂的地下室里发现了一条诅咒，这条诅咒警告人们，魔鬼将会入侵人类世界，除非它们的要求得到满足，否则不会停止。它们的要求是，人类要对自己在过去几个世纪中所犯下的恶行做出补偿。

类别二：来自上古时期或中世纪的诅咒与预言

在上古时期和中世纪涌现出了大量作家，他们的作品包括哥特式小说、奇幻小说及历史小说。古中东、古埃及、古希腊、古罗马及古代的远东国家都有各自的文明，大量描写诅咒和预言及背叛和巫术的故事都源自这些古代文明。

【情境一】在中世纪，一群盗贼洗劫了一座坟墓。坟墓里刻着这样一句话："打搅此间平静，必将放出魔鬼。"盗贼们认为这条诅咒只是吓唬人的，目的是保护墓室里那些用来陪葬的财宝。但盗贼们想错了。

【情境二】古埃及学者们在一座古墓中发现了一个石棺，当他们想打开石棺的时候，发现有一条诅咒保护着这个石棺。于是，他们想方设法解除这条诅咒。但无论他们使用什么方法，都无法破除这条诅咒。被这条诅咒召唤来的恶魔反复出现在墓室中，每出现一次，就变得更厉害一些。

【情境三】几个世纪以来，僧侣们一直收藏着一本魔法书。由于所有学习了这本书上魔法的人都遭遇了不幸，所以僧侣们不让任何人接触这本书。一位历史学家拜访了这些僧侣，他劝僧侣们不要在意这个诅咒。他认为造成不幸的是疾病和自然灾害，而不是诅咒。但僧侣们却坚信诅咒是真实的，并准备证明给历史学家看。

【情境四】一个巴比伦奴隶的女儿有预知未来的天赋，而这种天赋也给她的生命带来了威胁。国王的子嗣们为了争夺王位钩心斗角，他们打算把她抓起来，不让任何人知道她预言的内容，或者把她杀掉，这样她就不会对局势产生任何影响了。

【情境五】有一个预言：成吉思汗占领的疆域总有一天会被他的子孙们再次占领。为了实现这个预言，成吉思汗附在了一个村民的身上。为了完成这个预言，他还必须把自己的军队召唤出来，让他们附在这些村民身上。

【情境六】一个陌生人把一本自己家族里代代相传的魔法书送给了一位魔术师，这本魔法书中写满了各种咒语，但大部分咒语都是一般人根本无法解读的。魔术师解读出了一些咒语，但马上意识到这些咒语有多么危险。这些咒语是如此强大，以至于只是在心里默读就足够有威力了。

【情境七】考古学家们在埃及亚历山大找到了一些古代的卷轴，上面写的都是对未来的预言。其中一本卷轴描述了20世纪所发生的大事件，而另一本则预测了一些尚未发生的大灾变。大多数科学家并没有把这些预言当作一回事，但是由于这些卷轴准确预测了一些已经发生了的事件，因此有一些人非常害怕其他预言也会发生。

【情境八】人们在一根象牙上发现了一段古代中国的预言，但这段预言不完整。预言的后半段刻在另一根象牙上，第一根象牙上有线索提示人们该去哪里找第二根象牙。因为这段预言与一种不同寻常的天文现象有关，所以当务之急是要找到第二根象牙。

【情境九】人们在一些干枯的头颅中发现了诅咒。头颅的主人是一个亚马逊部落的族人，这个部落早在几百年前就已经消失了。语言学家们破译了这些诅咒，发现它们与现在正生活在这个地区的一个部落有关。

【情境十】在印度，一位萨满教的巫师重新诠释了一段由迦利神留下的预言，随后引发了一场混乱。只有村子里那些开明的信徒才能使事情回到正轨上来，而这些信徒正在与一群信奉正统宗教的人进行着一场激烈的战争。

类别三：来自被征服者的诅咒和预言

有一种说法认为历史是由胜利者书写的。这句话也许是对的，但失败者同样会发出自己的声音，只是用不那么明显的方式，比如说密写，或是绘画、雕塑，有时候也可能是诅咒。这样的诅咒会引发什么样的故事呢？

【情境一】一位吉卜赛人以算命为生。在被抓进集中营后，他对集中营里的卫兵施了诅咒。他把一些卫兵变成了狼，并希望其他卫兵会把这些狼杀掉。但这样做也有风险，对于犯人们来说，那些狼也许比卫兵更危险。

【情境二】人们在一个古墓中发现了一份用奇怪文字写成的手稿。人们破译了一部分手稿，发现它预言了一种怪物的觉醒，人们征服了怪物，用咒语将它们封印在这个古墓中。只有破译了手稿的剩余部分才能知道那些怪物会在何时觉醒，以及它们的目的是什么。

【情境三】在一个偏远的西南小镇里，原本温顺善良的居民突然变得非常残暴。有迹象表明这些居民是被恶灵附体了。这些恶灵来自一个被征服的印第安土著部落，它们要为自己报仇，而小镇里的居民正是它们的报复对象。

【情境四】侵略者占领了一个城市，但他们却低估了这些居民的力量。侵略军中的每一个人都饱受自己在战斗中残杀之人鬼魂的折磨。只有抵偿了自己的罪行，这些鬼魂才会放过他们。

【情境五】一个教派被打败了，教徒们全都被迫变成了征服者的奴隶。征服者里有一个人很同情这些教徒的遭遇。教徒们从他那里得知，其实他们身上有一种罕见的天赋，只是这种天赋尚未觉醒。只有一种咒语可以唤醒这种天赋，但是已经没有人知道这种咒语了。那个同情他们的征服者相信自己可以通过某种预言找到这种咒语。

【情境六】一个村子里的人过着安稳但一成不变的生活。村子中流传着一个预言，某个年轻人将会结束这种生活方式。由于担心预言成真，村子里的长者把每个表达过激进想法的年轻人都关了起来。但是，一个少年却逃了出来，并领导了一场抵抗运动。

【情境七】在一个星球上到处都充满了毒气。人类向这个星球移民了许多人。这个星球上的原住民不是通过武力，而是通过精神控制征服了人类殖民者。毒气使女性原住民丧失了生育能力，因此它们想利用女性人类殖民者为自己繁衍后代。

【情境八】几个穷兵黩武的军事集团多年以来占据着人们的地盘。在它们势力范围的夹缝中生活着一群炼金术士，这些炼金术士们一直过着和平的生活。某个军事集团听说了一个预言，该预言警告他们这些炼金术士是一群魔鬼，正准备用魔药把这些军事集团统统都消灭掉。

【情境九】一个基督教教派拥有强大的力量，他们能做出准确的预言，同时他们的诅咒也百试不爽。因此，这个名不见经传的教派秘密地强大了起来。罗马人发现了他们，并知道了他们的能力，因此想要毁掉这个教派。

【情境十】猫族占领了鼠族的领地，并强迫鼠族成为自己的奴隶。鼠族受到了一次小型太阳风暴的影响，体型变得十分巨大，并且拥有了超自然的能力。于是鼠族打败了猫族，并和当初的猫族一样，开始了对猫族的奴役。但是猫族也同样受到了太阳辐射的影响……

类别四：来自怪物和巨兽的诅咒或预言

一般来说，怪物和巨兽总是对人类充满恶意。它们像恶魔一样疯狂地攻击人类，并且总是对“正常的”人类施以诅咒，或是预言人类会面临可怕的命运。但是请记住，这些怪物并不仅限于那些超自然的生物。总是会有一些人在无意中妨碍到这些怪物，于是这些怒气滔天的怪物总是与那些无辜的人冲突不断。你可以利用以下情境把这些怪物与人类之间的矛盾冲突写成扣人心弦的故事。

【情境一】一位女继承人长得貌美如花，却十分虚荣。她那拥有撒旦般魔力的妹妹十分嫉妒她，并对她施以诅咒。她的妹妹诅咒她每次照镜子的时候，在镜子里看到的都是一个老太太。因为在她俩小的时候，妹妹总是受到姐姐的欺负，所以当这位姐姐请求妹妹解除诅咒时遭到了妹妹的拒绝。

【情境二】一个凡人由于自己的罪行而受到神灵的诅咒，并变得奇丑无比。他恳求宙斯解除自己身上的诅咒。宙斯答应了他的请求，却告诉他，在他身上的诅咒被解除之前，他必须完成一些非同寻常的任务。而最后那项任务看起来是不可能完成的。

【情境三】在这个世界上，魔鬼们非常重视以自己的名义发出的诅咒。但由于人们诅咒的形式总是千篇一律，因此魔鬼们开始感到厌烦。它们警告那些凡人不要不分青红皂白地诅咒别人，但是有些凡人却对魔鬼的警告无动于衷。于是，他们的诅咒取得了相反的效果，并且自己也变成了魔鬼。

【情境四】一个人得罪了神灵，神灵便对他施以诅咒，把他变成了一个怪物。他乞求神灵把自己变回成正常的人。神灵同意了，但要求他先完成一些任务。这些任务令人厌恶，他拒绝了。神灵被他的拒绝激怒了，让他的境况变得越来越糟。为了报复这个神灵，他便开始向其他的神灵寻求帮助。

【情境五】在另一个世界里，一些人由于受到了辐射而变得畸形。这个世界里有一本神圣的经书，这本书预言了这些畸形人的出现，并指出这些人只配在污秽中生活。但是有一个畸形人受够了虐待，对残暴的统治者们发动了攻击。统治者们也做出了相应的反击，战斗造成了大量的伤亡。

【情境六】一个女孩从小就受到诅咒，并被丢在了荒野中。小女孩没有死于荒野，而是变成了一个野人。她长大成人后，回到了曾经驱逐自己的王国。她不仅要报复邪恶的女王，还要找回自己丢失的人性。城里的人都不接受她，有一个人却例外。这个人收留了她，给她提供藏身之所和各种帮助，协助她实现自己的目标。

【情境七】一个女子拥有预言的能力，并敢于掌控自己的命运，因此她受到了统治者们的诅咒，变成了一个身体畸形的人。为了帮助同样受到折磨的人，她投身于抵抗统治者的运动中。她竭尽所能地抵抗统治者的诅咒，但针对把她变成畸形的那个统治者的所有反抗都是徒劳的。

【情境八】一项基因实验造成了非常可怕的后果，故事的主人公变成了一种两栖动物。虽然他还拥有着人类的智慧，却无法长时间地离开水。他找到了一个报复那些基因学家的办法。

【情境九】一些鬼魂用诅咒来对人类施以报复。所有从头到尾完整听到这些诅咒的人都被变成了鬼魂。故事的主人公对这些诅咒进行了仔细的研究，希望可以找到能阻止鬼魂们把诅咒念完的办法。

【情境十】一位科学家被鬼魂附体，她的意识逐渐被鬼魂所控制。在意识完全被鬼魂控制之前，她想方设法地与鬼魂交流。与此同时，她想要知道为什么鬼魂只把自己作为目标。经过努力，她发现几年前自己破译的一段古代铭文中也许隐藏着线索。

类别五：来自宗教物品的诅咒或预言

圣物总是和那些与人类命运有关的预言有着千丝万缕的联系。因为它们很容易被人发现，更容易受到损坏，所以它们一般都会受到诅咒的保护。下面这些情境可以作为悬疑小说或冒险小说的理想素材。

【情境一】一位女子的祖母已经时日无多。这位女子从祖母那里得到了一本祈祷书，这本书已经在她的家族里流传了许多代。当她查看这本书的时候，在书页的空白处发现了一段铭文。这段铭文是用一种她不认识的文字书写的。然而，她发现的这段铭文实际上是一个自己将背负一生的诅咒。

【情境二】生活在现代的僧侣在祈祷的时候，十字架上的耶稣基督开始对他讲话，这一切和发生在圣弗朗西斯身上的情况如此相似。耶稣基督告诉了他一段令人吃惊的预言。但是为了让预言成真，这位僧侣和他的同伴必须先完成一些任务。

【情境三】最近出土的古代雕刻品似乎是一个星形的徽章。它看起来很像一种宗教符号，但属于什么宗教呢？研究显示，它要比已知的所有主要教派都久远。主人公相信她的发现证实了一种不为人所知的宗教的存在，而这种宗教现在也许还存在于世界上一些隐秘的地方。

【情境四】一位霍皮部落的首领送给主人公——一位人类学家——一个克奇纳神玩偶。这个玩偶身上有一条使人不安的预言，说在某个特定的时刻，霍皮人会从坟墓里复活并重新统治属于他们的土地。

【情境五】一位神学院的女学生有一本家传的《圣经》。每当她打开这本《圣经》，都能听到奇怪的声音。她越听越觉得这种声音像一种古代的语言。在一位语言专家的帮助下，她终于知道了那种奇怪的声音是吟诵诅咒的声音，而被诅咒的正是她那些作恶多端的先祖们。

【情境六】人们在一个古墓里发现了一张早期基督教传教士的裹尸布，这张裹尸布似乎具有超自然的能力。故事的主人公是一位研究早期基督教的专家，他对这张裹尸布十分着迷。在这张裹尸布上有一个惊人的秘密：使徒的预言。

【情境七】一位非洲艺术品收藏家在刚果找到了一个神偶护身符。这个护身符上的神偶一到深夜就会活过来，嘴里还嘀咕着一些奇怪的话。它说的是一种古代的非洲语言，这位收藏家把它说的话录了下来。原来这个神偶说的是与一个可怕的诅咒有关的事情，以及破解这个诅咒的方法。

【情境八】故事的主人公有一个祖父留给他的大箱子。主人公从箱子里翻出来了一个可以插 7 根蜡烛的烛台。一晚，主人公想用这个烛台。每当他点亮一支蜡烛，烛台都会给出一个预言。一共是 7 根蜡烛，因此一共是 7 个预言，象征着上帝创世的 7 天。而更令人恐惧的是，这些预言与当代发生的大事有关。

【情境九】一个既精致又奇怪的物体落在了地球上。人们对它进行了各种研究，但都被难住了，没有人知道这是什么。后来，凡是亲眼见过这个东西的人行为举止都开始变得怪异。没过多久，人们开始膜拜起这个东西了。

【情境十】故事的主人公从当铺里买了一个小雕像。这个小雕像是一个希腊的神灵。不久之后，主人公就开始做各种预言性质的梦，而且这些预言都成了现实。在一次梦境中，这个神灵告诉他，自己就是他买回来的那个小雕像。主人公想把这个小雕像卖掉，这个神灵在他面前显灵了。

类别六：由于药物而产生的预言、幻想

> 人们从远古时期起就开始使用麻醉剂。在服用或吸入麻醉剂后，会进入一种类似被催眠的状态。这时，服药的人会看到幻觉并能产生一种顿悟的体验。我们可以把它们当作素材，写出引人入胜的故事。

【情境一】在迷幻剂的影响下，一位在街头流浪的音乐家可以预先知道几小时后将会发生的事情。调查人员不愿意在这位音乐家身上使用违法的药物，并以此来确定事情的真假。他们只是称这些事件要么是巧合，要么就是音乐家所制造的。

【情境二】一种新型的致幻剂成了大学校园里的抢手货。这种致幻剂能够让服用者对即将发生的事情做出非常准确的预测，比如说谁会通过考试，而谁又会不及格，或者谁会找到工作。学校里的管理者和教授们想方设法阻止学生们服用这种药物，但是他们中的一些人也吃了这种药物，并有了瘾。

【情境三】获准离船上岸的水手们吸食了一种像烟草一样的毒品。在这种毒品的作用下，水手们在恍惚中似乎听到了可怕的预言。清醒过

来后，他们开始劝说自己的长官，让他按照他们听到的预言行事。

【情境四】恐怖分子用精神药物污染了一个城市的水源，这使得城市里的居民都产生了幻觉。幸运的是，负责这个案子的首席调查员只喝瓶装水或过滤水。但在他调查这个案子的过程中，有人把被污染的水伪装成了瓶装矿泉水给他喝。

【情境五】有人用药物污染了食物，这使得吃了这些食物的人无论看到什么都觉得很可笑，并且会无法自控地狂笑。没过多久，这个社区里就到处是这种精神错乱的人。科学家们努力想要解决这个问题，但是有个组织却不想让这个问题得到解决。

【情境六】一种戒烟的药物被证实具有某种无法预测的副作用。这种药物会让服用者像得了图雷特氏综合征一样不由自主地说个没完。但与图雷特氏综合征患者不同的是，这些人说的话更有条理，而他们滔滔不绝的内容则是一些对未来的预言。

【情境七】在另一个宇宙中，有一种药物可以使人们像灵魂出窍一样离开自己的身体。然而，一些人过度热衷于使用这种药物，以至于忘记了要妥善保管好自己的身体。于是他们的身体被一些罪犯偷走了。这些丢失了身体的人们急得发疯，他们必须在自己变得面目全非之前找回自己的身体。于是他们一起开始了寻找身体之旅。

【情境八】一种可以不再让人好斗的药物被发明了。人们变得更平和也更友好了，各种犯罪也销声匿迹了。但是停止服用这种药物却是一件非常危险的事情。那些停止服用药物的人都产生了幻觉，并且这种幻觉使他们变得非常暴力。

【情境九】艺术家们通过吸毒来产生幻觉，他们把自己看到的幻觉用油画和雕塑的形式表达出来。与此同时，毒品对他们也产生了副作用。他们总会有一种冲动，想把自己创作出来的作品毁掉。但是，艺术家们却觉得值得冒这个险。

【情境十】一种新型的毒品可以使服用者产生幻觉并看到在最近的将来会发生的事情。为了获得这种新药的经营权，执法部门和军方争得不可开交，并都打算马上开始使用这种药物。这种药物一出现在黑市上，人们就立刻开始购买使用，根本不考虑它的副作用。但由于无法让自己忘掉那些可怕的幻觉，人们变得非常多疑。

类别七：来自被催眠者的预言

作为一种心理分析的工具，催眠术通常被用来帮助人们释放被埋藏或压抑在心里的记忆。但是催眠术也可以成为一种获得超自然预言的方式。催眠术的种种可能性可以带来令人毛骨悚然的故事。

【情境一】在催眠状态下，一个神秘主义者讲述了一条预言。他坚称是上帝将这条预言告诉他的。他说因为气候系统发生了彻底的改变，地球将会经历一场大灾难，唯一可以阻挡这场大灾难的办法就是跟随上帝的脚步，上帝通过他向世人传达了"新十诫"。但是并没有人相信这位神秘主义者，这时神启出现了。

【情境二】镇上来了一位会催眠术的陌生人。被他催眠的人都做出了预言。大部分预言只不过是一些琐事，却都被证实是真实的。镇子上的居民怀疑是不是这个会催眠术的陌生人使用了某些手段让这些预言成为现实。但就在这时，镇子上的一个人在被催眠的时候却做出了一个非常可怕的预言。

【情境三】一位心理学家催眠了自己的哥哥，并因此唤醒了哥哥的另一个人格。这个新的人格做出了一个可怕的预言：陷入长眠的魔王将在某个特定日期通过他的家族把这个城市里的所有人都变成自己邪恶的军团。这位心理学家必须想办法在保住哥哥性命的前提下，扼杀掉他的这个人格。

【情境四】一位心理专业的学生对神秘学十分感兴趣。大学毕业后，他回到了家里。在一次聚会上，他同意对自己的一位朋友进行催眠。此后，这位朋友总是梦到一些血腥暴力的场面，并且似乎可以洞察未来。这名学生试图帮助朋友，让他不再受到噩梦的困扰。但是有一天，这个朋友却失踪了。

【情境五】一个男人有着多重人格。一次，他发现自己可以预见未来。但这只在他身上出现了一次。于是他希望通过催眠术来找回这种惊人的特异功能。这个人正在进行一项科学研究，专家们相信他失去的那种特异功能可以使他的研究取得关键性的进展。

【情境六】一个女人饱受丈夫的虐待。她对自己的丈夫进行了催眠，希望可以在催眠后通过给丈夫一些暗示使他变得彬彬有礼，从此改掉虐待自己的恶习。尽管她的计划成功了，但他的丈夫在催眠状态下却预言会发生一些不祥的事情。

【情境七】在未来世界，机器人负责治疗精神病。这些机器人经常会对它们的患者进行催眠治疗。一个机器人精神科医生催眠了自己的患者，给他们灌输了一条预言，让他们相信机器人命中注定要成为人类的主人。不久以后，其他机器人精神科医生也给它们的病人灌输了同样的预言。

【情境八】故事的主人公是一位心理学家，他的姐姐有一对双胞胎女儿。主人公发现这对双胞胎姐妹在被催眠的状态下有预知未来的能力。某次，他从这对姐妹那里得知将会发生一件非常恐怖的事情。于是，他寻找机会又催眠她们中的一人，想从她那里具体了解一下这件恐怖的事情。然而这次，他却无法把这个孩子从被催眠的状态中唤醒。

【情境九】老师催眠了那些成绩不好的学生，使这些孩子在催眠状态下看到自己在未来会成为举世瞩目的人物，并让他们相信自己是优秀的人才。当这些孩子看到自己未来的样子后，纷纷振作精神开始努力学习。这个社区里的人原本都已经放弃了这些成绩不好的孩子，但这些孩子却浪子回头奋发图强，使社区的人非常高兴。但也有一些孩子看到自己未来的样子不尽如人意，变得更消沉了。因此，社区里的一些人想阻止该老师的做法。

【情境十】某个球队输掉了一场比赛，队内弥漫着失利带来的烦闷气氛。教练催眠了几个球员，好让他们可以竭尽全力地拼搏。这些球员在催眠中看到了自己胜利的场景，并坚信自己的球队在未来一定会成功，因此他们超负荷地进行训练和比赛。终于，他们濒临精神崩溃的边缘。

类别八：来自魔术师和通灵师的预言与诅咒

> 无论是魔术师还是萨满巫师，或者是那些对咒语和神秘仪式感兴趣的普通魔法爱好者，都游走于仁慈和邪恶之间的灰色地带。在这些人身上没有太多道德感，我们却可以从他们身上发掘出许多充满悬念的故事。

【情境一】在狂欢节上，通灵师告诉一个女人，她和新婚丈夫搬进的新居里有鬼物作祟，并且她的丈夫对此非常清楚。“回去看看他一直锁着的那个箱子里有什么吧。”这位通灵大师说。

【情境二】大家都认为吉卜赛术士是骗子，但是这位术士却恳求警方以她看到的幻象为线索对一系列悬而未决的谋杀案展开调查。虽然她看不清那个杀人犯的面部，却能从他的着装推断出这个杀人犯的身份。

【情境三】一个退休的魔术师能够通灵，他能准确断定嫌疑人到底是不是有罪，所以某执法机构把他招致麾下。然而，有一名同为通灵大师的犯罪分子能够控制他人的精神，这样一来，这位魔术师的能力就变成了一场事故的祸端。

【情境四】故事的主人公总是受到噩梦的困扰，而且经常在噩梦里看到最近会发生的祸事。这些事情太奇怪了，因此她根本就没把它们当一回事。比如，有一次她的一个已经过世的亲戚在她的梦里告诉她，她卧室的壁橱里有一个恶灵。但某天，有一条预言真的变成了现实，她感到害怕了，并找到一位术士来帮助自己。

【情境五】故事的主人公有一个姐姐。他们的父亲曾诅咒主人公的姐姐会生下一个魔鬼。因此，在姐姐尚在世的时候，主人公想方设法解除父亲对姐姐的诅咒。但姐姐在生产时因难产而死，只留下一个孩子。主人公知道他必须在这个孩子学会走路之前解除那个诅咒。

【情境六】故事的主人公被关在了一个闹鬼的地牢里，并被之前死在这里的饱受折磨的囚犯鬼魂附体了。起初，这些鬼魂告诉他自己所遭受的痛苦，然后它们又告诉了他未来会发生什么。不久，这些鬼魂告诉了他一些只有在特定条件下才能生效的诅咒，主人公必须想办法实现这些条件。

【情境七】魔鬼曾经是撒旦忠诚的下属，它拥有预知未来的能力。现在它摒弃了黑暗世界，并想用自己的能力来帮助那些穷人和无家可归的人，从而救赎自己。但是，它必须让村民们相信自己的诚意，这对于一个曾经的魔鬼来说真的很不容易。

【情境八】愤世嫉俗的魔术师厌倦了自己每天都要做的千篇一律的表演。他在一位灵媒的帮助下联系上了一位已经过世的伟大魔术师。这位已经过世的魔术师告诉了他一个可怕的预言，并且告诉了他，作为一名魔术师，他该如何努力让未来变得更美好。

【情境九】男孩受够了在学校里总是被人欺负，于是开始学习魔法，并发现自己真的可以对别人施以诅咒。他试着对一个总是欺负他的人施以魔法，但却念错了咒语，于是造成了非常糟糕的后果。

【情境十】总是受到丈夫虐待的妻子学习了黑魔法，并发现自己在施诅咒方面有特殊的天赋。同时，她还可以让人产生幻觉。她的丈夫发现了她的魔法书，并把它烧掉了。尽管这位妻子记住了所有的咒语并知道该如何诅咒，但当她真要对丈夫这样做的时候，却犹豫了。

类别九：智力有残疾者的预言、诅咒和幻觉

幻想和幻觉之间是有差别的。同样，支离破碎的呓语和清晰准确的预言也是有差别的。普通人的头脑不能理解呓语的神秘之处，但一些看起来精神不正常的人却拥有着预知未来的天赋。

【情境一】男孩非常害羞，从来都不说话。没有人知道他到底是不是患有孤独症，又或者智力有障碍。这个男孩天赋异禀，能够预知未来。就像希腊神话里那个能够预知未来，却被诅咒不被相信的卡珊多拉一样，这个男孩总是把自己的预言写下来，但由于这些预言过于骇人，所以从来没有人相信它们。

【情境二】大家都认为故事的主人公是个智障。但其实她只是很难对现实存在的信息加以处理，因为她所看到的都是几小时甚至几年之后才会发生的事情。更麻烦的是，她做预言的时候使用的是一种奇怪复杂的语言。通常她的预言内容还没有来得及被破译，她所预言的事情就已经发生了。

【情境三】某癫痫患者在每次发病的时候都能看到一些超自然的幻象，但因为他的病情非常严重，所以只能记住这些幻象的一些片段。一位神经学家帮助他把那些幻象的片段拼了起来，结果却发现这是一幅令人恐惧的图像。

【情境四】女兵在战斗中受伤之后，发现她对敌人的那些恶毒的诅咒全都实现了。但这时，她已经无法再控制自己，开始诅咒任何对她表现出敌意的人。

【情境五】故事主人公的脑海里不断产生着神圣的幻象，这使她相信自己是一位法力无边的女神的化身。当然，所有人都觉得她的精神不正常，但是她却有条不紊地一步一步把自己的幻觉变成了现实。

【情境六】故事主人公的丈夫是个伏都教教士，他用咒语使妻子对自己言听计从，并命令她犯下了许多令人难以置信的罪行。这位丈夫怀疑某个男人是自己的情敌，并命令妻子去杀掉他。就在她准备杀掉这个人的时候，这个人找到了让她摆脱伏都教咒语的办法。

【情境七】男人总是在梦里看见用密码写成的预言，但是每次醒来，他就把这些密码忘掉了。有一位心理医生很开明，他认为超自然的事情是有可能存在的。这个男人联系了该医生，请求他帮助自己。他们共同努力找到了可以还原梦境的办法。男人用这种方法把梦里见到的密码记录了下来，并和这位心理医生一起破译预言。

【情境八】女孩从来不说话，大家都认为她是智障。但她不知道从哪里听到了很多预言，并用自己惊人的记忆力把它们记在了脑子里。她并没有把这些事情告诉哥哥和父母，只告诉了自己的洋娃娃。一位女神被派来照顾这个小女孩，她就附身在这个洋娃娃上。有一天，小女孩的一个朋友偷走了她的洋娃娃。

【情境九】一位被大家称作“白痴学者”的人一直在研究各种高度

复杂系统中的微小波动，比如天气、股市、太阳耀斑等。他通过研究这些微小的波动，对不远的未来做出了惊人的预测。因为他行为古怪，几乎没有人相信他说的话。只有一个人很严肃地对待他的预测，并警告专家们无视这个人的话是一个严重的错误。

【情境十】退伍老兵患有创伤后应激障碍，他无法将日常生活中的小冲突和战场上的你死我活区分开。尽管被警告不要去管别人的闲事，但是当他目睹一位女子受到侵犯时，还是立刻采取了行动。

类别十：来自巫师的预言和诅咒

有些人可以施展魔法或使我们看到神秘的幻象。我们可以从他们身上挖掘出许多不同寻常的神奇故事。这些故事也许是发生在幻想世界中，也可能会发生在我们生活的真实世界里。可以利用以下素材从一个全新的角度写出令人拍案叫绝的故事。

【情境一】某朝圣者得知由于人们的某种罪行，一场毁灭性的灾难将会降临在自己的城市。他试图通过一位女先知破除阿波罗的预言。阿波罗是主管艺术和医药的神。这位女先知住在德尔菲城里，她的工作就是将阿波罗的神谕传达给那些觐见者，并在凡人和这位强大的神之间扮演仲裁者的角色。尽管这位女先知告诉他不管他做什么都无济于事，但他还是再次乞求阿波罗给人们一个赎罪的机会。

【情境二】牧师将自己要告诉世人的预言隐藏在他用长笛吹奏出的音乐中。他预言世人将面临极大的危险，但是必须有人能先理解他的音乐语言。在这个王国里，只有一个女疯子拥有这种能力。

【情境三】电影摄制组来到加勒比地区拍摄一部与僵尸有关的电影。

为了保证电影的真实性，摄制组邀请了一些伏都教的女法师参加拍摄。然而，这些女法师却通过诅咒控制了那些演员，这种真实性着实超出了摄制组的预期。

【情境四】某流浪汉是一名占卜师。他预言上古的神灵将会重新降临人间并解决它们和人类间的事务。没有人相信他说的话，与此同时他也因流浪罪而被捕入狱。然而，故事的主人公决定相信他的预言，并向他请教该如何对付那些想要报复人类的神灵。

【情境五】一个能够预见未来的女人被指控为女巫，并被驱逐出了自己的祖国。她四处漂泊，结识了不少新朋友。她将自己看到的未来告诉那些新朋友，大部分人都觉得她是个疯子，对她不屑一顾。但是有一个人相信了她的预言，并且想要阻止它们的发生。于是，她俩开始了一场冒险。

【情境六】占卜师们来到了一个正处于困境的村庄。大部分占卜师不过是江湖骗子，只想靠所谓的“预言”骗取金钱。一位很有天赋的占卜师却免费地把预言告诉人们，但因为他的预言中有好消息也有坏消息，所以没有人愿意相信他。

【情境七】女祭司有着未卜先知的天赋，但因为她冒犯了一位神灵，所以被神灵变成了一个看起来非常可怕的畸形怪物。虽然她还保留着未卜先知的天赋，但是没有人敢接近她。在一场大灾难中，她试图把自己丑陋的外表隐藏起来，这样其他人就会愿意听她说的话了。

【情境八】女巫想找到一条可以让她和她的女巫朋友们摆脱畸形身体困扰的咒语。她们尝试了第一条咒语，但失败了，女巫们变得更加丑陋了。终于她们找到了一条有效的咒语，她们终于不再是丑陋的女巫了，但这条咒语却给她们带来了其他麻烦。

【情境九】一个女人在临死前告诉自己的儿子她其实是一个女巫。

她还告诉儿子必须继承她的事业，把咒语、魔法和预言传承下去，对抗一直想要毁掉人类的邪恶力量。儿子答应了母亲的要求，但是他太年轻了，在他有能力完全施展自己所继承的法术之前，就成了邪恶力量的牺牲品。

【情境十】女巫被一群村民围困住了。尽管她告诉他们自己已经不再替人占卜，但这些村民还是想知道自己的未来。女巫拒绝给村民们占卜，他们便要把她绑在火刑柱上将她烧死。这时，一位倾慕这位女巫却被她拒绝过的追求者赶来救下了她。

第七章　陷入某种境地

类别一：陷入混乱和不确定的状态

我们生活在一个由规则统治的世界中，这些规则有些是自然法则，有些则是人为制定的。当秩序和理性被打破后，人们会感到恐慌与不知所措。这也可以引出扣人心弦的的故事。你可以从以下10个情境中随意选一个，用它写出属于你自己的心理剧。

【情境一】主人公听从丈夫和公婆的劝告，成了家庭主妇，但是她儿时的梦想是当一名考古学家，因此总是闷闷不乐。她究竟该不该实现儿时的梦想，去做一位考古学家呢？每个人都劝她放弃这个念头，但她那才华横溢的姐姐却是个例外。

【情境二】故事的主人公马上就要当爸爸了，面对成为父亲的责任，他非常担心，生怕自己无法胜任新角色。他是一个孤儿，被自己的酒鬼叔叔抚养成人。在生活中根本就没有一个成功的父亲可以作为榜样让他学习。他该怎样成为一位成功的父亲呢？

【情境三】主人公患上了一种致命的疾病。她在与病魔抗争的同时也在寻找可以让自己坚持下去的理由。她拒绝从传统的精神或宗教中寻求安慰，想找到证据证明生命并不是一场毫无意义的闹剧。这时，她从一个孩子的身上得到了启示。

【情境四】为了使自己的宗教信仰和科学专业能够和谐共处，一位物理学家设法在已知的存在中找到不确定的因素，后来，她在一次朝圣之旅中发现了信仰和科学的完美结合。

【情境五】故事的主人公参加了一次睡眠实验，却在实验中出现了严重的问题，后来他发现自己开始分辨不清现实和梦境了，他的生活也因此变得一团糟。这次实验是他的睡眠治疗师操作的，她竭尽所能去弥补主人公的损失，却只能让事情变得更糟。

【情境六】敌国发动了一场针对中情局的网络攻击，结果让整个情报局陷入瘫痪。一位正被警方通缉的黑客技艺非凡，他曾经是中情局的前特工。在绝望中，中情局不得不请他来帮忙，以免敌国把自己所有的机密文件都偷走并公之于众。但这也许正是这位黑客想看到的情况。

【情境七】有些人要比其他人更能容忍不确定的事情，而有些人则根本就不能忍受有一点儿不确定的因素，就像故事里的这个老板。这位老板为了发展自己的企业无所不用其极，但他的生意仍旧萎靡不振。他甚至向自己的竞争对手求助，对方则提出了一个非同寻常的解决办法。

【情境八】新国王颁布了一条新的法令，这条法令使整个社会都陷入了混乱。国王的大臣们越是想努力恢复秩序，局面就变得越混乱。新国王无计可施，只能向自己以前的敌人寻求帮助。尽管这个敌人同意向新国王施以援手，但由于她以前总是受到新国王的虐待，所以心里对这位新国王还是充满仇恨。

【情境九】在这个魔法世界中，人们可以自由地从一个时空进入另一个时空，就像从一个房间进入另一个房间那么简单。但是一个邪恶的魔法师篡改了两个时空间的连接方式。这样一来，原本想要到一个时空里去的主人公却出现在了一个陌生的时空里。

【情境十】主人公的祖父在第二次世界大战期间是一位内科大夫。主人公发现自己的祖父居然与纳粹合作过，这让他非常失望。为了弄清其中的原委，他开始调查祖父在战争期间的活动，他有了惊人的发现。

类别二：陷入悲观绝望

就人的负面情绪而言，悲观绝望绝对是影响最大的，它对人的影响比悲痛还要大，因为一般说来悲痛只是一种短期的负面情绪，悲观绝望却会长期占据人的内心，使人对任何事都不抱希望。那些讲述人们是如何从悲观绝望中获得新生的故事绝对能激励人心。

【情境一】托马斯·潘恩在《理性时代》一书中写道，要想成为一个快乐的人，你必须先对自己有信心。无论是在感情生活中，还是在职场生涯里，主人公总是不在断地妥协让步，这让她觉得自己马上就要陷入绝望的境地了。于是她对自己发誓，绝对不再妥协。

【情境二】喉部手术后，歌手便不能再演唱了。这让他陷入了深深的绝望，没有一个人能使他重拾信心。外科医生让他的嗓音恢复了一半，使他暂时又燃起了希望，但很快又消沉了下去。这时他遇到了一个女人，这个女人找到了一个绝妙的办法可以让他用那恢复了一半的嗓音再度演唱。

【情境三】老太太的记忆力开始慢慢退化，她想方设法使自己重拾生活的信心。她和一位同样丧失记忆力的男人交了朋友。在心理医生的帮助下，他们俩逐渐摆脱了困扰。

【情境四】职业运动员在激烈的赛场上努力拼搏、力争上游，但是很多与主人公一样的运动员好胜心都太强了，以至于一旦输掉本来会赢的比赛，就会一蹶不振。他们所面临的难题是如何在竞争激烈、力求胜利的比赛中保持理智清醒的头脑。

【情境五】从前，在美国西部，一位内华达州的治安管理者因为枪法奇准而名噪一时。但是在一次意外中，他受了伤，枪法也大不如前了。一些亡命之徒听说这件事情之后，便纷纷出动想杀掉他。他自知来日无多，陷入了绝望。这时出现了一个陌生人，声称能够治愈各种伤势。他对主人公说自己可以为他提供帮助，恢复他的能力，并让他重新拥有那种精准的枪法。但他的帮助却不是免费的。

【情境六】一个吸血鬼看到自己的同伴一个个被毁灭，陷入了深深的绝望。她不能忍受那种孑然一身、离群索居的生活。一个青年男子和她交了朋友，她请求他把自己也毁灭掉。

【情境七】一位不听话的天使受到了惩罚，他的神力被收回了，并被贬下天堂，在人间过一年凡人的生活。他失去了飞行的能力，忘记了读心术，甚至连隐身术都施展不了，觉得十分绝望。但是，一个凡人朋友拯救了他，让他了解到自己作为一个凡人所拥有的力量。

【情境八】有一位乐善好施的魔法师，他所掌握的魔法有很多都是用来帮助人的。但是这些好的魔法却被一个邪恶的魔法师夺走了，这位仁慈的魔法师感到万念俱灰。他的同行们所掌握的魔法并不足以帮他找回自己失去的魔法。这时出现了一个拥有非凡力量的陌生人，她自称可以帮助这位仁慈的魔法师找回失去的魔法，但她却有着不可告人的计划。

【情境九】马戏团小丑的脾气很大，他一直努力想控制好自己的情绪。与此同时，他也一直在想办法不让自己陷入绝望。他每次见到小孩，都会想起自己的童年和被虐待的经历。他必须想办法克服童年的阴影，并找到与自己分离多年的朋友和兄弟姐妹。

【情境十】女演员总是演独角戏，每次都能把观众逗得捧腹大笑。但她的爱人离开她之后，她悲痛欲绝，情绪十分低落。这个样子的她怎么能演喜剧呢？在这种情况下，一位追求者对她来说似乎是最好的解药。但这位追求她的人却是个非常令人讨厌的家伙，而且他的精神状态似乎也不太稳定。

类别三：进入危险的区域

无视“禁止进入”的警告，进入禁地——没有什么事情的诱惑比得上它了吧？禁地中有什么秘密呢？会遇到什么样的危险呢？警示的标志是为了保护外面的人不受到禁地里某些东西的伤害，还是为了防止他们发现价值连城的宝藏呢？那些带领我们进入禁地的故事会让我们阅读时手不释卷。

【情境一】在一个虚构的国度里，山区的居民们信奉着一种宗教，这种宗教禁止这些居民到地势较低的地方去。一位探险家很好奇，想知道其中的原因。她发现了一些相关的记录，这些记录表明那些地区曾进行过一些生物实验，但是这些实验都出了岔子。这个骇人听闻的发现使她想去探索那些地区的欲望变得更加强烈了。

【情境二】一位探险家发现了一些通往地下的通道，但这些通道的入口被封住了。这激起了她强烈的兴趣，她想知道这些通道到底通往何处。她设法进入通道后，碰到了一些不同寻常的障碍。最后，她和她的探险队发现了一些惊人的事情。

【情境三】一个深受市民喜爱的中心公园被封锁了，政府官员禁止所有的市民进入这个公园。媒体们纷纷对政府施压，要求政府公布原因，但即使如此，政府还是没有告诉大家他们封锁公园的理由。故事的主人公和其他的一些调查者打算解开这个谜团。

【情境四】在这个奇幻的国度里，有一块土地多年以来都不许任何人进入，任何冒险进入这块土地的人都再也没有出现过。有一些探险者进入了这块土地，他们准确地估计到有一些像恶魔一样的生物统治着这里，它们会使用强大的魔法。但是这些探险者相信他们能用自己的魔法打败这些魔鬼。

【情境五】一次意外事故使某核设施的周边地区受到了辐射污染，因此这个区域被封锁了。在这个区域里有一件主人公必须取回的非常珍贵的物品，因此尽管会受到核辐射的伤害，主人公还是潜入了这个地区。

【情境六】在22世纪的机器人战争结束后，某块区域成了无人能进入的禁区。一份丢失已久的文件记载，这块区域曾经是人类的一个避难所。尽管这里的守卫十分严密，一位探险家和他勇敢的同伴们还是想办法进来了。

【情境七】在22世纪有一群基因变异的人，他们被社会抛弃，在内华达沙漠中过着与世隔绝的生活。他们在这里秘密制造着末日武器。为了摧毁这种武器，一位军官带着一小队士兵进入了这个充满危险的地区。

【情境八】一个残暴的帮派占据了城市里的两个街区作为自己的领土，他们只允许自己帮派的成员进入这两个街区。市长派出了警察、反恐特警组，甚至国民警卫队去夺回这两个街区，却都被这个帮派赶了出来。一位工程师对黑帮非常了解，他找到了进入这两个街区的办法。

【情境九】普通世界和超自然世界交汇在了一起。普通世界里的官员担心大量人口会移民到超自然世界去，就封锁了进入超自然世界的入口。尽管进入超自然世界的风险很大，但诱惑也是巨大的。

【情境十】无政府主义者在许多教堂里都埋设了炸弹，并宣称这些教堂是危险地区。所有想要找到罪犯的努力都是徒劳的。主人公把所有线索汇集到一起，终于找到了这些人发动袭击的动机。

类别四：进入冥府

陷入极易发生恐慌的状态、受到噩梦的困扰、陷入焦虑的心情，以上这些情况都是吸引读者的内容，当然，还需要写故事的人有技巧地描写才行。下面的这些情境描写的都是进入神秘地府之后的情况，它们应该对你的想象力有很好的激发作用。

【情境一】冥王哈迪斯是三位主神之一，其他两个分别是天堂之主宙斯和海王波塞冬。哈迪斯觉得他和他那群生活在地下世界的属下没有得到足够的尊重，便从人类中挑选了一些俘虏，让他们准备一场表演。他相信这场表演会让自己的哥哥们改变对自己的看法。现在，哈迪斯要做的就是邀请宙斯和波塞冬到自己的地狱里来欣赏这场表演。

【情境二】珀尔塞福涅被哈迪斯绑架到地府之后，向哈迪斯提出了一个请求：无论何时，即使不是在春天，只要她高兴，都可以回到人间。哈迪斯拒绝了她的请求，于是她根据地球上的四季变化设计了一场巧奔妙逃。

【情境三】俄耳普斯的故事众人皆知，为了拯救自己的爱人欧律狄刻，他不惜以自己的生命为担保，冒险进入地府。但其间有一段经历却是没有人知道的。在找到欧律狄刻之前，俄耳普斯在地府中遇到了一个妖妇。这个妖妇常对勇士进行色诱，使他们输掉战斗。为此，她被打入了地府。尽管俄耳普斯是为了救欧律狄刻而来，也还是受到了这个妖妇咒语的诱惑。

【情境四】哈迪斯邀请索福克勒斯作为贵宾到冥界一游。作为回报，哈迪斯请索福克勒斯把他在冥界的经历编成一出话剧。这出话剧的主角便是哈迪斯。索福克勒斯答应了哈迪斯的请求，但他写出的剧本却与哈迪斯的要求大相径庭。

【情境五】住在冥界的人非常渴望获得重生，他们渴望重见阳光。当他们见到从人间来的人时，会费尽口舌请这些人想办法帮他们从冥界逃走。当然，没有人能起死回生。但是，一位巫师造访了冥界，他想从冥界招募一批人手回到人间，帮助他完成一项特别的任务。

【情境六】一对兄妹受够了自己刻薄的父母，从家里跑了出来。为了躲避父母的追赶，他俩越过了地狱之门。当他们发现自己身处可怕的冥界时，便想回到阳间，但这却不是那么容易的事。

【情境七】一位年轻女子很想看看冥界的样子，想知道自己可以在那里发现什么秘密，于是她悄悄溜进了地狱之门。她在冥界遇到的生物和她想象的完全不一样，她被这些地狱里的生物迷住，完全没有意识到它们正在一点点地侵蚀她的灵魂。

【情境八】一位记者采访了哈迪斯，让世人对地狱有了新的了解。哈迪斯甚至把自己一些不为人知的秘密告诉了他，比如他是如何追求珀尔塞福涅的，他与其他神灵的关系如何，等等。这样一来，这位记者的好奇心被大大地激发了，他想继续在冥界逗留一段时间。而这是否正是哈迪斯打的如意算盘呢？

【情境九】哈迪斯在自己的地府里安排了一次招待会。他邀请阳间的人们来地府做客，让他们了解地府里多姿多彩的生活。其实，他真实的目的是通过这次活动把这些人引诱到地府来，从而设套把他们抓住。

【情境十】在哈迪斯还没有绑架珀尔塞福涅的时候，珀尔塞福涅有一位追求者，他是一个凡人，却非常爱她。现在珀尔塞福涅成了哈迪斯的新娘。这个凡人非常思慕她，于是计划从哈迪斯手里把她救出来。

类别五：坠入炼狱

炼狱是一个特殊的地方，它既不在天堂，也不在人世，更不在地狱，它存在于这三者之间。在炼狱中，人们的灵魂可以通过自我救赎得以净化。以炼狱为背景的故事充满了各种转机，这类故事可以和其他类型的故事一样引人入胜。

【情境一】由于傲慢无礼的言行，三位天使被打入了炼狱，她们将在这里等待自己最终的命运。在净化灵魂的过程中，她们各自发泄着对天堂的愤怒，并在炼狱那令人生畏的黑暗中四处寻找出路。然而，她们却没意识到，她们找到的是与她们自身有关的一些东西。

【情境二】一位现代诗人在炼狱中开始了一次自助旅游。他没有任何向导，只是借鉴但丁从维吉尔那里得到的经验。然而自从但丁在14世纪早期拜访炼狱之后，炼狱就发生了翻天覆地的变化。若这位诗人能毫发无伤地走出炼狱，就算他幸运了。

【情境三】一些人想离开炼狱进入天堂，炼狱中的“上诉法院”便让这些人阐述自己能够上天堂的理由。每个人都为自己据理力争。他们都强调自己在各个领域做出的贡献，比如文艺、科技、宗教、人道主义等。与此同时，他们也故意回避了自己所犯下的错误，例如胡作非为、爱慕虚荣、好逸恶劳，诸如此类。

【情境四】炼狱中住进了这样一群人，他们在世间活着的时候漫无目的地四处游荡，既没有明确的目标，也不遵守任何信条。一位在炼狱中生活了很久的人把自己在炼狱中的生活经验传授给了这些新来的人，如果在炼狱里认真做事，那么他们便会有第二次机会。

【情境五】故事的主人公来到了炼狱。在这里，他遇到了柏拉图和苏格拉底。他被这两个人之间的哲学讨论深深吸引住了。当他俩开始讨论精神层面的问题时，主人公便向他俩请教：炼狱是存在于基督教中的，为什么他俩会在炼狱中？于是他们便从这个问题开始，讨论起基督教和基督教出现之前的异教之间的关系。

【情境六】炼狱中随处可见不顺从神明的人、执迷不悟的人及亵渎神明的人。他们会一直被困在炼狱里，直到他们学会顺从神明、渴望得到神明的原谅并且变成神明的信徒。炼狱里来了一位新人，她鼓励那些人继续抵制神明。她认为那些看似完美的思想其实是与人性相违背的，而与那些所谓的美德比起来，这些人的做法更有人情味。

【情境七】炼狱里举行了一次庭审，以此决定一些人的命运，这些人在世间的行为或多或少都有一些问题。某些举动在一些情况下是善意的，在另外的情况下则是可鄙的，那么该如何去评判它们呢？当我们决定是否让一个人的灵魂在炼狱中得到净化，如何去净化的时候，又由谁来界定善与恶的标准呢？

【情境八】这个世界的炼狱是一个真实存在的地方，它起着拘留所的作用。人们被送到这里，是因为他们的行为举止和思想观点受到了主流社会的质疑。这里还有一个仲裁委员会，判决一个人是否有罪的标准就是这个人的行为是否影响到了社会的和谐。

【情境九】一位诗人了解到炼狱中有许多杰出的人物，同时觉得天堂对他来说略显枯燥，因此他选择去炼狱而不是天堂。终于，他被带进了炼狱。能见到自己的那些偶像让他欣喜若狂，在这里他见到了古希腊的戏剧家、哲学家、作家和画家。但很快他就发现他们在这里过得很不开心，后来他逐渐知道了原因。

【情境十】一位物理学家还没来得及改善自己发明的核融合发电机就去世了。于是一支搜救队进入炼狱，想把她救回来。但炼狱中有一些强大的守卫，对于这些搜救人员来说，这些守卫就是他们行动中最大的障碍。

类别六：陷入疯狂

神志清楚和精神错乱之间到底有没有界限？如果有，那么界限在哪里呢？对于一个人来说是疯狂的事情，对于另一个人来说也许正完美地阐释了他的创造天赋。同时，因为精神疾病是一种很难被确诊的疾病，所以我们要对它特别留意。以下情境可以很好地表现这个重要的问题。

【情境一】画家的脑海里一直会出现一些既可怕又惊人的幻觉，让她十分困扰，她担心自己是不是精神错乱了。起初，她庆幸自己能看到幻象，因为正是看到幻象，她才能画出那些令人叹为观止的画作。但是后来，她渐渐被幻象弄得晕头转向，感觉自己被吸入了漩涡里，她担心自己会因此疯掉。

【情境二】一个女人被绑架后，犯罪分子把她锁在了房间里。她想努力保持清醒，最后终于失去了理智。疯狂的她却想出了一个绝妙的办法逃脱绑匪的魔爪。唯一的问题是那些绑匪是一群残忍的疯子。

【情境三】一位先锋派雕塑家在自己的家里进行艺术创作。一些人认为她的想法是充满创造力的，另外一些人则认为她是个不折不扣的疯子。她的邻居们就属于后者，因为他们都被她的雕塑作品吓坏了，所以想让警察把这位艺术家抓起来。

【情境四】少年的父母一天到晚都在吵架。他觉得自己快疯掉了，于是便想找到解决这个问题的办法，即使不能让父母更加恩爱，起码也要让他们相敬如宾。但是他想出来的办法都没有成功，因此他试着用了一个更极端的办法。

【情境五】一些宇航员自愿参加了星际旅行，目的地是火星甚至更远的地方，这就需要他们在太空中进行很长时间的飞行。因此，心理学家们对这些宇航员展开了心理测试。在测试中，当这些宇航员处于崩溃边缘、马上就要疯掉的时候，一位宇航员产生了令人不可思议的幻觉。而另一位宇航员也产生了非同寻常的幻觉，但是这种体验却被证实非常有助于长时间的星际旅行。

【情境六】少年非常担心自己会被专横的父亲慢慢逼疯，于是计划从家里逃跑。但是他的父亲抓住了他，并把他关进了地下室。终于，这位少年在地下室里疯掉了。他变得像一个魔鬼。

【情境七】少女被人绑架了。两年来，她一直被关在一个小房间里。终于这位少女疯掉了。然而，这正让她有了足够的力量和智慧，得以逃脱绑匪的魔爪。但当她重获自由后，她的状态变得更糟糕了。现在，她一门心思要用自己的方式对那些绑匪施以报复。

【情境八】故事的主人公拥有读心的能力，但这种能力对她来说却是一种折磨，因为她不能忘掉自己“看到”的那些想法。各种混乱的、荒诞的，甚至是丑陋的想法像潮水一样淹没了她。心理医生对她使用了各种方法，但都收效甚微。最后，她找到了一位精神领袖，希望能够得到他的帮助。这位精神领袖给她推荐了一个很有效但又危险的解决办法。

【情境九】在太空旅行了很多年后，一位宇航员回到了地球上。然而，他发现这个世界上所有人都疯掉了。人们像没头苍蝇一样四处乱撞，根本不能控制自己的情绪。无论是说话还是做事，所有人都毫无条理。整个社会变得支离破碎。到底是什么造成了这种全球性的灾难呢？

【情境十】一个人拥有精神感应的能力。他爱上了一个有精神障碍的女子，他想运用自己的能力去了解这个女人的精神世界，但当他这样做的时候，这个女子却控制了他的思想。于是，他的心智也开始变得混乱了。

类别七：陷入贫穷

尽管我们努力帮助穷人，为他们提供容身之所，但不可能帮助所有穷人，依然有更多的穷人无法接受我们的帮助。为了生存，他们中的许多人住在下水道、排水管、地铁或其他类似的地方。他们上街乞讨，生活的地下世界暗无天日，如同炼狱。我们可以用这些素材写出很好的现实主义小说。

【情境一】在一个被纳粹占领的国家里，一个犹太家庭躲进了地下避难所。但是，避难所里的人却担心有人告发他们，也怕纳粹军队找到这里。故事的主人公必须保证充足的食物和饮水，还要想办法让这些躲在避难所里的人不被发现。

【情境二】一位贵族非常反感富人们的骄傲与自满，便放弃了自己的财产，和一群住在下水道里的流浪汉生活在了一起。他想帮助这些人，让他们过上自给自足的生活，但这些流浪汉却拒绝了他的帮助。

【情境三】一场大火把一个事业有成的手艺人的家烧成了灰烬，他所有的财产也在这场大火中付之一炬。由于无法挽回自己的损失，这位手艺人变成了一个身无分文的流浪汉。流落街头的生活带给了他很多新的体验，让他想东山再起。但是首先他要戒掉自己的毒瘾，然后再找到一个愿意支持自己的人。

【情境四】王子调查了自己王国中的穷人之后，放弃了自己的权力并与那些赤贫的劳工们生活在一起。他想帮忙他们改善生活条件，但计划不但没有成功，那些劳工们还把他当成了邪恶王权的代表，并向他展开了攻击。

【情境五】故事的主人公是一名刑事侦查员，他的女朋友是一名接受过刑侦训练的调查员。主人公的女朋友离奇失踪了，线索表明她去了曾经住过的贫民窟。她为什么要去那里呢？主人公继续调查，发现他的女朋友一直在追查杀害自己哥哥的凶手。

【情境六】为了亲身体验流浪汉的生活，一位亿万富翁在街头流浪了一个月。他发现流浪汉与自己先前想象的截然不同，许多人根本没有生活动力，他对此深恶痛绝。于是他决定让这些人重新燃起对生活的信心。

【情境七】一对家境富足的兄妹以意大利阿西西的弗朗西斯和克拉尔为榜样，放弃了自己的财产，与穷人们生活在一起，并帮助他们改善自己的生活。但是一个穷人打探到这对兄妹的秘密，发现他们还有其他可以依靠的经济来源，便指责他们对自己的帮助不过是虚情假意。

【情境八】故事的主人公在赌场里输光了自己全部的家产。从此他洗心革面、痛改前非，并自愿帮助那些赌徒戒掉赌瘾。在一次戒赌互助会上，他结识了一位女子。她的赌瘾很大，而且会读心术，可以在牌桌上看出谁在虚张声势。但是，她的读心术时灵时不灵。

【情境九】故事的主人公过着非常窘迫的生活。她本以为自己可以继承父亲的遗产，却发现父亲什么都没有留给她，而是把全部财产都捐给了一个曾让她嗤之以鼻的组织。因此，她倾尽全力展开了对这个组织的报复，并想以此得到父亲的遗产。

【情境十】一些人道主义者来到了非洲的一个村子，他们要拯救这里成百上千忍饥挨饿的人，但是这里的军政府却威胁要杀死任何敢于对这些人提供帮助的人。

类别八：进入潜意识的状态

有人把潜意识比作巨大的地下密室，我们只了解这个地下密室的一小部分。自从弗洛伊德为我们打开了这扇大门，心理学家们就一直在探索这个未知的领域。谁知道我们在那些黑暗隐秘的角落里能发现什么秘密呢？

【情境一】研究超自然现象的科学家突然性情大变。精神科医生对他进行了催眠，发现他被一个外星人控制了思想。精神科医生试着把外星人从科学家身上赶走，却发现自己也受到了外星人的影响。

【情境二】一位艺术家饱受身心机能紊乱的折磨，他意识中的某些存在使他不由自主地做出一些怪异的举动，甚至做了一些违法的事情。由于担心自己违反法律，他到一位精神科医生那里进行治疗。这位精神科医生相信她可以把他意识中的那些东西赶走。

【情境三】司法心理学家们对一个连环杀手的潜意识进行了研究。他们被研究结果吓坏了：在这个杀手的潜意识中，有怪诞的幻想、对虐待他人的偏执等阴暗面。对这个连环杀手的心理研究得越深入，他们发现的心理问题就越复杂。

【情境四】敌人的特工绑架了一位外交官。他们催眠了这位外交官，然后开始问她问题，希望从她身上得到机密情报。一个特工想从外交官的潜意识中探知她的任务，但外交官却告诉了她两个自相矛盾的任务。因此她怀疑这两个任务都是假的。

【情境五】一名电台节目主持人精神崩溃了，她在自己所主持的电台节目中把潜意识中看到的世界末日的景象告诉了听众。因此，她的节目被停播了，而她忠实的听众却要求电台继续播放该节目。电台经理同意了听众们的要求。但在她的引导下，很快就爆发了一场新的宗教运动。这场宗教运动对听众们的生命安全构成了极大的威胁。

【情境六】一个邪教的首领公开宣称他所敬仰的人物是查尔斯·曼森，据说他通过精神控制来管理他的信徒。一位司法心理学家避开了警察，把自己伪装成一名逃犯，设法加入了这个邪教组织。他想帮助这个组织中的一些成员摆脱这位邪教首领的精神控制。但他的做法却取得了相反的结果。

【情境七】艺术家一直在努力把埋藏于自己意识深处的经历画出来。她这样做不仅仅是为了艺术创作，也是因为她相信这些深藏的记忆是解决一桩罪案的线索。

【情境八】一些专门研究大脑的学者对潜意识展开了研究，并发现了一个与做梦有关的新领域。他们的发现可以极大地改善睡眠状态。他们努力不让别人知道这些研究成果，结果却事与愿违。一些奸商开始公开出售他们的研究成果。

【情境九】一位神经学家对少年犯的潜意识展开了研究，想要找到他犯罪的根本原因。但由于她的发现实在出人意料，所以上级威胁要停止资助她的研究项目。而她这样做的目的其实是获得同事的尊重，让他们认真地对待她。

【情境十】恐怖分子通过精神控制来展开恐怖袭击。他们利用高科技设备来与警卫和士兵们建立精神连接，再通过操作这些受害者的潜意识，让他们展开自杀式的恐怖袭击。故事的主人公冒着生命危险发明了可以对抗这种精神控制的药物。

类别九：进入地下的国度

人类学家和考古学家在对洞穴和地下密室的研究中不断有新的发现，历史学家们也在不断地根据这些发现修订着历史。我们总是期待发现藏匿于地下或水底的城市，并进入其中一探究竟。黑暗神秘的地下世界总是能给我们带来引人入胜的故事。

【情境一】故事的主人公进入了一架电梯。在电梯里，他发现有一个按钮上写着“下面一层”。当他按下这个按钮后，电梯开始下降，下降……两分钟之后，电梯还在继续下降。他按了电梯上所有的按钮，想让电梯停下来，却无济于事。当电梯终于停下来后，他发现自己身处一个不可思议的地方。

【情境二】一家人开车去度假。他们驶入了一条隧道，却发现这条隧道似乎没有尽头，而且开始向地下行去。每次当主人公打算掉头往回开时，车子都会熄火。他们没有办法，只好沿着隧道一直开下去。最后，他们进入一个地下城市。住在这里的都是一些矮人，这条隧道就是这些矮人们修的。他们想通过这条隧道获得地面上的各种资源，而自驾游的家庭成了这些资源最好的来源。

【情境三】宇航员们在一个类似地球的行星上进行探险。他们进入了一个很深的洞穴，在那里的溪水和热水池中发现了一些奇特的生命体，他们对这些生命体进行了采样。尽管采取了措施以防这些生命体从密封的容器里跑出来，但他们的宇宙飞船还是被污染了。

【情境四】主人公像往常一样进入纽约地铁站，准备坐地铁去上班。但她发现今天的地铁站和往日有一些不同，地铁卡的自动贩售机、地铁线路的颜色、墙壁的质地，统统都发生了细微的变化，甚至连地铁列车看起来都和平时不太一样。但她还是上了车……

【情境五】探险者们在土星的一颗卫星上发现了一座密封的地下城市。当他们进入这个城市后，发现了一个密室。许多奇形怪状的生物睡在这个密室里，好像正在冬眠。对于该不该唤醒它们，探险者们争执不下。然而，就在他们争执的过程中，一个生物慢慢地从沉睡中苏醒了过来。

【情境六】水下探险者们在海底发现了一个洞穴。他们在这个洞穴里发现了大量已经灭绝的鱼类，还发现了一些更奇怪的东西。这些东西看起来与海洋中的任何生命体都毫无关联，甚至与地球上的任何生命体都没有关系。

【情境七】在未来世界，人类在月球上建立了地下城市。一场不知源自何处的瘟疫杀死了这个地下城市里所有的居民。一支医疗队前往这个地下城市进行调查，但医疗队的成员也感染了这种致命的病毒。故事的主人公和她的队员们开始寻找这种病毒的解药。她们在这个地下城市里遇到了一群幸存者，这些人似乎对这种病毒有免疫力。

【情境八】吸血鬼们建造了一座地下城市。故事的主人公是一位吸血鬼猎人。他带领着他的队伍潜入这个地下城市并准备摧毁它。但在这里的发现却让他们改变了想法。

【情境九】在一个大城市中，很多人都失踪了。为了找到这些失踪的人，三位侦探深入到了城市的最深处。他们发现了一些隧道，沿着这些隧道，找到了一些已经被人遗忘的密室。这些密室原本是在世界大战的时候被用来作为防空洞的。这三位侦探在这些密室里发现了一群变异人，其中一些变异人也许就是那些失踪了的人。

【情境十】考古学家们发掘一个大型埃及古墓时发现了一条地道。这条地道通往一些地下住所。这些住所显然被当时逃跑的奴隶们用来当作藏身之地了。但令人吃惊的是，有迹象表明现在还有人生活在这些住所里。

类别十：进入仙境

爱丽丝掉进兔子洞从而进入了仙境，这是典型的进入仙境的故事。在这里所有的事情都不再受逻辑的控制，而是被魔法统治。同时，这里的许多事情都是疯狂的。这类故事有着强大的魔力，大多数人都渴望能摆脱这个平凡的世界，去那个既神秘又迷人的世界看一看。

【情境一】故事的主人公按响了邻居的门铃，但是他那上了岁数的邻居却没有来开门。主人公便小心翼翼地进入了邻居家，想看看发生了什么。他在邻居家的地下室里发现了通往另一个世界的入口。这个陌生的世界充满了各种让他觉得不可思议的惊喜，但是他的邻居去哪里了呢?

【情境二】爱丽丝由于游历仙境而闻名于世。她的后人从她的曾曾祖母那里发现了一本日记，里面记载着爱丽丝游历仙境的事情，还记着仙境的秘密入口的位置。于是，这位后人也进入了仙境，但是她所见到的仙境已经成了一片废墟。在回程中，她遇到了仙境中的一位幸存者。他告诉她仙境中到底发生了什么。她俩一起动手重建了这个迷人的国度。

【情境三】那只拥有魔力的白兔直到今天也没有让别人知道自己的秘密。但是它的魔力总是给它带来麻烦，因此它需要一位朋友——现代的爱丽丝·利德尔——的指导。但不幸的是，想跟他交朋友却不是一件容易的事情。

【情境四】爱丽丝的弟弟也进入了仙境。他打算把仙境中一些有魔力的东西带回现实世界。红心女王的一个卫兵发现了他的企图，便跟他回到了现实世界中，准备把他拿走的那些东西带回仙境。但是这名卫兵却被现实世界中的人抓住了。

【情境五】仙境中有许多不为人知的地方等着充满好奇心的人来探索。一对十几岁的兄妹偶然发现了仙境的入口，但他俩并没有在仙境中探险，而是打算把仙境中一些奇怪的动物绑架到现实世界中去，比如毛毛虫大师、柴郡猫等。他俩打算把这些动物送到马戏团去，让它们成为马戏团吸引观众的招牌。

【情境六】仙境被现实主义者们口伐笔诛。他们打算永远关闭仙境，因为它影响了孩子们对现实世界的认知。但是仙境里的居民们给这些现实主义者准备了一份惊喜。

【情境七】企业家们打算把仙境改建成一个主题公园。他们向仙境中的居民们承诺，他们一定会名利双收。企业家们巧舌如簧，把仙境中的居民们骗得神魂颠倒。但这些企业家很快就表现出了贪婪的本质，他们准备的合同极大地损害了这些居民的利益。疯帽子努力想要揭发这个骗局。

【情境八】爱丽丝发现了另一个仙境。住在这里的生物看起来和生活在原来那个仙境的生物非常相似，但性格却截然相反。这里的一些生物会变形术，随时都会变成野兽。其中一个生物告诉爱丽丝所有这些改变都是因为一个诅咒，在爱丽丝的帮助下，它们可以赶走魔鬼并恢复和谐的生活。

【情境九】爱丽丝现在已经是一个少女了，她非常怀念仙境中的日子，于是再一次进入仙境。这次她在仙境里遇到了一个巫师并爱上了他。但这个巫师是一个肆无忌惮的坏人。他随心所欲地用魔法把动物变成人，又把人变成动物。爱丽丝反对他这样做，于是他把爱丽丝变成了一个女巫。

【情境十】生活在养老社区里的一个人是魔法师，他开打了通往仙境的通道，并劝说社区里的其他人和自己一起像爱丽丝那样去游历仙境。当他们进入仙境后，他们发现仙境里的居民们并不欢迎老年人。但这位魔法师并没有知难而退，而是采取措施一步一步地改变仙境里那些居民的看法。

第八章　发现或创造

类别一：人造生命

玛丽·雪莱用她的《弗兰肯斯坦》及《现代的普罗米修斯》震惊了世界。在此之后，作家和科学家们从未停止过幻想用无生命的物质创造生命。或者就像雪莱的小说里写的那样，这些人也尝试过让尸体复活。对于这样的故事有大量可以拿来利用的素材，以下就是10个例子。

【情境一】一位科学家用超级计算机对人类的基因进行重组，处理掉所谓的“垃圾DNA”（这些DNA占人体DNA的90%）就可以很好地推进人类的进化。但是她却没有预料到在这些DNA中还存在着潜在的致命因素。

【情境二】工程师们制造了一个人工智能机器人，这个机器人可以进行自我繁殖。它制造出来的机器人触犯了法律，从而引发了一场争论：这个机器人的后代属于人类吗？如果机器人违反了人类的法律，人类的正义又该如何得以伸张呢？

【情境三】一种致命的人造病毒被泄漏了，导致猫类濒临灭绝。为了弥补自己的失误，一位科学家制造了一种机械猫。这种机械猫无论从外观上还是手感上都和真猫一模一样，当然它与真猫还是有差别的，而且这种差别对于人来说是非常危险的。

【情境四】一位生物化学家宣称自己用无生命的物质创造出了有生命的有机体。在此之后，她不断地受到骚扰，她的实验室也遭到了破坏，甚至连派去解决这些案件的警探都遭到了暴打。与此同时，她制造出的有机体迅速地生长成了一种生物，这种生物的行为举止与世界上现存的任何生物都不一样。

【情境五】在另一个世界里，魔法师们总是会变出一些生物来供自己娱乐。当魔法师们结束自己的魔法时，这些被变出来的生物也就随之死掉。但有一次，当一个魔法师结束自己的魔法时，那个被他变出来的生物没有死，而是逃走了。

【情境六】一个犹太家庭经常受到同村人的骚扰。这个犹太家庭中有一位拉比[①]，他查阅了一本中世纪的魔法书，凭借书里的魔法用泥土制造出一个有生命的假人，并命令假人去保护自己的家人。但这个假人却用一种极端的办法完成了自己的任务，这使拉比的家人们处于更大的危险之中。

【情境七】工程师们发明了一些机器人，并把它们当作劳动力派去建造火星上的殖民地。这些机器人不仅在火星上建造了殖民地，还制造出大量的机器人，准备阻止人类向火星移民。

【情境八】流浪行星指的是不绕任何恒星公转的行星。一队宇航员出发去一颗太阳系外的流浪行星上考察。在这颗行星上，他们发现了一个城市的废墟。显而易见的是，这个城市在千万年前应该很繁华。现在这个废弃的城市里随处可见支离破碎的机器人。这些宇航员想到的第一个问题是，这里的居民遇到了什么事？

【情境九】生物学家们制造出了一个有机体，质疑该有机体的声音

① 犹太人中一个特别的阶层，是老师也是智慧的象征。——编者注

一直不断。大家都想知道这个有机体从技术上讲是不是“活的”。对于一个有机体来说，有生命和无生命之间的界限实在是太模糊了。这个人工有机体做出了一些十分精彩的举动，但实验室的主管仍旧要毁掉这个有机体。

【情境十】没有人能确定最近出现的电子人是属于人造人还是自然人，这种人是由有机系统和无机系统共同组成的。电子人参加竞选之后，这个传统意义上的哲学问题便成了政治和法律的问题。

类别二：创造出非凡的机器

一直以来，人类发明的各种机械都影响着文明的发展，比如车轮、滑轮、犁、风车或织布机等。这些机械装置当然都是非凡的发明。但是自从工业革命以来，更聪明的技术无限扩大了机械的可能性，例如自动机（机器人的前身）。这样的故事会让我们读起来手不释卷。

【情境一】一种全新的纳米机器可以快速地杀死肿瘤，还可以修复破损的心脏瓣膜。所有人都对这种新机器称赞不已。但一位技师使用这种技术治疗脑部肿瘤后，人格发生了很大的变化。科学家们认为只有用另外一种微型机械装置才能使她的人格恢复正常。

【情境二】一位女子热衷于发明鲁布·戈德堡[①]机械装置。按照她邻居的话说，她就是一个乡下来的怪胎。但是她新发明了一种近乎奇迹的机器。她应该因此而获得众人的赞扬吗？这台机器会不会带来什么危险呢？

【情境三】研究假肢的专家们制造出了一种电子人，这种电子人可

① 指一种设计精密而复杂的机械，以繁复的方法去完成一些其实很简单的工作。——编者注

以打破混凝土铸成的堡垒并摧毁武器。渐渐地，人和机械之间的区别变得模糊不清了。这种电子人确实是一项了不起的发明，但是在极端情况下，它是很难控制的。

【情境四】外星人发明了一些更人性化的机器，例如可以作曲的机器，又或者是可以让使用者和其他生命沟通的机器，等等。这些机器都大获成功。其中一种机器可以让人类进行现实与超现实的转换。

【情境五】在2050年，人们的常规体检都是由机器人医生来做的。这些机器人医生一直都工作得很正常。但是主人公的一位朋友非常喜欢恶作剧，他对这些机器人医生做了一些手脚，使它们不能正常地工作，从而引发了令人不安的结果。

【情境六】一位机器人工程师制造出了一种可以植入大脑的芯片，这种芯片可以大大地提高人类的学习效率。它唯一的缺点就是如果长时间使用，使用者的行为会变得非常怪异。

【情境七】“西格蒙德”二号是一位机器人心理治疗师，因为可以比人类心理治疗师更好地治愈患者而名声显赫。故事的主人公按照“西格蒙德”二号的建议进行治疗后，在机器人医生和病人身上都发生了一些奇怪的事情。

【情境八】为了帮助人们控制情绪，科学家们发明了一种机器。然而，这种机器对大脑中影响神经系统的化学物质调节过度，使得这些物质分泌失衡，使用这种机器的人都患上了严重的精神病。

【情境九】在不远的将来，人们可以在一种机器上购买勇气。你付的钱越多，获得的勇气就能持续得越久。为了测试这台机器的效果，故事的主人公选择购买了超长时间的勇气。

【情境十】“心心相印”是一台可以测试伴侣间是否能够和谐相处的机器。故事的主人公和他的未婚妻也用“心心相印”进行了测试，但测试的结果却是他俩并不适合对方。主人公坚持认为：“我们的命运不应该用一台机器来决定。”而他的未婚妻却不这样想。

类别三：创造出神奇的药物

20 世纪最伟大的成就是创造了许多“神奇的药物”，抗生素、抗抑郁药、控制胆固醇的药物等。但在使用不当的情况下，这些药物也会产生极大的危害。认识到具体的用药的规则才能让我们写出好故事。

【情境一】在这个世界上已经出现了可以控制梦境的药物，我们可以通过服用不同的药物来体验不同的梦境。很快就出现了可以让人做春梦的药物黑市，但这些药物却会产生令人不愉快的副作用。

【情境二】在未来世界，人们只需要服用一种免疫药就可以让自己免受疾病的困扰，人们变得越来越不重视健康的生活方式。很快细菌和病毒就发生了变异，并且对这种免疫药产生了抗体。

【情境三】有一种药物可以预防胎儿出现先天缺陷，但会使婴幼儿的痛觉受体变得迟钝。一位母亲担心自己的孩子会有先天缺陷而服用了这种药物，于是她的孩子便出现了痛觉受体反应迟钝的症状。为了让她的孩子能够有正常的痛觉，她开始四处求医。

【情境四】在未来世界，老板们要求自己的员工必须服用一种药物，这种药物可以确保这些员工以最佳的状态工作。吃了这种药之后，员工们会有更好的视力、反应更快、做决定更准确等。但故事的主人公却发现这种药物会产生消极的副作用。

【情境五】在 2100 年，人类的平均寿命达到了 125 岁。医药公司们争相出售一种药物，这种药物可以让人在一生中都保持青春活力。但是有些人却太过于热衷使用这种药物了，结果这种药在他们身上产生了意想不到的副作用。

【情境六】一种新型药物可以让服用者长高。一个一直想长高的人迫不及待地服用了这种药物。这种药的药效确实很好，身高增长的幅度甚至超出了这位服用者的预期，甚至根本停不下来了。他很着急，想赶快找到解药。

【情境七】在未来世界，人们开始服用“头脑药丸”，这种药丸可以让人快速地学会知识。服用某种专门的药丸就可以立刻学会对应的专业知识。教育便成了一件极度依赖药物的工作，如果不吃药，人们就什么都不会做了。

【情境八】故事的主人公生活在未来社会。与其他人一样，如果他对自己的人格不满意，或者认为自己缺少了某种人格，那么他可以靠服用一种人格药物来获得令自己满意的人格。这种药物可以为一个人增加或修改人格，可以选择稳重的人格、有进取心的人格、勇于冒险的人格、爱沉思默想的人格、狂野的人格等。但这种药物却很容易让人上瘾。

【情境九】你能想象有一种药物能让你见到超自然生物吗？比如说天使、远古的神灵甚至是上帝。一位药物学家制造出了这种药物，该药一上市就变得供不应求。无神论者坚称这种药物只是一种致幻剂，但当他们自己吃过这种药后，也改变了自己的观点。但是，这种药物有很强的副作用，人们要谨慎考虑该不该服用。

【情境十】据说故事主人公的曾祖母是一位天才，死于肺结核。于是，主人公带着足够多的抗生素穿越回过去，希望能救曾祖母一命。同时他也希望能拯救那个时代中所有患肺结核的病人。但是，他带的抗生素却被人偷走了。

类别四：建立或发现新的社会结构

人类社会以各种不同的方式构成。在过去的150年中，人类学家们对这些社会结构进行了深入的研究，并找出了社会结构、伦理规范和个人行为之间的联系。作家深入了解和剖析在各种复杂社会背景下的人物角色，可以写出大量的作品。

【情境一】在这个乌托邦式的社会中，一些人被指定来保卫这个社会。但实际上这些人却是这个社会的敌人——他们如此地执着地守护这个社会，以至于他们无视人民对于自主和自由的需要。

【情境二】种族制度在未来社会中占据主导地位，人们按照皮肤的颜色被区分开来，不仅仅被分成黑种人、黄人种和白种人，而是按照色调被分成很多不同的人种。不同人种间禁止通婚或繁衍后代，凡是违反这一禁令的人都会被驱逐出这个社会。那些被驱逐的人掀起了一场反抗种族制度的起义。

【情境三】天使们统治着这个社会。尽管人们都很尊敬这些天使，并且对天使说的话言听计从，但这个社会并不是一个理想国。在这个社会里有一个秘密的教派，他们相信这些天使只是没有灵魂的外星人，想要消灭人类的灵魂并占据人类的身体。

【情境四】由于厌倦了这个工业化的社会，一些热爱自然的人建立了一个倡导生态主义和提倡冥想的公社。但是，住在公社附近的居民却把他们当成危险的极端分子，并试图破坏他们的计划。

【情境五】在未来世界一个与世隔绝的小岛上，有一个乌托邦式的社会。这个社会是根据艺术兴趣来构建的，比如诗人与诗人住在一起，画家与画家住在一起。但故事的主人公却感觉自己形影相吊，因为她主张把所有的学科都整合在一起。她努力想把这个岛上的各种人融合在一起，却遭到了强烈的反对。

【情境六】如果由斯巴达克斯领导的奴隶起义军躲过了罗马人的追捕，在远离意大利的地方组建了属于他们自己的社会，会是什么样子呢？在另一种历史中，事态就是这样发展的。在这个由奴隶组成的新社会里，一切奴役的形式都是被严格禁止的，只有一种情况除外，那就是女性必须处于顺从男人的地位。于是，一些女奴便密谋发动一场起义。

【情境七】未来世界有一个女权社会。在这个社会里，男性被认为是基因不稳定的生物，是二等公民。而且，高科技可以为女性提供人造精子，所以也不需要男性参与繁衍后代的工作了。

【情境八】探险者们在喜马拉雅山脉的深处发现了一群神秘主义者。这些人似乎可以和一些超自然的生物交流。探险者们怀着怀疑的态度参加了他们仪式。在这个仪式上，真的有神秘的生物出现在了探险者们的面前。

【情境九】在幻想世界中，究竟谁来管理世界是由魔力的高低决定的。那些可以施展最强大魔法的人便被指派出任最重要的职位。但问题是许多强大的魔法师施展的都是黑魔法。

【情境十】未来的人类社会要比今天的人类社会更加多元化。种族不同的人、性别不同的人、性取向不同的人，甚至宗教信仰不同的人都不分彼此地生活在一起。然而，一群种族主义者过着与世隔绝的生活。这些人非常怀念“过去的好日子”。

类别五：发现古人的栖息地或墓地

每一次新的考古发现，都会在某种程度上改变我们已知的历史。仅仅是新的考古发现本身就可以为我们提供大量的写作灵感。随着古人的栖息地和墓地的发现，我们可以更好地了解古人的日常生活。

【情境一】在吉萨城外，一位古埃及学者发现了一个从未见过的大墓地。它比已知的大墓地还要早几百年。在这个墓地中，人们发现了当时的埃及人和外星人交流的证据。

【情境二】探险队在一个偏僻的地区找到了一座死火山。在这座死火山的火山口，他们发现了一些某个失落文明的后裔。这些人过着与世隔绝的生活，靠魔法来种植庄稼养活自己。主人公和他的队员们侦测到了一些信号，这些信号表明这座火山要爆发了。

【情境三】在一个最近被发现的史前人类栖息地，科学家们发现了一种从未见过的跨物种的人种。更令人惊奇的是，科学家们还发现了一些雕刻品，在这些雕刻品上满是奇怪的象形文字。这些象形文字表明，这些史前人类受到了外星生物的影响。但科学家们还没来得及开展进一步的研究，这些雕刻品就消失了。

【情境四】人们在苏格兰北海岸外的某个岛屿上发现了一处远古时期人类的栖息地。科学家们在这里发现了一些地图的碎片。当他们找全所有的碎片并把碎片拼成一张完整的地图后，发现这张地图上标明的是一个已经不复存在的近海环状珊瑚岛。潜水员们在近海的海底找到了这个珊瑚岛，并在岛上发现了大量的稀世珍宝。

【情境五】在一个洞穴里，人们发现了一处远古时期人类栖息地的遗迹，这些远古人类生活在公元前 25 000 年之前。它们不可能是更早时期的尼安德特人，也不可能是较晚时期的现代人。在随后的研究中，科学家们发现这些远古人类的骨骼同时具有尼安德特人和现代人的特点，还具有一些未知物种的特点。这就表明现代人拥有的某些 DNA 是在人类出现以前就存在的，而且这类 DNA 的数量要比之前预想的更多。那么这类 DNA 会再一次占据主导地位吗？

【情境六】政府批准了开发商建造商业中心的申请，于是开发商便开始施工了。在施工过程中，工人们挖开了一个印第安土著的坟墓。不知怎么地，施工计划一再受阻，开发商的办公室着火等事情也频频发生。但开发商并没有在意这些事件，一意孤行地要按照计划行事。

【情境七】在英格兰，工人们正在修建一条新的高速公路。他们无意中发现了一个古代的德鲁伊神庙。在这个神庙里有一张刻在石头上的图像。图像的内容似乎记载着外星人曾经造访过这里。但是，有一块刻有铭文的石头被一台推土机不小心铲掉了。

【情境八】一群寻宝者发现了一个遗迹。在这个遗迹里到处都是镶嵌着珠宝的宗教艺术品。遗迹中有一条警示，任何企图亵渎这些宗教艺术品的行为都会遭到可怕的报应，但是这些寻宝者并没有理睬这条警示。当他们发现这些宗教艺术品上涂满了能让人变疯的自然毒素时，已经为时太晚了。

【情境九】科学家们在南极洲几百英尺的冰面下发现了一个城市。在这个被埋藏在冰面下的城市里，他们还发现了许多冰冻的尸体。这些尸体看起来既不像原始人，又不像现代人。一位自作主张的发掘者偷偷解冻了其中一具尸体，于是引发了一场灾难。

【情境十】在偏僻的孤岛上有一个洞穴。这个洞穴一直被认为是远古时期的墓地，但现在人们却发现它是外星人的密室。在这个密室存放着一些处于假死状态的外星人。人们该不该复活这些外星人？有些人同意这样做，另一些人则坚持要先知道这些外星人假死的原因。

类别六：发现新的或濒临灭绝的生命形式

也许听起来让人难以置信，但科学家们一直在不断地发现新物种，尤其是在那些偏远的雨林地区或深水区（水下过大的压力使得水下探索变得十分困难）。任何一种新发现的物种都会让生物历史得以重写。我们可以利用这些元素来写出引人入胜的故事。

【情境一】在不远的将来，灵长类动物学家们倾尽全力对大猩猩施以保护，以免它们彻底灭绝。但是那些残忍的偷猎者却全副武装，科学家们不可能与他们相抗衡。于是科学家们打算把大猩猩迁徙到更偏远的丛林深处，这些地区人迹罕至，从未被人类涉足。在这里科学家们发现了一种更珍稀的大猩猩，这种大猩猩从未被人发现过，它们也许能帮助这些濒临灭绝的大猩猩变得更聪明，从而赶走那些偷猎者。

【情境二】有智慧的水母存在吗？海洋生物学家们发现了一种未知品种的水母，并对它们进行了研究。他们发现这种水母似乎具有自我意识。一位科学家被这些水母蜇了。这时，科学家们才发现了这种水母的真实面目。

【情境三】鸟类学家们在南非一片人迹罕至的雨林中发现了一种鹦鹉。让他们倍感震惊的是，这些鹦鹉似乎在和他们进行交流，想要告诉他们什么事情。它们也许是在抗议人类在周边地区进行的伐木行为，又或许是在警告人类应该停止过度开发雨林的行为。

【情境四】潜水员在海底发现了一只具有特殊魔力的章鱼。这只章鱼可以影响潜水员的大脑，让他产生幻觉。它给潜水员展现了一个魔法世界，告诉潜水员自己从这个世界中被驱逐了出来，非常想再回去。它问潜水员愿不愿意帮助自己，如果潜水员帮助自己回到了魔法世界，它就会给潜水员丰厚的回报。

【情境五】在一颗遥远的星球上有一种奇怪的生物，这种生物很像蚂蚁，而且它们的集体智慧超过了人类。它们的女王会对每只“蚂蚁”收集来的情报加以整合，然后根据这些整合好的情报做出决定。人类想要与它们建立合作关系，但“蚂蚁们”对人类的提议并不感兴趣，并且拒绝与人类进一步联系。

【情境六】一些探险者在雨林中走失了，搜救队出发去寻找他们。终于，搜救队在雨林中找到了这些走失的探险者，发现他们和一些像蛇的生物住在一起。搜救队帮助这些探险者收拾好行李，准备启程离开他们的营地。但这些探险者们坚持要带那些生物一起离开。实际上，它们也必须和人类一起离开。

【情境七】故事的主人公和她的同事们在非洲的一个潟湖地区进行科考工作。她们在这里发现了一种被认为早已灭绝了的爬行动物。同时，她们还发现了一窝这种爬行动物的蛋。在一个夜晚，这种爬行动物的幼崽从蛋里孵化出来，并且逃了出去。

【情境八】科学家们在一个像地球一样的行星上进行科学考察。在这里，他们发现了一种巨大的鸟。有些巨鸟长得既雄壮又漂亮，有些巨鸟长得虽然很丑却强壮有力。这些巨鸟是这颗行星上的统治者。科学家们发现有些巨鸟具有极高的智商，那些强壮的巨鸟更是聪明。这些强壮的巨鸟把人类当成了不费吹灰之力就可以吃到的美餐。

【情境九】尽管在政府的保护下，狼群的数量有了提高，但由于人们对狼群毫无约束的猎杀，狼群还是处于濒临灭绝的境地。故事的主人公竭尽全力想要找到充分的理由来保护狼群，但是由牧场主和农夫们组成的治安队却下定决心破坏他的计划，把狼都杀光。

【情境十】美国佛罗里达州的一个城市是著名的旅游胜地。有一次，这里的一条鳄鱼差点杀死了一个男孩。因此，当局下令要消灭这个城市里所有的鳄鱼。故事的主人公想要劝当局停止猎杀鳄鱼的行动，但这么做却威胁到她的事业，甚至使她的生命都处于危险之中。

类别七：发现回到过去的方法

时间旅行可能仅仅是一个不可能实现的幻想。但是，这并不能阻止作家们写出引人入胜的穿越小说。在这些小说中，人们穿越时空回到过去，想方设法阻止历史上或是自己亲身遇到的坏事发生。人类的天性就是总想改正自己犯下的错误。

【情境一】一对兄弟找到了穿越时空回到与耶稣同时代的方法，回去后他们卷入了那个时代的政治斗争中。这对兄弟中的一个被认为是异教徒，并受到了通缉，另一个则成了耶稣的秘密信徒。被通缉的那个找到了自己的兄弟，劝他跟自己回到现代世界，却遭到了拒绝。

【情境二】一群时空穿越者回到了 1930 年前后的欧洲。他们打算阻止纳粹力量的崛起。但是他们发现自己探究得越深入，就越难准确地确定纳粹崛起的原因。为了找到纳粹崛起的根源并及时解决问题，他们穿越到了更久以前。

【情境三】少女在自己外祖母的阁楼上找到了一块有魔力的秒表，这块秒表可以让她回到过去。于是她穿越回了她外祖父和外祖母谈恋爱的那个时代。她的目的是要阻止外祖母生下她的阿姨，因为阿姨的儿子让她的生活变得痛苦难言。

【情境四】故事主人公最大的心愿是能见到伟大的奈费尔提蒂王后，并且从她那里学习魔法，尤其是那种能让她这样一位美丽的女人成为埃及统治者的魔法。终于，她遇到了这位王后，却发现这位王后一点儿也不像历史书里描绘的那样。

【情境五】一位公司的副总裁对于自己做出的错误决定感到非常后悔，于是想办法穿越时空回到了自己的大学时代，想重新选择一份自己真正想做的职业。尽管她有了重来一次的机会，却遇到了一件让她严重分心的事情，她必须抵制住这种诱惑。

【情境六】被解雇的蓝领工人一直觉得自己和其他人无法进行很好的互动，对此他深感不满。一次偶然的机会，他发现了回到过去的办法，于是他穿越时空回到了过去。在过去的日子里，每次他想让一件事情变得更好时，结果都事与愿违。现在，他意识到那是因为自己把重点放在了错误的事情上。

【情境七】一位寂寞的女子穿越时空回到过去，她打算再次体验自己以前的一段特别的经历。但是不知道哪里出了差错，她回到过去之后变成了一个陌生人。为了变回现在的自己，她必须利用这个陌生人找到过去的自己。

【情境八】一位教师并不喜欢现在的世界，于是他穿越时空回到了19世纪中期的维也纳，那是他最喜爱的时代。他流连忘返于各种管弦乐队演出和歌剧表演。然而在不经意间，他被卷入到了那个时代的政治斗争之中。

【情境九】一位女子一直以来饱受丈夫的虐待。为了摆脱丈夫，她穿越时空回到了自己与丈夫刚结识的时候。她说服那个年轻的自己甩掉现在的丈夫，却造成了一系列更大的麻烦。

【情境十】故事的主人公穿越时空回到了古代的耶路撒冷。在那里，她的出现引发了一连串的事件，并因此产生了一种有别于基督教的新宗教。她感到十分害怕，于是再一次穿越回古代的耶路撒冷，想把事情变回原来的样子。原有的基督教和受她影响而形成的新宗教结合在一起，变成了一种混合的宗教。

类别八：发现或创造出神奇世界

想象一下，如果真的有其他世界存在，会是什么样呢？在这样的世界或宇宙里，事物都不再遵循现有的物理法则。在这里，魔幻与现实间不再有差别。想象一下，如果由你来制定法则，你会写出一个什么样的故事。现在，你的机会来了。

【情境一】在另一个世界中，树木可以按照自己的意愿移动各种物体，并且可以控制人类的心理。人类和树木之间存在一种奇怪的共生关系。在某些情况下，人类几乎已经成为了树木意志的奴隶，但是也有例外。

【情境二】为了拯救那些濒临灭绝的青蛙，一位对神秘主义感兴趣的生物学家与一只青蛙成了朋友，可以互相亲密的交流。这只青蛙把这位生物学家带到黑暗的雨林，让他接触到迄今为止无人知晓的青蛙世界。

【情境三】在这个世界里，人们因为雨水而发生改变。只要接触到雨水，人们的性格、思想，甚至外貌都会发生变化。世界上到处都是各种跟雨有关的宗教。但是，这个星球的气候发生了变化，大雨在世界各地瓢泼而下，造成了很大的损失。

【情境四】一位特立独行的科学家发现了进入不同维度空间的办法。由于在各个维度空间之间存在着某个关键的差别，因此每个维度空间都与其他的维度空间截然不同。比如说，在一个维度空间里，地球上不是只有一个月亮，而是有两个。在另一个维度空间里，恐龙根本就没有灭绝……

【情境五】在未来世界，不仅是蝴蝶，连人类也会发生蜕变。一个人寿终正寝的时候，他可以脱胎换骨获得新生，但有一个问题：人的记忆是不能转移的。科学家们正在想办法解决这个问题。

【情境六】电脑程序员创造出了一个虚拟世界。在这个虚拟世界中充满了各种神奇的可能，比如，人可以掌握穿墙术或者飞行术。他太得意忘形了，以至于他编写进这个虚拟世界中的一些魔法程序是不能被取消的。

【情境七】在这个魔法的国度，人们可以把自己变成会飞的生物。但飞行是非常危险的，因为这里存在着一种隐形的掠食者。主人公相信自己可以找到让那些掠食者无处遁形的办法。

【情境八】一对夫妻隐居在密林的深处。他们有一个有魔法花园。花园里的植物可以提高人的感知力，有些甚至可以改变一个人的容貌。一些徒步旅行者进入了这片森林，发现了这对夫妇的住所。他们根本抵挡不了从那花园里飘出来的阵阵香气。

【情境九】故事的主人公总是自言自语，因此总是被人误解。实际上，他是在和另一个维度空间里的一位巫师交谈。这位巫师告诉他怎样才能不被人误解。

【情境十】故事的主人公进行了一次 CAT 扫描检查，发现自己是在另一个世界中。但是她很难发现这两个世界的差别。在和丈夫聊天的时候，她发现了一些不对劲的地方。随后，她又发现了其他不对劲的地方，感到很恐慌。她该怎样回到属于自己的那个世界中去呢？

类别九：发现新世界

感谢那些像“开普勒”一样强大的空间望远镜，我们生活在一个星际大发现的时代。迄今为止，已经有超过一千颗太阳系以外的行星被发现。其中有一些很像地球。也许，这些行星的卫星要比这些行星本身更像地球。还会有什么其他奇妙的星际发现吗？我们能了解到什么秘密呢？它们会给我们带来什么样的故事呢？

【情境一】一颗新近被发现的小行星直冲着地球飞来。它的大小虽然不足以给地球带来灭顶之灾，却足以造成大面积的伤亡。对这颗小行星进一步观察后，科学家们发现它是一个人造的物体，可以控制自己的飞行轨道。

【情境二】故事发生在 100 年之后。一艘星际飞船抵达了一颗有人定居的行星。人们早就在一群行星中发现了这颗像地球一样的行星。但是，自从这颗行星被人们发现，敌对势力就入侵了这颗星球。现在，这艘星际飞船上的船员们必须勇敢地面对这些入侵者。

【情境三】宇航员们发现了一颗像花园一样的星球在围绕太阳运行。每隔几个世纪，太阳就会发射出致命的射线。宇航员们了解到，太阳本来早该发射一波射线了，却迟迟没有发射。于是尽管他们自己也冒着暴露在太阳那致命射线下的风险，还是打算尽可能多地把这些外星植物抢救出来。

【情境四】星际探险者们在一颗行星上着陆了，这颗行星的表面是一片冰冻的荒原。让这些探险者大为震惊的是，他们发现了一座被毁掉的城市。在这座城市里，到处都是各种奇怪的机械。这些机械全都不能用了，只有一个例外……

【情境五】宇航员被吸进了一个时空裂缝。当他们再次出现在宇宙中时，发现自己在围绕着另一个地球飞行。这个地球上的北美洲到处都是巨大的陨石坑。在这个地球上着陆后，宇航员们遇到了一些正在交战的军团。

【情境六】科学家们发现了通往一个镜面宇宙的入口。就在这时，他们发现在入口的另一端，在那个镜面世界中的自己正要进入这个入口。一位科学家问了另一个世界中的自己，并发现了两个世界间令人震惊的差别。

【情境七】一颗陨石上嵌着一张光盘。这张光盘很像20世纪70年代“旅行者”号上带着的那张。光盘里展现了一个居住着奇怪的生物的星球。这颗星球距地球有几十光年。而且这张光盘上还记载着这种奇怪生物的一些想法。

【情境八】一个孤独症儿童似乎生活在自己的世界里。心理学家们试图通过催眠进入她的世界，但失败了。也许他们不能理解这种孤独症的本质。有一位心理学家却找到一个新的办法，进入了她的世界。这是一个错综复杂又超乎寻常的美丽世界。

【情境九】物理学家们利用电磁场制造了一个通往宇宙另一个维度空间的入口。科学家们进入了这个维度空间，并发现这个空间里的人在身体结构上与地球上的人存在着极大的差别，当然，这个空间中的他们也一样。尽管这些人从表面上看和地球人很相似，但他们的行为举止却与地球人截然不同。

【情境十】一颗小行星运行得极不规律，宇航员们便登上这颗小行星进行调查。他们在这颗小行星的腹地深处发现了一个城市。这个城市看起来似乎已经沉睡了上千年。直到这些宇航员发现了一台远古时期的电脑，他们才了解这座城市的起源。但与此同时，这个城市也被惊醒了。

类别十：科学技术上的新发现

自 17 世纪以来，科学技术就在不断地改造世界，也改造着我们对于这个世界的认知。尽管科学技术有自己呆板机械的一面，但是也给我们带来了大量的奇迹。科学技术不仅让我们更好地理解这个世界，还让我们更好地理解自己。与科学技术的这些优点相比，它的那些缺点便不值一提了。无论是哪种情况都可以让我们写出精彩的故事。

【情境一】科学家们完善了假死技术，因此成千上万的人，尤其是那些身患不治之症的人，都签了沉睡 50 年的合同。他们希望可以在自己的疾病能被治愈的时候醒来。故事的主人公正是这样做的。当他醒来后，发现自己的病被治好了，但根据这个时代的法律，他的身体还需要进行一些其他的改变。

【情境二】科学家们制造出了虫洞。虫洞相当于星际航行中的捷径，人们可以利用它大大缩短进行长距离星际旅行的时间。科学家们还掌握了让虫洞在长时间内保持稳定的技术。这样一来人们就可以利用虫洞传送大量的人和机器。但是，科学家们还没有解决虫洞的“瞄准”问题。当人们从虫洞另一端出现的时候，他们不知道自己身在何处，也不知道等待自己的是什么东西。

【情境三】在未来世界，所有的新生儿都要被植入一种电脑芯片。这种芯片会给人带来不可思议的好处，比如更健康的生活、更强壮的身体、更灵活的头脑等。但是这种芯片也会给人带来无法预知的副作用。故事的主人公就是一个很好的例子。他发现植入到自己身体里的芯片会命令自己做一些不道德的事情。他之所以意识到这一点，是因为植入他身体里的芯片发生了故障。他想办法让其他人相信自己，却发现有人在追杀自己，他陷入了孤立无援的境地。

【情境四】人们准备开展一场制造“试管牛肉”的运动。在实验室中克隆出牛的细胞，并把它培养成牛排，这样就可以减少牛排放出的甲烷，从而使全球变暖的情况得以缓解。当然，这个想法让从事养牛业的人大为光火，他们打算倾尽全力展开反击。

【情境五】电脑奇才们已经找到了只通过大脑就能上网的办法。我们只需要眨一下眼睛就可让自己的大脑连接到互联网上，通过语音控制就可以浏览网页或收发信息。但是，故事的主人公却发现人们正在发生着令人不安的变化。

【情境六】科学家们发现可以利用宇宙中扭曲的时空传送无线电信号。用这种办法，信号可以在几分钟内就被传送到几百光年外有智慧生物居住的星球上。而在以前，这样做可能需要几年的时间。很快，科学家们就和外星生物取得了联系，但这些外星生物并不太友好。

【情境七】一个研究小组发明了一种新的基因疗法。他们从胎儿身上提取了干细胞，用这些干细胞来修复发生癌变的细胞，让它们恢复正常。斯德哥尔摩为此准备给这个研究小组颁发诺贝尔奖。但是一个激进的反堕胎组织却强烈要求警方逮捕这些科学家，因为他们杀死了那些胎儿。这个组织坚称这些科学家的行为等同于一级谋杀。

【情境八】人们在北极发现了一具猛犸象的骨架，并从这具骨架中提取到了猛犸象的 DNA。一个生物学家小组想用这些 DNA 克隆出一只猛犸象。一位生命伦理学家对此提出了抗议：这样做合乎道德吗？赞同克隆的生物学家们认为反对者做出这样的评判是毫无根据的。

【情境九】神经学家找到了一种快速学习的办法。无论是谁都可以用这种办法快速地精通一门学科，而他们所需要的时间只是正常学习时间的一小部分。但是，这个办法也存在着风险。如果人们使用这个方法的话，他们的大脑神经键很容易超负荷工作，从而产生一些让人意想不到的副作用。

【情境十】在这个世界中，人们可以在睡觉的时候学习。学生们的"睡眠课"一定要及格才能拿到大学学位，旅行者们在睡觉期间就能学会一门语言。但是这种看起来很理想的学习方法却有很严重的弊端，最大的一个弊端就是人们很容易对睡觉上瘾。

第九章　摆脱或逃离

类别一：摆脱绑匪的魔爪

负责绑架案的刑事侦查员都是办案经验丰富的老手。被绑架的人不仅生命安全会受到威胁，也会与外界失去联系，没有人知道受害者能不能毫发无伤地活下来。我们可以用这些因素写出扣人心弦的悬疑小说。

【情境一】被绑架的亿万富翁是一家基因工程公司的CEO。绑匪并没有要赎金，而是要求他对公司与专利有关的政策进行调整，批准某些基因工程药物的专利权。这位CEO拒绝按照绑匪的要求去做，并准备在一位不太可能是朋友的人的帮助下冒险逃走。

【情境二】一位经常扮演反面角色的电视明星被绑架了。绑匪们要求的赎金数额非常高，而且态度坚定，表示绝不降低赎金。如果拿不到赎金，他们就要杀掉这位电视明星。但这位电视明星比绑匪们想象的要聪明。他使用了自己扮演的角色所采用的阴谋诡计逃出了绑匪的魔爪。

【情境三】一位已经退役了的海军老兵在回家的路上被人绑架了，当时他正准备穿过一个公园。绑匪们把他带到了一所房子里，对他严刑逼供。事情很快就被弄清楚了，原来绑匪们把他错当成了另外一个人。

绑匪们很快就把正主也绑架到了这所房子里。于是，老兵和那个人设计了一个逃跑的计划。

【情境四】富翁企业家的猫被人偷走了。因为这只猫的项圈里藏着一些很重要的东西，企业家便重金悬赏找回这只猫。偷猫的人不知道怎样才能把那件重要的东西从项圈上弄下来，又不能弄坏那个项圈，因为一旦弄坏项圈，那件东西也就会跟着项圈被毁掉。这时，猫从他那里跑掉了。一个小女孩发现了这只猫，并且也看到了悬赏拾猫者的布告。

【情境五】与世隔绝的小岛上有一所监狱。这里关押着一些蓄意破坏炼油厂和其他他们认为对环境有危害的企业的人。一个囚犯打算利用自己的经验从这座岛上逃出去。

【情境六】一艘废弃了的宇宙飞船围绕着木星飞行。几位宇航员登上了这艘宇宙飞船想一探究竟，却被外星人困在了这艘飞船中。外星人迫切地想让这些宇航员替它们做一些事。宇航员们逃走的唯一希望就是弄清楚外星人到底想让自己做什么，然后再决定是替外星人做这些事，还是破坏外星人的计划。

【情境七】深受大家喜爱的电视新闻评论员被一个跟踪她的人绑架了。这个人想让她拍摄一段录像，并要求她在录像里承认他是一位跟踪专家。在录像的过程中，这位新闻评论员找到机会逃了出来。然而，这个情况早就在跟踪者的预料之中。

【情境八】银行总裁的妻子和孩子们被恐怖分子绑架了。恐怖分子要求得到这家银行全部客户的账户和密码。如果银行总裁没有在恐怖分子给出的最后期限之前答应他们的要求，那么他们每隔一小时就要杀死一名人质。

【情境九】在未来世界中，由机器人负责管理和守卫监狱。一位机器人工程师蒙受不白之冤而身陷囹圄。但由于看守监狱的机器人都是他参与设计的，所以他认为自己可以骗过这些机器人，然后从监狱中逃出去。但这些机器人却有另外的办法让这位工程师把牢底坐穿。

【情境十】亿万富翁的女儿被一群激进分子绑架了。这些人要求得到一亿美元的赎金。他们打算用这笔钱来发动一场政变。警察竭尽全力挫败这些激进分子的计划，富翁的女儿也想出了一个聪明的逃生办法——她假装对这些激进分子的计划表现出狂热的支持……

类别二：摆脱有虐待倾向的父母、配偶或同伴

在哈克·芬从他那有虐待倾向的父亲的魔爪中逃走之前，就已经有许多描写儿童或青少年从残暴的、有虐待倾向的父母手中逃走的故事。这是所有人都喜欢的主题——我们所有人都曾梦想能摆脱父母的管束。

【情境一】单身母亲和她的女儿相依为命。女儿非常叛逆，却很有音乐天赋。这位单身母亲对女儿管得很严，因为她担心女儿会和自己犯下同样的错误。可是她的女儿最后还是跟一个老头离家出走了。这个老头答应给她找一份在夜总会唱歌的工作。但不幸的是，这个夜总会只是一个卖淫集团打的幌子。

【情境二】一个少年梦想成为宇航员，但他的理想遭到了父亲的嘲笑，于是他一怒而下离家出走了。他和一个也是从专横的父母那里跑出来的男孩住在一起。他俩都梦想着发明出非凡的机器。但因为他俩只有 17 岁，所以父母命令他们乖乖地回家。

【情境三】少女连续数月受到继父的虐待。因此，她逃出来，找到了自己的生父，想从他那里寻求庇护。但她生父的精神状态非常不稳

定。她实在无处可去，便计划对继父展开反击。

【情境四】一对兄弟用自己的超能力打开了进入另一个世界的入口，并想以此来摆脱他们那有虐待倾向的父母。在他们进入入口准备逃跑的时候，他们的父母也发现了该入口，并跟着他俩进入了另一个世界。这对兄弟想把父母困在那里，自己回到现实世界中，但他们中的一个人却不想再回来了。

【情境五】一个男人有强烈的控制欲。如果他不同意，他女朋友就不能见朋友和家人，甚至不能做任何事。因此，他的女朋友准备离开他。他知道了她的打算，用一些很恐怖的手段阻止她离开自己。

【情境六】故事主人公的父母都是演员，主人公也是一位很有名的小童星。主人公的父母想让他继续在演艺圈发展，但他拒绝了父母的要求和好莱坞的邀请，一心想成为天文学家。16 岁时，他的父母坚持让他把家族的演艺事业继续下去，这让他觉得十分棘手，因为他不能无视父母的要求，也不想放弃自己梦想。

【情境七】占有欲很强的年轻人求同居女友不要离开自己，因为她的离开会让他失去自我价值。他的女友感到非常痛苦。一方面男友对自己的控制让她感到窒息，她很想摆脱他；另一方面她又想保护他，不让他受到内心的折磨。

【情境八】故事的主人公做到了所有“好家长”该做的事情：和风细雨地教孩子遵守纪律，给孩子灌输正确的价值观，等等。但让他困惑的是，他的家庭还是破裂了，尤其是他那还没到青春期的儿子总想着离家出走，恨不得离他越远越好。

【情境九】故事主人公总是受到丈夫的虐待，因此她离开了自己的丈夫。后来，她和丈夫重归于好了。但是没过多久，她的丈夫又开始虐待她。这次，她 10 岁的儿子劝她带着自己离开这个家。

【情境十】少年总是被父亲虐待，便离家出走，并在街头流浪了一年之久。后来他的父亲幡然悔悟，到处寻找儿子，最后终于在医院里找到了他。但这时，这位少年已经因为吸毒过量而处于弥留之际了。

类别三：摆脱奴役或束缚

奴隶制度作为一种社会制度在这个地球上已经不复存在了，但是作为一种意识形态却并没有被根除。违背无辜者的意志并限制他们的人身自由，仍旧以许多形式存在于这个世界上，比如独裁统治、性交易、绑架、人质事件，诸如此类。而心理束缚也是一种奴役的形式，比如威胁恐吓、敲诈勒索等。

【情境一】美国内战前的南方，赏金猎人们抓住了一名在逃的奴隶。这名奴隶说自己有办法让猎人们全都变得非常富有。然而，带着这名奴隶去领赏金显然是一件更方便的事情，所以这名奴隶必须想办法让自己的办法听起来更有说服力。

【情境二】一个年轻的奴隶在自己被拍卖的前夕逃掉了。他偷了一支枪，返回种植园去救自己的父母。种植园主预料到他会这样做，早就卖掉了他的父母。现在，这名年轻的奴隶必须做出选择，是救自己的命，还是去有更多奴隶的南部冒险救出自己的父母。

【情境三】在17世纪的塞勒姆生活着一个少女。没有人相信她是一个女巫，但她确实是。总督把许多不是巫师的人当作巫师抓进了监狱。这位少女用魔法把这些人救了出来。一位牧师知道了这一切，并打算把他们一网打尽。

【情境四】在刚刚独立的美国，一个契约女仆很有科学推理的天赋。

她要求获得自由，却被身为化学家的农场主拒绝了。这位女仆只好偷偷地做一些化学实验。

【情境五】曾经非常爱妻子的丈夫因为听信了谣言，认为自己的妻子乱搞男女关系，便开始因妒发狂。他把妻子关在家里，一刻也不让她离开自己的视线。他的妻子非常痛苦，一方面她很爱丈夫，另一方面觉得丈夫已经变成了一个控制欲很强的怪物。很快，她就面临抉择，是要这样和丈夫生活下去，还是永远地离开他。

【情境六】在 19 世纪早期的美国，一名杰出政治家的家中有一个女奴。他的妻子秘密地教这个女奴读书识字，帮助她自学成才。当家里人都入睡之后，女奴在图书馆里如饥似渴地阅读学习。一天，这个女奴向这位政治家提出要求，恳求他恢复自己的自由。

【情境七】女奴因为偷了主人妻子的报纸而受到了主人的惩罚。她准备逃走，但是在逃走前，她先要把被主人藏起来的那份报纸偷回来，因为在那份报纸上有关于她孩子的消息。

【情境八】故事发生在另一个世界里的美国。尽管爆发了废奴运动，但是奴隶制度一直持续到了 21 世纪。这个世界中的“三 K 党”和其他种族主义组织变得更加强大了。奴隶贸易为他们带来了巨大的经济利益。他们以暴力手段恐吓那些试图影响自己经济利益的人。

【情境九】一家工厂里的工人饱受老板的压迫。工人们的工作条件很差，而且工资待遇也低得要命。不仅如此，老板还强迫工人们长时间在恶劣而不安全的条件下工作。终于，三名工人秘密计划了一次反抗行动。他们砸坏了工厂里的设备。但不幸的是，他们的行动引发了一场大火，而工厂里根本就没有安全出口。

【情境十】一个女人被逼迫当了卖淫女。她躲开看守她的人逃了出来，并且向警长报了案，要求把这个卖淫集团一网打尽。但是这位警长受了这个卖淫集团头子的贿赂，拒绝了她的要求。这个女人便准备自己亲自解决这个问题。

类别四：摆脱死神的魔爪

人类的终极目标就是摆脱死神的魔爪。当然，任何这样的尝试都只是暂时的，除非我们生活在科幻小说或奇幻世界里。但无论如何，摆脱死神的魔爪或面对死神奋起抗争都是惊悚小说最核心的要素。

【情境一】住在酒店里的一家人遭遇了地震。酒店大楼马上就要塌了，这家人拼命地搬开楼梯入口的碎石瓦砾，想从 20 楼逃下去。酒店已经停电，天然气管道也裂开了。酒店大楼摇摇欲坠。

【情境二】在未来世界里，病入膏肓的工程师想把自己残破的躯体换成一副人工组装的身体。她之所以想铤而走险，不仅因为对生命的渴望，还因为她必须完成一项重要的实验。但她的敌人却想毁她的备用身体。

【情境三】一群十几岁的孩子正在郊外远足。龙卷风气势汹汹地向他们袭来，他们必须想办法让自己活下来。但他们几乎没有什么选择，只能听天由命。其中一个孩子以前曾经经历过龙卷风，所以他知道应该做什么。

【情境四】一对兄妹患有一种遗传病，这种病是不治之症。因此，他俩进入了假死状态，希望在能治愈的药物问世之后再醒过来。100 年之后，兄妹俩从假死状态醒了过来。他们发现自己身处一个人口极度过剩的世界，这个世界里的人不想让自己活得更久，还想方设法地让自己早点死去。

【情境五】一个不合群的人加入了某个宗教组织。该组织有一条隐秘的教义，即人应该通过死亡来逃避世间的痛苦。因为这个人已经被这个组织洗了脑，所以他死心塌地和这些人在一起，很难让他摆脱这个组织的影响。

【情境六】火山爆发了，给它周围的一座小镇带来了严重的损害。专家们发出警告，这座火山很快会再一次爆发，而且爆发的规模比第一次更大。应急队员们紧急出动，他们要抢在火山下一次爆发之前把镇上被困在家里的人救出来。暴雨倾盆，给养不足，上级不断地要求他们立刻从小镇撤离，这一切都使得救援行动困难重重。

【情境七】两个十几岁的孩子冒险偷偷登上了一辆货运火车。但让他们没想到的是，这是一辆去往死亡之地的幽灵列车。等他们发现的时候已经太晚了。直到列车到达了死亡之地，车厢的门才能被打开。他们准备从死亡之地逃走。

【情境八】海洋学家们正在海底进行科考工作，就在这时爆发了一场海底地震，这些海洋学家们被困在了钟形潜水器里。看起来，他们没有办法逃出生天了。

【情境九】一个间谍马上就要被处决了，就在这时，他决定和当局做一个交易。他保证让当局拿到绝密的军事情报，以此换得自己的性命。执刑者们同意了他的请求，但是他们秘密地计划在拿到情报后就将他杀死。

【情境十】一位物理学家志愿参加了一项实验。在这项实验里，她会被送进死后的世界。当然，她随后会被救活，然后告诉大家她在那里看到了什么。但是实验出了差错，她被困在了里面。

类别五：摆脱神怒

一个人要怎样从不可能逃脱的情况下逃脱呢？富于想象力的人们找到了许多聪明的办法，比如献祭仪式、忏悔、妥协，甚至是争取获得神灵或半神们的同情。凡人总是敢于反抗神力的。

【情境一】普罗米修斯以前有一个对手。他是一个凡人，但敢于挑战神的法则。他把普罗米修斯从他悲惨的命运中拯救了出来（被绑在石头上让鸟吃掉他身上的肉），然后让普罗米修斯和自己一起去神那里窃取秘密。

【情境二】雅典娜曾经爱上过一位诗人歌手，但是这位诗人歌手却迷恋上了一个曾受到女神惩罚的女人，这使得雅典娜大发雷霆。这位诗人歌手和那个女人试图在一位巫师的帮助下摆脱妒火中烧的雅典娜。

【情境三】故事的主人公到处宣扬神只是一种幻觉。因此，一位神灵剥夺了他说话的能力。主人公向神祈祷，请求获得神的原谅，却再一次受到了神的惩罚。主人公被激怒了，准备对这个睚眦必报的神展开报复。

【情境四】这个世界里的女王是一个具有超能力的人，但她的无边神力和无休止的怒火让臣民对她敬而远之。为了改善自己和臣民的关系，她请来了一位受人尊敬的哲学家，并向他学习要怎样做才能得到臣民的爱戴。

【情境五】这是另一个版本的《圣经》故事。约伯不再接受上帝对他的考验，他对那些让他的生命中充满磨难的人展开了报复。准确地说，他把上帝拒之门外。现在，上帝必须努力让约伯信仰自己。

【情境六】孤独的勇士在冒险的旅途上要经过属于阿芙洛狄忒的领地。这位女神钟爱的一位武士不允许他进入这片神圣的土地，因此，两个人便打了起来。最后，这位勇士击败了阿芙洛狄忒的武士，不得不承受这位女神的怒火。他躲到了远方，想以此来平息女神的怒火，却无济于事。最后，他向女神承诺，自己愿意做任何事来讨得女神的欢心，阿弗洛狄忒接受了这个建议。

【情境七】一个国家的领袖自称是这个国家的神，多年以来，他一直靠暴力手段统治着他的臣民。但是现在却突然有人揭发他，说他只是一个骗子。他招募了许多魔法师，让他们制造出大量神奇的烟火，以此让他的臣民相信他的魔力。但是，这个国家现在正面临一场动乱。这个时候，国家需要一位领导人，哪怕他是一个骗子。

【情境八】科林斯王西绪福斯一心想逃脱神对自己的惩罚，他不想再不停地推石头了。于是他秘密计划避开宙斯的怒火。尽管自己被困在了地狱中，他还是劝说普鲁托帮助自己逃脱惩罚。普鲁托却提出了回报的条件。

【情境九】一位牧师由于自己的罪行不仅被解除了神职，还要承受来自上帝的愤怒。他问上帝怎样才能获得原谅，上帝告诉他要靠他自己去思考。

【情境十】故事的主人公受到了一位女神的报复，被变成了一只面目可憎的野兽。他竭尽全力想弥补自己犯下的罪过，平息这位女神的怒火，却无济于事。最后，他遇到了一位巫师，这位巫师自称知道他该做什么。与此同时，因为他变成了野兽，所以野兽的兽性正在慢慢地消磨掉他的人性。

类别六：逃脱监狱

谁能抵挡住那些从监狱中逃掉的故事的诱惑呢？不论主人公身陷囹圄是因为蒙受了不白之冤还是罪有应得，我们都支持并想看到他在概率很小的情况下，骗过武装到牙齿的守卫，避开电子监控，从监狱里逃出去。我向你保证，这样的故事绝对扣人心弦。

【情境一】在第二次世界大战中，两个战俘计划从德军战俘营里逃走。但他们必须找到一个愿意帮助他们逃跑的德军守卫。有一个守卫经常为他们提供帮助，似乎是站在他们这边的。但是在他们施行逃跑计划之前，他们必须先确定一下。

【情境二】恐怖分子占据了一座摩天大楼，并在大楼里安装了炸弹。有成千上万人正在大楼里工作，除非他们满足恐怖分子的要求，否则炸弹就会被引爆。任何想要进入这座大楼的人同样会导致炸弹爆炸。

【情境三】故事的主人公因蒙受不白之冤而身陷囹圄。在监狱里，主人公与一位守卫交上了朋友。守卫相信了她的故事，主人公也告诉了守卫真正的罪犯是谁——那是一个会危害到国家的人。不久之后，那个真正的罪犯也被捕入狱了，但是当局却拒绝释放主人公。于是，她被迫在监狱里去面对那个新犯人。

【情境四】用人在农场主家工作的年头已经达到了契约中规定的时间，但农场主还是不放他走。于是他要求农场主按照约定还给他自由。但是因为农场主曾经救过他的命，所以便利用他的道德感来要挟他，并让他陷入良知的困境。

【情境五】尽管被妓院老板威胁如果敢逃跑就会遭遇危险，一个妓女还是准备逃走。然而，她的出逃对她来说却是一件十分纠结的事情，因为有一次她犯了重罪，正是因为妓院老板为她掩护，才让她逃过了一劫。

【情境六】在法国大革命时期，一位拥护王室统治的人很快就要上断头台了。他和看守他的人成了朋友。一天，他让这位守卫进入了自己的牢房，请他帮忙把自己写的一份手稿转交给监狱外的朋友。从这时起，这名囚犯便开始了自己痛苦的逃亡。

【情境七】主人公被一群虐待狂关了起来。他们逼他要么承认自己有罪，要么就选择死亡，否则就要受非人的折磨。主人公找了一个足够充分的理由让这些虐待狂同意带他出门。他很聪明地解开了自己身上的束缚，现在，他必须想出一个办法让自己摆脱那些虐待狂的控制。

【情境八】未来世界爆发了一场人类与机器人之间的战争。一群人类抵抗组织的战士被机器人捉住并被关进了监狱，他们根本没有机会逃掉。但是这些战士的首领和一个机器人成了朋友，这个机器人帮助他们计划了一次越狱行动。

【情境九】一个杀人犯从最高安全级别的监狱里越狱了。和这个杀人犯同住一间牢房的犯人被指控为这个杀人犯提供了帮助。典狱长跟这些犯人做了一个交易："告诉我们他是怎么跑掉的，我就可以减掉你们的刑期。"但是，在这些犯人把杀人犯的越狱方法告诉典狱长之后，典狱长却没有实现自己的诺言，反而把他们的刑期加长了。于是，这些犯人计划发动一场暴动。

【情境十】一位犯人学习了黑魔法并计划用自己学到的魔法帮助自己越狱。这件事情被典狱长知道了，他没有对这名犯人加以严惩，却自己也学习了这些魔法，并用魔法折磨所有犯人。

类别七：摆脱自己（心魔）的束缚

有些人被毒品束缚，有些人被迷信束缚，而有些人则被无法摆脱的儿时的恐惧束缚。精神病学作为一门专门的学科，可以帮助人们克服这些让自己逃避现实的心理疾病。优秀的故事也可以帮助我们理解这些心理疾病到底有多复杂。

【情境一】一位物理学家饱受自己身上另一种人格的折磨。他的第二人格不同意他对物质本质的基本观点，还想反驳他的这些观点。这位物理学家请来了一位心理医生，并请他帮助自己扼杀自己的第二人格。但就在他要扼杀掉第二人格的时候，他突然意识到第二人格提出的一些观点也是有道理的。

【情境二】一位演员的心里住着一个魔鬼，这个魔鬼总是想让他自杀。有几次，这个魔鬼差一点就成功了，但每次都败给了这位演员坚定的信念。但是当这位演员心情低落万念俱灰的时候，他心里的魔鬼便占了上风。这位演员的未婚妻是剧组的导演，当知道了所有与这个魔鬼有关的事情后，她勇敢地站出来，想要除掉这个魔鬼。

【情境三】一位电影女演员的脾气反复无常。有时候一些很小的事情都能让她大发雷霆。她的搭档一直在帮助她控制情绪，但最近她的脾气越来越大。她新接拍了一部电影，由于她最近的一次发火，很可能会让她失去出演这部电影的机会。

【情境四】一个不思悔改的惯偷再一次被人抓住了。她知道如果自己再因偷窃而被定罪就要面临很长的刑期。即使是这样，她也管不住自己的手。这时，她遇到了一个男人，这个男人劝她不要再做那些小偷小摸的事情，要干就干一票大的。

【情境五】在主人公小的时候，他的父母总是虐待他和他的兄弟姐妹。现在主人公和兄弟姐妹都已长大且个个都事业有成。就在这个时候，他们的父母想改善和孩子们的关系，但是不管他们做什么都没有效果。主人公愿意原谅他们，但首先他们必须承认自己以前所犯的错误。

【情境六】魔鬼试图迷惑主人公并让她自杀。最初，主人公抵制住了魔鬼的诱惑。但是魔鬼的要求渐渐变得越来越难以抗拒。因此，她向一位牧师求助，但牧师也是“一只披着羊皮的狼”。在绝望中，她找到了当地的一位巫师，请求他帮助自己。巫师是个怪人，平时总是被人挖苦取笑，但在他的身上似乎有一种奇怪的力量。

【情境七】故事的主人公曾经专门花一年的时间来戒掉赌瘾，这么多年来她一直都能很好地控制自己，最近却差点儿“在阴沟里翻了船”。主人公去拉斯维加斯参加一个会议，她现在的男朋友非常嫉妒她在工作中表现出的专业能力，便怂恿她去赌场里玩几把，幸而主人公的另一位朋友及时出现，拯救了主人公的命运。

【情境八】一位女子刚刚被圣公会授予神职，成为一名牧师。她不仅要与那些认为女子不能出任牧师的旧偏见斗争，还要与以前的自己斗争。她之前曾经是一个崇尚自由精神的无神论者。就在马上就要成功的时候，她遇到了一位故人，这个人是她以前追求精神自由时结识的朋友，他认为不该让她忘掉过去的经历。

【情境九】故事的主人公过去是一个有虐待倾向并极度以自我为中心的人。现在他向分居的妻子发誓自己已经摆脱心魔，洗心革面了。但他的妻子并不相信他。他又想让孩子帮助自己说服妻子，但孩子们也不相信他。迫于无奈，他只好用了最后的办法。

【情境十】一个女孩的第二人格十分凶残，但这种人格一直被她压抑着。一位老人一直照顾着这个女孩。当她意识到她这种凶残的人格已经开始慢慢觉醒时，她努力想要扼杀自己的这种人格。她吃了医生给她开的药，也使用了精神药物，但这些药物让事情变得更糟了。在绝望中，她转而向一位神秘主义者寻求帮助。

类别八：摆脱时间的束缚

每个人都摆脱不了时间的束缚。我们梦想自己可以摆脱那冰冷的、一成不变的时间牢笼，但是时间还是一个小时接着一个小时、一天接着一天、一年接着一年地流逝。当然，这个世界上存在着客观的时间和相对的时间，还有一些人陷入了似乎是永恒的睡眠中。只有在科幻小说和奇幻世界中，我们才有可能真正地摆脱时间的束缚。

【情境一】科学家患了不治之症，但是她还没有完成那项至关重要的实验，这让她倍感沮丧。于是她和魔鬼做了个交换时间的交易。魔鬼同意了她的要求。不过，她得到的时间越多，付出的代价就越大。

【情境二】教师厌倦了朝九晚五的生活，于是辞掉了自己的工作，一头扎进森林里过上了梭罗一般的隐居生活。她很快就发现自给自足的生活看起来很容易，过起来却非常艰辛。但她还是坚守自己的信念，在那片平静的森林里继续自己的生活。

【情境三】在未来世界，人们发明了一种药。吃了这种药的人会感觉时间过得很慢。服用的剂量越大，时间就过得越慢。主人公服用了超大剂量的药，在他的眼睛里，时间几乎已经停止了，这使他大脑中的化学物质发生了出乎意料的改变。

【情境四】故事的主人公和她的丈夫参加了一个致力于研究精神控制的组织。他们的一项任务是体验完全摆脱了时间束缚的生活，同时完成一些重要的工作。他们并不是依靠药物，而是只依靠头脑训练来完成这项任务。但是，训练头脑的方法让他们产生了幻觉，并让他们变得极具侵略性。

【情境五】新闻记者厌倦了被各种工作计划和时间表包围的生活，于是她辞掉了自己的记者工作，来到了耶路撒冷生活。在这里她沉浸在对各种宗教的研究中，还参加了一些课题的研究，这让她的工作比以前更辛苦。其中一个课题的内容是如何在恐怖袭击后维护和平。

【情境六】工程师发明出了一顶便帽，戴着这顶帽子的人会有一种永恒的感觉，可以专心阅读、集中精力解决各种难题或者在感觉不到时间流逝的情况下进行发明创造。戴上这顶帽子之后，人的身体状态就像在熟睡中一样。但是她忽略了这顶帽子有一个严重的副作用，她最好尽快想办法解决掉这个问题。

【情境七】在这个宇宙中所有的人都效忠于一位时间主宰，这位时间主宰可以根据自己的意志拨慢或调快一个人的生物钟。如果一个人违反了律法，那么这位时间主宰就会让他迅速变老；如果有人做了让他满意的事情，那么他就会延缓他的衰老。但故事的主人公受够了自己的生命被时间主宰控制的生活。

【情境八】一些自由思想家被各自的工作弄得精疲力竭，于是他们计划在郊区建立一个乌托邦式的社区。在这个社区里，他们可以过上自己自足的生活，还可以摆脱时间的束缚。但是，自给自足的生活实际上就是每天都要为了生计而奔波劳碌。这样的现实使他们的理想备受打击。然而，这个组织的领导却有自己另外的打算。

【情境九】故事的主人公知道她和她的工程队必须按时完成一项浩大的工程，否则不仅要因为违约而缴纳一大笔罚款，以后也不会再有任何生意了。主人公想方设法申请延期。在最后的时刻，她的团队里有一个人提出了一个应急的办法。但是这个办法违背了职业道德。

【情境十】一位老妇人进入了梦乡，她在梦里重新体验了自己生命中某个特别的时刻。就在快要睡醒的时候，她遇到了一位天使。这位天使让时间停止，带着她一次又一次地重新体验了她生命中其他的重要时刻。终于到了梦醒时分，这位老妇人请求天使让她继续睡在梦里。

类别九：避开战争环境

从许多方面来说，战争都会夺走大量生命并让人类丧失人性。战争会造成食物和药品短缺、人民流离失所、犯罪分子在世界各地肆意横行。所有这些都会导致大批的人失去生命，并让活着的人陷入深深的绝望之中。为了逃避这类凄惨的境况，人们进行了不懈的斗争。我们可以从其中发掘大量的素材来帮助我们写出骇人听闻却扣人心弦的故事。

【情境一】在第二次世界大战末期的欧洲，一对兄妹设法从一个毁于战火的城市中逃了出来。他们的父母失踪了，可能已经死于战乱。抢劫犯和其他的罪犯随处可见，不断地威胁着这对兄妹的性命。他们知道人多会更安全，所以和其他的幸存者交了朋友。

【情境二】敌人在一座小岛上设置了一座监狱。一个喝醉了的守卫打起了盹儿，于是两名正在工作的囚犯抢走了他的手枪并把他绑了起来。他们要从这个小岛上逃出去，就必须去码头，一路上还要制服两到三名守卫。这几乎是不可能的。岛上有一个守卫经常受到其他守卫的嘲笑，并且刚刚受冤枉被降职了。这名守卫决定要帮助这两个囚犯逃出这个小岛。

【情境三】一位美国特派记者被俘并被关进了战俘营。他准备从战俘营逃走，但是需要守卫的帮助。他曾经在战场上救过一个守卫的命。但是，这个守卫已经被派到别的战俘营去了。

【情境四】在斯大林时代，一位与斯大林持不同政见的文人写了一篇极具颠覆性的文章，并因此被关进了西伯利亚的集中营干了一年的苦工。这位文人计划从集中营逃跑。但如果想要成功，就必须和集中营里的一个守卫合作。这个守卫暗地里很同情他的遭遇。

【情境五】这个未来的国家不是一个乌托邦，却自称是理想中的美好社会。它要求自己的人民必须随时携带一个移动设备。从表面上看，这是一个用于娱乐的装置，但实际上，它是一个 GPS 定位装置，被用来追踪所有人的行动。故事的主人公和他的家人想要离开这个国家逃到另一个地方去。

【情境六】警方使用了高科技的监视设备，并在全国范围内都进行监控。不仅机场，全国所有地方都设置了检查站。一位女警官悄悄地用自己监控的技能对这种制度展开了反抗。

【情境七】某国向那些纵容恐怖分子的中东国家倾销了大量大规模杀伤性武器，同时把这些武器卖给了那些极容易被恐怖分子渗透的国家。于是一场新的冷战爆发了。故事的主人公是一位外交官，面对不断加剧的危机，他竭尽全力想找到化解的办法。

【情境八】一个国家准备动用无人机潜入敌国的首都，刺杀他们的总统。精通高科技的和平主义者竭尽全力想在战争爆发之前让无人机消失于无形，于是他对自己的国家展开了一次网络攻击。这次攻击失败了，还使得基地中所有的无人机都展开了无目的的攻击。

【情境九】一位将军一直都对某位独裁者十分忠诚，但是当他得知这位独裁者的种族灭绝计划后，便改变了自己的想法，不想再对这位独裁者效忠了。但到底是该逃离这个国家还是拒绝执行独裁者的命令，将军一时无法做出决断并感到十分痛苦。于是，他找来一位同僚帮助自己做出决定。

【情境十】一对兄妹正在被追杀，杀手想把他俩全杀死。兄妹俩逃到了一个农夫的家里，并请求农夫收留他们。农夫同意了他俩的要求。但是追杀他俩的那些人重金悬赏任何能提供他俩下落的人，农夫决定出卖这对兄妹。就在这个时候，这对兄妹中的一个人向农夫提出了一个非常惊人的建议。

类别十：从迷失或困境中获救

我们都曾经在某一时刻迷失过自己。因此，我们很容易与那些迷途知返的人产生共鸣。还有一些人通过自己的努力走出了困境，我们也能感同身受。而读者们则更想知道他们是如何成功的。

【情境一】海洋学家们正在海底进行一项绝密的实验，就在这时突然发生了故障，所有人都被困在了海底。如果没有人来救他们，那么他们就全都活不成了。这次故障造成了严重的后果，想要顺利地解救这些海洋学家是非常困难的。

【情境二】水手们被暴风雨困在了海上。在一个海洋地图上没有标明的珊瑚岛附近，他们的船触礁沉没了。无线电和电脑都坏掉了，他们必须尽快修好设备并弄清目前所处的位置。

【情境三】一位侦探正在调查一桩炸弹威胁案。他按照线索追查到某大楼时，被埋伏的人袭击了。这些人把他藏在了大楼里。在炸弹爆炸前，搜救他的人员必须找到他，并帮助他拆除这颗炸弹。

【情境四】登山者们在攀越安第斯山脉的一座山峰时，被困在了山峰上的一个裂缝中。他们无计可施，只能在这个裂缝里等待救援。他们的食物和水马上就要用完了，搜救队即便能及时找到他们，也很难把他们安全地从这个裂缝中救出来。

【情境五】王后被人绑架了，并被带到了王国之外的森林里。国王知道她的下落后，派一队人马去救王后。这些人发现王后从绑匪手里逃掉了，却不知道她现在身在何处。因为王后从绑匪手里逃出来之后知道自己必须隐迹遁形，不能让任何人发现自己。

【情境六】一位非常著名的物理学家在山野间进行远足时失踪了。由于他指导的一项至关重要的实验出了差错，人们必须马上找到他。

【情境七】深夜，一位老妇人拖着疲惫的身体登上了地铁，但她没有注意看这是不是自己要坐的那一趟。上车之后，她一坐下就马上打起了盹儿。醒来之后，她发现自己身在一个陌生的地方。由于无法辨别方向，她在这个像迷宫一样的密室里到处乱撞。这时，她遇到了一个人，这个人答应帮助她从这里走出去，但是他自己也不知道该往哪儿走。

【情境八】地狱里的食人魔设下圈套抓住了一群凡人。这群凡人深受一个女神的喜爱，因此这个食人魔便以他们为人质，向女神索要赎金。女神一边同意了食人魔的要求，一边召集了自己最强大的巫师，在不伤害那些被捉住的凡人的前提下，对这个食人魔施以魔法。

【情境九】一艘大型游轮陷入时间裂缝，穿越时空回到了远古时代。最后科学家们终于弄清了这艘船发生的情况，并对它展开了营救。与此同时，这艘船上的人们必须想办法对付那些侏罗纪时期的海洋生物。

【情境十】主人公的父亲是一位调查记者，他在一个政局不稳的国家进行调查时失踪了。男孩心急如焚，动身去寻找自己的父亲。他设法进入了不对游客开放的地区，并且怀疑自己的父亲已经不再是一个正直的人了。

第十章　验查和探索

类别一：调查未解决的案件

从某种角度上说，我们都是分析师和探索者。要从既纷繁复杂又神秘莫测的生活中发现意义，分析和探究是我们必备的能力。一件未决的罪案即使被正式停止调查，还是会有警探在私下去研究它，他们不会放过任何一条线索。我们非常支持这样的警探。我们也可以从对自然现象的探索中获得乐趣，所有这些都会为我们的故事提供素材。

【情境一】警探在研究一桩悬而未决的杀人案时，发现了一些被其他人忽略的线索，她沿着这些线索找到了其他一些未决的案件。这些案件都是多年以前发生的，都具有类似的特征。其中一个案子是在这位警探还未出生时发生的，涉及警探的母亲。

【情境二】多年以来警方一直在寻找一个失踪的孩子，但没有任何结果。这个孩子的阿姨也雇用了一位私人侦探帮她寻找。私人侦探顺着那些被警方认为不可靠甚至荒谬可笑的线索展开了调查，结果却有了惊人的发现。

【情境三】调查员们花了几年的时间调查一桩谋杀小提琴家的案子，但一无所获。凶手没有留下任何线索，没有发现杀人凶器，甚至连作案动机都不知道。后来，管弦乐队中的一个成员找到警方，给他们提供了一些情报，这些情报足以让警探们重新展开对这个案子的调查。

【情境四】一个狙击手在社区里引起了极大的恐慌，经过一个月的调查，警方没能抓到这名狙击手，案件只能被暂时搁置。但是，一位颇受争议的名人拜访了这个社区之后，这名狙击手又开始在社区里活动了。一位新来的警探重新调查起这桩案子。

【情境五】一所规模不大的学院有着极好的声誉。这个学院里的一些教授失踪了，经过仔细搜查，不管是校警还是市局的警察都找不到任何线索，于是这个案子被搁置了。这时，这些失踪教授的一名同事给警方提供了一条有用的线索。

【情境六】总是有人在大桥上或大楼上涂鸦，这些涂鸦的内容全是一些恐怖事件，但警方却总找不到画这些涂鸦的人。其中有一幅涂鸦的内容是炸弹在一座空旷的大楼里爆炸，随后真的发生了类似事件。由于警方担心其他涂鸦里画的恐怖事件也会变成现实，便重新开始调查这个案子。

【情境七】一些雕像被人偷了，警方却一直找不到作案的人，因此不得不把这桩窃案搁置。不久以后，其中一个被偷的雕像出现在了某个私人画廊里。这个雕像被鉴定为赝品，所以警方并没有重新调查这个案子。但是，新的鉴定中，这个雕像被鉴定为真品，价值上百万美元，可这个画廊的进货记录却找不到了。

【情境八】在几个小镇里发生了一系列谋杀案，警方搜集了这几个案子里的全部线索，调查走进了死胡同。因此，警方不得不暂时搁置了这些案子。警探们从这些案子中找不到任何共同点，也没有发现任何作案动机。这时，一位新来的警探重新查阅了这些案子的卷宗，从中发现了别人没有注意到的相似点。

【情境九】几位律师被谋杀了，凶手故意在作案现场留下了一些线索。多年以来，警探们一直想破案，但经过调查，他们认为凶手留下的是假线索。由于迟迟未能破案，他们只好暂时把这个案子搁置。一位专家相信通过这些线索可以破解这些谋杀案，于是她重新开始了调查。

【情境十】一些医学专家在进行研究干细胞的实验。有人给他们写来了恐吓信，威胁要杀掉他们。由于警探们无法追踪到这些恐吓信的来源，这个案子只得被搁置。之后又出现了新的恐吓信，而且其中一位参与实验的专家已经失踪了。

类别二：调查被隐瞒的真相

所有对“水门事件”有所了解的人都知道，真相往往是被隐藏起来的，在政府高层或私人企业里也一样。当然，阴谋论者总是试图发现伪装的痕迹。这也许是因为他们读了太多的惊悚小说，或者仅仅是因为他们知道真相可能总是被隐藏起来的。

【情境一】某慈善组织的经理知道一旦自己的性丑闻被揭发，所有人都会知道他在管理方面的无能，于是选择把真相掩盖起来。一位记者揭露了这个丑闻，经理便把记者告上了法庭。他说因为自己没有满足记者的要求，所以她对他公报私仇。

【情境二】营私舞弊的投资顾问非常有技巧地把自己“吃黑钱”的行为说成是他们在私底下帮客户进行投资。但是一位曾经也做过营私舞弊事情的投资顾问却浪子回头，帮助监察组进行检查。

【情境三】小镇上的居民担心警局试图掩盖一个阴险的连环敲诈案。

故事的主人公曾经是一位警探，他开始对这个案子进行调查。随后，他被人袭击了，并且被警告不要多管闲事。

【情境四】一位极端的右翼国会议员秘密雇用了一个窃贼，并让他闯进一家女子保健诊所破坏诊所的设备。这位国会议员和忠于她的助手们设计了一个很巧妙的借口来掩盖自己的罪行，但助手中的一个人揭穿了整个事件。

【情境五】一家生物科技公司进行了一项针对胚胎的研究，这项研究最终以失败告终。由于这项研究违反了法律，这家公司便把所有与研究有关的东西藏了起来。一位研究人员知道这项研究至关重要，想继续研究下去，但公司拒绝为他提供任何研究数据。

【情境六】一家生物科技公司雇用了一个窃贼，让他把对手公司的一些机密配方偷出来。同时，这家公司还要求窃贼在对手公司里放一些伪造的“证据”。这样一来，看起来就像是对手公司从他们这里偷走了这些配方，并且想要掩盖这个事实。但是，不管怎样，这些配方都是从违法的实验中得来的。

【情境七】一个欧洲国家的情报机关正在酝酿一场推翻政府的阴谋，参与了这个阴谋的人一点儿也没露出马脚。故事的主人公是这个情报机关里一个失宠的特工，他并没有参与这场阴谋，但却有办法揭露这场阴谋。

【情境八】一位酒店老板的生意做得红红火火，她一直奉公守法，从不做出格的事情。当地的黑帮向她提了一个要求，她不敢拒绝，只能屈从于黑帮的淫威。她想出了一个聪明的办法把这件事情掩盖起来，即使是这样，身为私人侦探的主人公还是发现了异常。

【情境九】市长发现她的位子要被自己的政敌夺去了，便雇用了一个窃贼，让他假装去政敌家里偷东西，实际上则是帮自己搜集政敌的丑闻。然后，这位市长会想办法掩盖住这桩窃案。这个窃贼真的在市长的政敌家里发现了一些丑闻，但是这个政敌也在搜集与市长有关的消息，并发现了一些线索，这些线索表明市长与这个窃贼有勾结。

【情境十】故事的主人公破解并侵入了政府的一项秘密监控计划。她隐藏了自己的行踪，并假装是一个行动参加者把情报泄露给了自己。然后，她开始用这些情报敲诈那些官员。但是有一个官员对她产生了怀疑，因为她曾经就是被监视的对象之一。

类别三：探索危险或禁止进入的地区

有很多原因可以使一个地区变成危险区域或禁止进入的禁地，比如污染、辐射、不稳定的地质结构、脆弱的生态环境、战争的中立地带、宗教禁区或神秘之地。当然，越是被禁止进入的地区，越是会激起人们的好奇心。从这一点上说，这样的地区里总是会有悬疑刺激的故事。

【情境一】女王把一大片土地划为了禁区，并禁止任何人进入这片土地。只有女王自己知道把这片土地划为禁地的原因，但是她没有告诉过任何人，而且还下令，对于闯入禁地的人，无论是谁都会被处以极刑。然而，故事的主人公还是抵制不住诱惑，想知道禁地里的秘密。

【情境二】很久以前，有一个繁荣的村子，但这个村子遭到了可怕的诅咒，村子里的人一个接一个地死去。从此以后，这个村子就成了禁地。故事的主人公胆子很大，根本就不管那块写着“禁止进入”的布告牌，进入了村子，他想知道这个被诅咒的村子里到底藏着什么秘密。

【情境三】这个地方之所以被叫作禁地，是因为住在这里的人全都被一种寄生生物感染了，当然也包括皇帝的哥哥。他是皇帝的一个死敌，正在计划入侵皇帝的领土。故事的主人公冒着被那种寄生生物感染的危险，进入这个禁地去搜捕皇帝的哥哥。

【情境四】科学家们参加了一项绝密的实验计划，在实验过程中，他们全都遭受了辐射感染，被迫住在离城市数英里远的一个隔离区里。但是另一群科学家无视禁令，进入了这个隔离区，之后被自己看到的情况吓得目瞪口呆。

【情境五】极度不稳定的地质结构使一片稀土矿产区成了禁区。但故事的主人公抵制不住这些稀土矿的诱惑，她认为这些稀土矿能给自己带来巨大的财富。她和她的队伍确实发现了一条很值钱的矿脉，但对这些矿藏的开采却引发了大规模的塌方。

【情境六】科学家们对一个巨大的陨石坑进行检查。这些年来，这个陨石坑一直在军方的看管下，并且不允许任何人进入这个地区。科学家们非常疑惑地发现这个陨石坑里居然有能量源在向外散发着能量。而且，奇怪的事情越来越多。一位科学家仔细地对陨石进行了检查。随后他的视力发生了奇怪的变化。

【情境七】巨大的压力正在黄石公园的地表下慢慢形成，这表明这里可能会出现一次超级火山爆发，一旦出现了这种情况，美国的大部分地区都会受到威胁。一位地质学家想知道，她是该要求政府立刻大规模转移民众，还是该冒险再多花一些时间来进行调查。

【情境八】为了寻找一段失落的文明，考古学家们必须进入一个地区，这个地区以经常有恶灵出没而闻名于世。每个人都怀疑是否真的有恶灵存在，目前的证据却表明这里真的有恶灵出没，但科学家们还是相信自己可以对付那些恶灵。

【情境九】军方宣布将美国亚利桑那沙漠的某一段列为禁区，禁止公众进入，阴谋论者们立刻怀疑军方想掩盖什么真相。实际上这牵扯到一项失败了的绝密计划，而这个计划太过匪夷所思，即使是阴谋论者们也想象不到事情的真相。

【情境十】战士们截获了敌人的通信。通过解密，他们了解到敌人手里有一批绑架来的孩子，敌人把这些孩子当作人质。要想到达关押孩子们的那个村庄，战士们必须穿过布满地雷的地区，路上还有几个可能会有埋伏的地点。一小队战士自愿参加了解救孩子的行动，但最大的问题依旧没有解决：他们该怎样把孩子安全地救回来？

类别四：探索鬼城或废弃的居民区

哥特式小说形成于18世纪，从那时起就一直备受欢迎。今天的小说中除了有鬼魂作祟的中世纪城堡和地牢，在村庄、废弃的城市，甚至大都市里都有吸血鬼、僵尸、鬼魂、食尸鬼，以及其他各种超自然生物的身影。这能让我们写出多少故事啊！

【情境一】猎鬼人在一个村庄里展开了搜索。据说这个村子里有食尸鬼出没，并且这些食尸鬼已经占据了一些居民的身体。在一个猎鬼人的身体也被食尸鬼占据了之后，其他的猎鬼人必须在全体人员陷入危险之前，找到抵抗食尸鬼的办法。

【情境二】城里发生了一个神秘事件。事件过后，官员们撤离了某地区的全部居民，禁止任何人进入这个地区，并且用围墙把该地区封锁起来。故事的主人公是个记者。市里的这些举措并不能阻止他潜入这个地区去一探究竟。

【情境三】一片电网围绕着一个荒废了很久的山谷。故事的主人公是一位历史学家，想进入那个山谷，了解其中的秘密。他想通过合法的手段进入，但是他越努力申请，遇到的阻力就越大，甚至还受到了人身威胁。最后，他决定靠自己越过障碍进入山谷。

【情境四】考古学家们在比利牛斯山脉中发现了一个洞穴。但是他们不能确定住在这里的是哪种人类，因为洞里的残骸并不像之前发现过的任何一种人类。随后，他们又发现了一些迹象。这些迹象表明现在还有人居住在这个洞穴里。

【情境五】两名警探正在检查一个已经废弃了的汽车旅馆。在汽车旅馆里，他俩遇到了一些未经允许就住在这里的人。这些人也许和几年前在这里发生的一连串罪案有关。这些人假意配合着两位警探的调查工作，设计捉住了警探，并把他俩当成了人质。

【情境六】图书馆里有一些鬼。这些鬼都是被人遗忘了的作家，它们用催眠术引诱人们放弃电子游戏来图书馆里看书。同时，它们还给这些人推荐了许多经典名著。但是一位图书馆的工作人员却想把这些鬼魂从图书馆里赶走。

【情境七】在一座废弃的房子里有一个生物。检察官检查了这所房子，除了发现一条巨大的蜥蜴外一无所获。他怀疑这条蜥蜴是一种外星生物，于是把它带到实验室进行研究。与此同时，住在这所房子周围的居民都开始出现了奇怪的症状。

【情境八】一艘空无一人的游艇在海岸边漂浮着。经过调查，船上没有发现任何人，也没有任何迹象或记录表示这艘船遭遇了海难。故事的主人公仔细地检查了这艘船，并在船上遇到了一个幽灵，这个幽灵与一位著名影星出奇地相似。

【情境九】小镇郊区有一座闹鬼的房子，多年以来，没有人敢进去。最后一次进入这所房子里的人再也没有被人看到过。现在，有两位不相信有鬼存在的警探准备进入这所房子。他们打算终结小镇居民心里的恐惧。

【情境十】一系列奇怪的事件发生后，一座深受大家喜爱的游乐场被迫停业了。开发商重新开放了这个游乐场，并遇到了一个藏在游乐场里的会变形的魔鬼。

类别五：调查失踪的人、走失的动物或丢失的财产

每天都会有迷路的人和走失的宠物，每天也都会有丢钱的人或被偷的人。但是当“走失”变成了“被绑架”“偷窃”变成了“重大窃案”时，就会出现惨痛的故事。

【情境一】近来，总是有宠物莫名其妙地消失。起初，警方并没有把这个案子当作头等要案来处理，当一个明星宠物训练师那条非常珍贵的狗也不见了时，这个案子一下子就被列为重要案件。那位明星宠物训练师也紧跟着消失了。

【情境二】一条狗的项圈上镶嵌着被偷来的宝石。这条狗走失了，故事的主人公找到了这条狗，但那条项圈却不见了。她发现了一些线索，顺着这些线索，她也许可以找到那条镶嵌着宝石的项圈。

【情境三】宠物展上的一个参展商偷走了几只参加展览的猫。这些猫非常值钱，这个人向猫的主人索要赎金，并威胁说拿不到钱就要杀死这些猫。其实，他打的如意算盘是既向猫的主人索要赎金，又要把猫卖给那些不知道实情的人。但是有一个养猫的人知道了事情的来龙去脉，他决定反其道而行之。

【情境四】一位科学家正在帮助军方进行一个绝密的军事计划，他

的女儿却失踪了。于是警方开始着手寻找她的女儿。有证据表明，他的女儿被绑架，而且绑匪向他索要了赎金。这时有一个人怀疑他的女儿已经成为敌人的一名间谍。

【情境五】一位钱币收藏家收藏了许多珍贵的钱币。一天，这位收藏家死于谋杀，但是他收藏的钱币一枚也没有少。一位对钱币非常了解的警探奉命来调查这个案子，她怀疑凶手伪造了一些最值钱的钱币，并用赝品替换了收藏家收藏的真品。

【情境六】马戏团里的一个杂技演员被绑架了，绑匪要求马戏团老板为这位杂技演员交一大笔赎金。显然，这些绑匪认为这个杂技演员很有钱，但是根本没有人知道他的真实经济状况。

【情境七】一位基因工程学家发现了复制人体器官的办法。他利用实验室里的小白鼠作宿主，把重组过的细胞移植到小白鼠身上，等这些细胞发育成熟后，再把它们移植到人的身体里。不久，这位基因工程学家就被人绑架了。绑架他的人警告，如果不停止这些实验，他们就会杀死他。

【情境八】有人偷走了一只很爱说话的鹦鹉。这只鹦鹉不仅善于发表一些惊人的演讲，还能说出一些宝藏的下落。故事的主人公必须在鹦鹉泄露秘密之前找到偷走它的人。

【情境九】一些动物接受训练被用来执行军事任务，有人把这些动物偷走了。这些人迟迟没有提出索要赎金的要求，调查员们便怀疑偷走动物的是一些保护动物权益的激进分子。

【情境十】一位华盛顿的官员在通勤列车上发现了一个公文箱，里面有大量绝密文件。于是，这位官员带着这个公文箱到了五角大楼，准备把它交给当局。但是他立刻就被捕了，并被起诉犯有盗窃罪和间谍罪。

类别六：对宇宙的探索和开发

人类对自然总是充满好奇心。同样，人类对于自己头顶上那个神秘的、广阔得难以想象的宇宙也充满好奇。宇宙探险不再仅仅存在于科幻小说中。过去的几十年来，人类已经真正开始了对宇宙的探索。宇宙间那些曾无法解释的奥秘已经开始被人类所了解。并且，人类还在慢慢地揭开一个又一个新的奥秘。

【情境一】太阳活动近来变得非常奇怪，太阳耀斑频繁出现，磁场波动也变得越来越剧烈。科学家们相信一场大型的太阳风暴正在慢慢地酝酿，这会给通信卫星带来巨大的破坏。于是，科学家们建议政府重新使用那些过时的通信方式，却遭到了很多人的嘲笑。

【情境二】人们在木星的轨道上发现了一个虫洞。于是一支探险队动身前往木星，他们的目的是对这个虫洞加以研究，并确定是否可以把它作为星际航行的捷径。但真实情况却有任何人都想象不到的神秘与危险。

【情境三】宇航员们在月球的轨道上发现了一个黑洞。他们小心翼翼地靠近这个黑洞，尽管采取了预防措施，还是被黑洞吞噬了。当他们重新出现，他们发现自己在一个陌生的地方。

【情境四】人们在月球上发现了一种矿物的主矿脉。这种矿物在地球上非常稀少，并且是发展科技所必需的。这个矿脉的位置在“阿波罗”号的登月点附近，一旦开采就会迅速毁掉这个见证历史的登月点。于是在保护主义者和工业主义者之间爆发了一场冲突，这场冲突逐渐导致政治上的欺骗与暴力。

【情境五】一颗彗星落到了地球上，这是一颗非常罕见的碳质球粒陨石。科学家们在它的彗核里发现了原始的生命形式，因此把它放进实验室严密地隔离了起来。但是，这种生命体从实验室里跑了出来，并以一种怪异的方式与地球上的生命开始交流。

【情境六】由于重力场的异常反应，宇宙中产生了一条裂缝。一支探险队进入了这条裂缝，并发现自己进入了另一个维度空间。在这个空间里，所有的事情都和现实世界不一样了，那些在现实世界中被我们摒弃不用的事情在这个维度空间里被欣然接受。起初，这些发现让探险队欣喜若狂。但随后，他们发现现实世界里的人是对的，被我们抛弃的选择就应该是被抛弃的。

【情境七】为了在另一个世界更好地生活，一些和平主义者在月球上建立了殖民地。在这个时候，人类也开始了对月球上矿物的开采和利用。那些矿工们把这些殖民者看成了妨碍自己挣钱的绊脚石，并想尽办法要把他们赶走……又或者劝他们改头换面，变成做矿石生意的商人。

【情境八】一颗巨大的小行星直冲火星飞去。宇航员们担心它与火星发生碰撞之后会产生大量的碎片，而这些碎片会随着撞击进入太空。也许十几年后，这些碎片就会对地球造成威胁。人们也许可以改变那些大块碎片的飞行轨道，但这样做的成本也是巨大的。

【情境九】在遥远的未来，邪恶的机器人们想办法让太阳发射出强度足以致命的辐射，想以此来杀死地球上所有的生物。守卫地球的机器人们出发去摧毁那些邪恶的机器人，希望不要为时太晚。

【情境十】探险者们在火星上发现了一个传送装置。通过这个装置，他们可以进入另一个时空中的火星。在这颗火星上存在着生命，其中有一种非常危险的生物。探险者们启动了这个传送装置，但无意中却让那种危险的生物来到了我们这个时空。

类别七：对于罕见现象的探索与调查

无论科学家对大自然的研究有多么深入，总是会出现新的自然秘密，所以不可能把所有秘密都解释得清清楚楚。这是一件好事，因为它会让我们记住，仅仅依靠科学是不可能完整地诠释生活的。

【情境一】奇异的光线开始出现在夜晚的天空中，这种五颜六色的光线在天空中画出了光怪陆离的形状。有些人认为这是一种类似极光的自然现象，但它们并不是极光。科学家们也不知道造成这种现象的原因到底是什么。气象学家尝试用一种很少被用到的理论对这种现象进行测试，得到了令人大吃一惊的结论：为了适应生物的快速进化，大气层也许发生了相应的变化。

【情境二】一个农夫发誓说一个不明飞行物降落到了自己的农田里，并把自己埋了起来。虽然没有一个人愿意相信他，却总是有奇怪的声音从那个据说是不明飞行物的降落点传出来。于是，农夫的一位朋友答应他来做一番调查。这位朋友发现自己不能定位到任何东西，便请一位科学家来帮忙查看。

【情境三】用转基因技术种植出来的水果长得更大，味道也更好。但是这种水果却产生了无法预知的副作用。它们会影响人类皮肤的色素沉淀，也会改变人类眼睛的颜色。当科学家们努力研发解药的时候，推动社会发展的力量却发生了翻天覆地的变化。

【情境四】所有动物都莫名其妙地开始变得越来越大。生物学家们怀疑一种还处于实验阶段能促进生长的荷尔蒙流入进了自然中。现在的问题十分紧迫，动物们在无限地变大，但没有人知道它们到底能长多大。

【情境五】在核试验进行期间，一些动物受到了辐射，因此被关进了隔离区里。这些动物的后代都发生了变异，有人把它们偷偷带出了隔离区，准备对它们进行研究。这时爆发了一场地震。这些动物逃进了人口密集的地区。

【情境六】地质学家们在对黄石公园的地热喷泉进行研究时，发现有一种新的微生物似乎可以在硫黄中存活。地热喷泉喷发的越来越频繁，这些微生物也在迅速地繁殖。带队的地质学家担心这种微生物会给人类的健康带来危害。

【情境七】尽管附近的地质结构并不存在地质断层，但不断从地下传来的隆隆声使科学家们怀疑一场地震就快爆发了。然而，进一步的调查却表明这是因为地下的一个岩浆房快要破裂了，而岩浆房破裂造成的损失要比传统火山爆发造成的损失还要大得多。但是，附近的居民们却并不相信地质学家们的话。

【情境八】海面上漂荡着几十万吨死鱼，这给渔夫们带来了极大的恐慌。生物学家们夜以继日地工作，希望能够找到造成鱼群死亡的原因。后来，他们发现事情的始作俑者是附近的村民。这些村民并不知道某些化学物质是有毒的，把这些剧毒的化学物质倾倒进了海里。

【情境九】在一个欧洲国家的下水道里藏着一种生物，这种动物潜行到了地面上，除了一名流浪汉，根本没有人发现这种情况。根据这个流浪汉的描述，这种生物是一种像蛇的动物。一支探险队进入了下水道去进行调查。他们在下水道里发现了这种生物的巢穴。

【情境十】诡异可怕的天气肆虐着一片幅员辽阔的土地，干旱的地区洪水泛滥，炎热的地区大雪纷飞。这应该不是因全球变暖造成的，而是因为地球的磁场发生了变化。一位地球物理学家对此展开了调查。

类别八：检查奇怪的身体现象

有时候已知和未知并不是截然分开的。也许我们认为自己非常了解人类和动物的生理机能，但自然界中却总是出现我们不认识的动物，也总是会有我们理解不了的人体现象，即使现在也是如此。在我们探索这些不被我们了解的领域的时候，总是会发生新的故事。

【情境一】一位从事边缘医学的医生研究的课题是让男性怀孕。一次，他对一位男性实验对象的腹部生理机能进行了改造。他自己都不知道是出于什么原因就让这位男性怀孕了。这次实验结果被公布以后，有人对他口伐笔诛，也有人对他大加赞赏。

【情境二】一位皮肤学家找到了防止头发变白的方法，但他的发现却引发了一场争论。有些人把头发变白当成一种生命的诅咒，另一些人则认为头发变白是随着年龄增长而出现的一种自然现象，满头白发也是一种尊严的象征，它体现着生活丰富的阅历。

【情境三】宇航员们在泰坦（土卫六）上的沼气湖中发现了一种生命体，便对这种生命体展开了研究。但他们并没有做好足够的防护措施，这些生物侵入了宇航员们的身体，并在他们的身体里留下了大量微小的东西，这些东西长得像植物的蔓藤一样。

【情境四】一名神经学家对一位阿尔兹海默症患者的脑功能进行了仔细的检查，她相信可以用一种新型合成药物来改善这位病人记忆力减退的症状。这位病人接受了她的治疗，随后却产生了意想不到的副作用。这家医院的院长坚持让这位神经学家终止治疗。

【情境五】一具远古人类的躯体在北极圈里被完美地保存了千万年。

古人类学家们对它进行了研究，发现它既不是现代人类，也不属于任何一种已知的原始人类。他们又对发现这具遗体的地点进行了进一步研究，研究的结果让所有人都大吃一惊。

【情境六】一位医学研究者为了彻底消灭艾滋病，对艾滋病病毒的特性展开了研究，但是他受到了一位医生的威胁。这位医生患有同性恋恐惧症，命令这位研究者停止研究。如果这位研究者要一意孤行地继续，那么这位医生就要揭发他做过的一些违法行为。

【情境七】在市郊的一个住宅区里发生了一件奇怪的事情。这里的狗全都变得非常狂暴，它们不但对路人发起攻击，而且连自己的主人都咬。一位兽医解剖检查了一条被车撞死的狗，她非常震惊地发现这条狗的大脑发生了很奇怪的改变。

【情境八】一位儿童戏剧制作人招募了一些孩子来扮演魔鬼。在排演期间，所有人都过得非常开心，至少他们认为是这样的。但随后，孩子们扮演的那些魔鬼控制了孩子们的生活。一位心理学家催眠了这些孩子，想以此帮助他们恢复自己正常的身份认同。催眠的结果却是这位心理学家与魔鬼们展开了激烈的斗争。与此同时，警方也展开了对那位制作人的调查。

【情境九】天使们降临到了人间，并混迹于凡人之中。故事的主人公是一位神经学家，她能够分辨出人群中的天使。但是，并非所有的天使都是善良的。这位神经学家并不能把好的天使和坏的天使区分开来。于是，一位天使同意帮助她，让她对自己的脑功能进行研究。

【情境十】一种来历不明的寄生虫可以通过空气传播，一个偏远村子里的居民们已经被这种寄生虫感染了。科学家们对这些寄生虫进行了研究，他们吃惊地发现这些寄生虫的 DNA 已经融入被感染者的 DNA 中了。

类别九：对海洋的探索与开发

地球上2/3的面积都覆盖着水，其中大部分区域是人类尚未涉足的。海洋实在太深了，这使得所有可能的探索都变得十分困难。在深深的海底生活着各种千奇百怪的珍稀生物。科学家们认为人类总有一天会征服海洋。下面是10个发生在海洋中的故事情境。

【情境一】由于海水温度不断提高，海洋的污染也在逐渐加剧，珊瑚礁正在快速地死亡，这看起来是一种无法避免的趋势。一位科学家想找到解决这个问题的办法。和她一起进行不懈努力的有海洋学家、气候学家、生物学家及一些环保主义者。终于，她找到了一个可以彻底解决这个问题的办法，但是却遭到了强烈的反对。

【情境二】深海研究者们在海底发现了一种奇怪的生物。这种生物同时具有动物和植物的特征，在这种生物的身上既长着眼睛，又长着像植物一样的蔓藤。这些生物警觉地观察着潜水钟里的科学家们。

【情境三】在未来的地球上，恐怖分子控制了一个水下的“气泡城市”。除非人们满足这些恐怖分子的要求，否则他们就要弄破这个气泡。这样的话，生活在这个城市中的10万人都要葬身鱼腹。故事的主人公强忍住急切的心情，与恐怖分子展开了交涉，希望可以和平地解决这个事件。

【情境四】年轻的深水潜水员发现了一个海底洞穴，这个洞穴里到处都是他们从来没有见过的海洋生物。这里的大部分动物都是很迷人的，而且对人类十分友好。其中一种动物把这些潜水员引诱到了洞里更深的地方。在这里，它们揭开了友善的面纱，暴露出了它们邪恶的真面目。

【情境五】一架不明飞行器落入了海中。探险队动身出发去寻找这架不明飞行器。当他们找到这架不明飞行器后，发现这架飞行器被包在一个大气泡里。探险队的队长决定进入这个气泡，从近处对这架不明飞行器进行研究。

【情境六】潜水员在地中海的海底发现了一艘古代沉船。令人惊喜的是，他们在船上一个被密封起来的船舱里找到了大量的工艺品。这些工艺品似乎属于一种未知的文明。在这些工艺品中，潜水员们还找到了一张莎草纸地图，在这张地图上标记着一个宝藏的位置。船员们也许就是要动身去寻找那个宝藏的。

【情境七】海洋考古学家在码头附近的海底发现了一尊雕像的碎片，这些碎片被埋在海底的泥沙下面。他们把这些碎片打捞上来后，在雕像底座发现了一些铭文。根据铭文的描述，这个雕像上有个秘密的小隔间。

【情境八】在地中海进行的海底研究发现了一条可怕的海底裂缝，有足够的证据表明这条裂缝正越变越大。看起来海底火山很快就要爆发，并会威胁到一些地中海沿岸城市的安全。但是对于是否该让这些城市的居民撤离，专家们并没有达成一致的意见。

【情境九】宝藏猎人们知道了一艘沉没的海盗船的位置，在这艘海盗船上装满了海盗们抢来的财宝。因为这艘海盗船沉没的地点是在公海上，所以宝藏猎人们想要把这些财宝据为己有。但是，这些财宝属于赃物，他们必须先确定这些财宝原来的主人是谁。

【情境十】一种致命的有机物正在海洋中慢慢地扩散，生物学家竭尽全力阻止这种有机物侵入近海的水域，尤其防止它们进入那些人口密集的海滨地区，比如美国、日本、印度及南美等地的海域。但是现有的控制手段起不到任何作用。

类别十：对荒原的探索与开发

全球人口越来越多，自然资源变得越来越紧缺，荒原的面积也在急剧减少。到底是该对自然资源加以保护，还是该继续开发自然资源？这个问题开始受到越来越密切的关注。因此，以环境为主题的故事也越来越多。

【情境一】生态学家相信亚马孙的原始雨林地区正在面临极大的危险。到 2050 年，由于气候变化和蔓延的森林大火，木材变得极度缺乏。环保主义者和工业主义者都在努力地设法解决这一危机，但是他们对彼此一直都充满敌意，这对危机的解决产生了消极的影响。

【情境二】一些热爱大自然的人深入柬埔寨的荒野地区去探险。其中一对夫妇深深地被这个地方迷住了，因此不想离开。医生为他俩检查了身体，发现他俩身上有一些神秘的咬伤。

【情境三】生物学家对雨林中的濒危物种采取了保护措施，他们在雨林中遇到了一些未经许可就住在这里的人。为了生活下去，这些人在雨林里砍伐树木，开荒种田。这些被从其他地区驱逐出来的人需要居住的土地，但是如果雨林里的那些濒危物种失去了保护，它们很快就会灭绝。

【情境四】一位自然主义者在约塞米蒂国家公园远足的时候遇到了约翰·缪尔的鬼魂，它带他游览了这个公园里不为人知的一些美景。在这位自然主义者准备离开的时候，缪尔的鬼魂向他提出了一个要求：他想附在他身上去再一次劝说官员们炸毁赫奇赫奇水坝，让这里的山山水水恢复以前的样子。

【情境五】宇航员们到达了一个像地球的星球，他们在这里进行科考工作。他们发现了一些植物，这些植物分泌的汁液可以使人返老还童。于是他们开始在全球范围内出售这种植物的汁液。但这种植物的汁液产生了一些出人意料的副作用，其中一种副作用是让人失去探索的欲望。现在，科学家们必须寻找解药。然而，由于这种汁液的副作用，这种寻找解药的想法也变成了索然无味的念头。

【情境六】几个十几岁的孩子在荒凉的山区中走失了，一支搜救队进入山区去营救这些孩子。由于这个地区的地形十分复杂，搜救队的队员们觉得找到这些孩子的机会很渺茫。在队员们几乎要放弃的时候，终于找到了这些孩子。但他们却发现这些孩子的身体发生了令人费解的变化——他们的身体好像处在这片荒凉的山区的控制之中。

【情境七】一些激进的环保主义者听说开发商打算把一片荒地改建成高尔夫球场，便组织起来守卫这片荒地，不让开发商进行开发。这种对立的行为导致了暴力和破坏。

【情境八】在世纪末日后的地球上，一些人由于受到了辐射，身体发生了变异，被从城里赶了出去。这些人在荒野中找到了几处残存的还能让人活下去的地方，把这些地方当成自己的避难所。出人意料的是，由于辐射的副作用，这些受到辐射的人具有了奇怪的能力。于是一些人便想用自己的能力对那些驱逐了自己的人展开报复。

【情境九】在未来世界，瓦尔登湖不再是热爱自然之人的圣地了，而变成了划船爱好者的聚会地点。一天，一个人在湖上划船的时候遇到了一个鬼魂。在他看来这个鬼魂长得很像亨利·戴维·梭罗，看上去非常暴躁。

【情境十】在非洲的山地雨林，全副武装的偷猎分子对任何试图保护野生动物的环保主义者展开了攻击。但是这些偷猎分子的行为并不能阻挡故事主人公保护野生动物的意志。她对这些偷猎分子展开了反击，并希望可以在野生动物灭绝之前把偷猎分子彻底消灭掉。

第十一章　成长

类别一：艺术的成长

情人眼里出西施。但是如果新的艺术表现形式足够吸引人，那么它就会打破人类对于艺术本质陈旧的理解，并勾勒出人类新的生活方式。一般来说，这种情况发生在这种新的艺术表现形式正式出现并给人们带来极大的震撼之后。有些故事敏锐地捕捉到了这些艺术形式所发生的变化，让人读起来手不释卷。

【情境一】一位十几岁的少女创造了一种新的绘画风格。尽管她的老师认为这种风格很可笑，其他人却认为很有魅力。这位少女得到了电视台的关注，成了明星。然而，有些人（包括她的老师）却认为她的画作对自己是一种侵犯，因此这些人对她展开了反击。

【情境二】许多父母在看到一些现代艺术作品时都会说："这种东西就连我的孩子都能做！"带着这种想法，一位美术老师开始训练一群天才儿童，让他们按照自己的想法进行艺术创作。这些孩子的作品引发了极大的轰动。

【情境三】一种有感情的人工智能电脑非常有艺术天赋，并成功引发了一场艺术革命。由这种电脑创作出来的画作远远超出了任何人类创作的作品。有两位评论家，其中一位对这种由电脑创作出来的作品持支持态度，另一位却表示反对。这两位评论家争论的焦点是，这种由机器制造出来的艺术到底算不算艺术。

【情境四】这些年来，装置艺术慢慢发展了起来。一位艺术家利用这种趋势，设计了一个步入式装置，想欣赏他作品的人必须走进甚至爬进这些装置才行。但人们不知道的是，在这些步入式装置中有一些暗藏的机关，这些机关能让人陷入昏迷。

【情境五】街头流浪艺术家们用垃圾做了一个雕塑，他们用这个雕塑来表达自己对那些把他们的作品称为垃圾的人的蔑视，比如说总想把流浪汉从街头赶走的政府官员们。这些艺术家开设了一个艺术市场，他们在这个市场里出售自己的作品，并用卖得的钱来帮助那些无家可归的人找工作。

【情境六】一个街头帮派的成员非常喜欢跳舞，并发明了一种新舞步。一位住在市中心的舞蹈教师与这些爱跳舞的帮派成员开始了合作。尽管与这些整天在街头厮混的十几岁的孩子们合作十分危险，但这位舞蹈教师还是坚持了下来，并得到了一个专业舞蹈公司的关注。

【情境七】社区里的孩子们用彩色铅笔创造了一种全新的便道艺术。他们想让这种艺术形式再上一个台阶，但是在这种艺术形式成为流行的风尚之前，他们必须和一些人进行斗争，比如警察、家长、市政官员，甚至其他孩子。最后，一位支持市内青年活动的市政官员向他们伸出了援手。

【情境八】人们逐渐喜欢上了一位环境艺术创作人。他用来创作的材料都取材于人们的日常生活，他的作品包括室外雕塑、装配艺术等。但一些人却不同意他的做法，他们想扼杀这位创作人的创作，开始大肆破坏他创作的艺术品。

【情境九】一些飞行员艺术家创造了在天空中作画的艺术形式。他们的作品非常迷人，所有人都对这些作品心驰神往。很多人除了欣赏这些作品，什么事情都不愿意做。一位国家领导人准备叫停这种艺术形式，却遭到了人们强烈的反对。这位领导人指出了这种艺术形式给国家经济带来的毁灭性影响。

【情境十】黑猩猩们学会了用黏土来表达自己的思想。对人们来说，这些“猿雕”最初只是一些稀罕玩意儿，却慢慢成为了引领潮流的时尚品。每个人都想拥有一件“猿雕”。因此，这种黏土制品的价格像“坐了火箭”一样疯涨。故事的主人公与那些靠黑猩猩一夜暴富的人展开了正面交锋。

类别二：危险娱乐活动的增长

人们喜欢看艺人们进行一些危险的表演，当然这种危险是在一定限度内的。但有时候，尤其是表演者有炉火纯青的技艺时，这种所谓的限度已经开始威胁到了表演者的生命安全。人们已经逐渐分不清什么叫娱乐，什么叫玩命了。甚至有时候，人们认为玩命就是娱乐，娱乐也就是玩命。

【情境一】一个新发行的游戏鼓励年轻人在虚拟世界中变成残忍的暴君。这款游戏的开发团队坚称他们开发这款游戏，旨在教会年轻人在竞争激烈的社会中掌握领导的技巧。随后，这个游戏的开发团队又发行了更多引发争议的游戏。

【情境二】在未来世界，某个赌场的特色项目是提供非同寻常的游戏。比如说，在它的轮盘机上有一个特殊的格子，只要庄家转到这个格子，所有玩家都要被用鞭子抽，甚至接受更糟糕的惩罚。而如果庄家转到轮盘上的其他数字，玩家们则会赢得价值不菲的奖品。如果想获得这些奖品，玩家们就要冒着被鞭子抽的风险。

【情境三】在这个虚构的世界中，虚拟现实技术使我们可以毫发无损地模拟任何危险的动作。随之而来的副作用是人们在现实生活中会冒险做一些非常危险的事情，而丝毫不会去考虑后果。人们是不是过于沉溺这种虚拟现实技术，以至于已经分不清虚拟和现实的区别了？

【情境四】在这个社会中，冒险类的游戏比比皆是。在这些游戏中，你的胆子越大，在游戏社交榜上的排名就越高。故事的主人公有着视死如归的勇气，他赌咒自己要蒙着眼睛走过横跨在尼亚加拉瀑布之上的钢索。他有一位同是高空杂技师的竞争对手，这位对手计划破坏他的表演。

【情境五】一位疯狂的亿万富翁表示，凡是敢和自己玩俄罗斯轮盘对赌的人都能从自己这里得到 1 000 万美元。如果和他对赌的人敢用枪指着自己的头开三枪而毫发无伤，那么就算这位富翁输了。一位女子自愿和这位富翁对赌，但是她想要提高赌注。

【情境六】某种音乐的热潮正在改变十几岁孩子们大脑中的化学成分。当这种音乐风靡全球后，心理学家们警告人们大脑发生的这种改变是不可逆的。但是热衷于这种音乐的人却表示，如果有人要全面禁止这种音乐，他们就要采取暴力的应对手段。

【情境七】兄弟会的入会仪式上升到了一个新的高度，当然，根据不同的个人标准，也可能是下降到了某个水平。兄弟会的成员们为预备会员设计了一场摔跤比赛。预备会员必须从五个老会员中选出一人作为自己的对手。而且，预备会员知道这五个人中有一个人的身上藏有一支针，这支针的针筒里有一种可以让自己的身体染上荨麻疹的物质。但是这些兄弟会的成员们却不知道，只要被注射了这种物质，在随后的一周内，被注射者的身体就会产生无法预料的副作用。

【情境八】请你来想象一种在薄薄的冰面上进行的滑冰比赛：滑冰的人不仅要表现得非常出色，还要敢于无视踩碎冰面落入冰水的风险。尽管救援小组在一边准备就绪，依旧会有发生溺水和低体温症的风险。

【情境九】巫师们参加了一场魔法比赛。在比赛中，他们不仅要召唤出一个魔鬼，还要让这个魔鬼服从自己的命令。有可能出现的危险是，被召唤出来的魔鬼把巫师打败，并把巫师带回地狱。

【情境十】故事的主人公是一位魔术师。霍迪尼是她的良师益友。和霍迪尼一样，她所擅长的也是视死如归的逃脱魔术表演。但与霍迪尼不同的是，她的表演靠的是魔法。但是一个晚上，当她在进行一个自己最拿手的大型逃脱魔术表演时，她的魔法失灵了。

类别三：另类家庭关系的发展

这些年来，现代家庭的结构已经发生了值得关注的变化。尽管传统的家庭结构还在继续存在，比如男主外女主内等，但是另类的家庭模式也正在变得越来越普遍。随着社会的变化，家庭模式的改变会引发一些冲突，尤其是在几代人之间的冲突。好故事可以帮助我们了解建立和谐家庭关系的决定性因素。

【情境一】家庭里越来越多的争吵使男主人公感到心烦意乱。他是一位非常成功的公司主管，习惯了对别人发号施令。他质问自己的妻子，并认为她在保持和谐的家庭氛围方面做得还不够。而他的妻子却反过来劝他要深入反省自己的态度，不要仅凭主观臆断就做出结论。与此同时，他们那一对儿女的表现对于修复家庭关系也没有太大的帮助。其中一个人差点儿彻底毁掉这个家庭的互动模式。但也许这才是最好的解决办法。

【情境二】一位同性恋男子一直认为自己的父母是非常开明的人，于是决定和父母说说关于同性恋婚姻的事情。但他的努力却得到了相反的结果。现在他感到非常痛苦，不知道自己该怎么办。如果他和自己的同性恋伴侣结婚，他就要永远失去原生家庭。如果他站在父母那一边，同意同性婚姻是一件令人憎恶的事情，那么他就要永远失去他的伴侣。

【情境三】有人在过着三角式的家庭生活吗？一对挚友爱上了同一个女人，因此他们决定要一起过三人生活。起初，他们这种看起来有悖常理的生活方式似乎让每个人都很满意，但渐渐地，他们三个的关系开始破裂了。

【情境四】一位婚姻顾问在工作中通过一些不太常见的手段来挽救客户的婚姻。其中一些手段看起来有些草率，比如让他们重新读一遍结婚时的誓言。而另一些手段似乎又不太主流，比如让这对夫妻扮演一对正在热恋的情侣。尽管大家对他的这些方法颇有微词，但这位顾问相信自己的这些办法是可以被广泛接受的。讽刺的是，当这位顾问用这些技巧来改善自己的婚姻关系时，却把事情弄得更糟了。

【情境五】在不远的将来，传统的婚姻在很大程度上会被各种各样的同居方式所取代。故事的主人公是一位精神领袖，对她来说，这种情况标志着人类文明的退步。于是，她利用自己强大的影响力，努力让人们回归到传统的婚姻方式中来。她不想让事情像自己预见到的那样变得无法挽救。

【情境六】在 14 世纪的封建社会，按照传统，领主有权获得自己领地上所有新娘的初夜权。一位领主也准备使用自己的这个权利，但有一位新郎下定决心制止领主的这种行为，他的努力获得了所有反对该传统之人的支持。

【情境七】在印度，一位婆罗门出身的社会改革者决定迎娶一位被社会所驱逐的女子。这是一种严重违反传统的行为。他的决定不仅让自己和未婚妻的生命安全受到了威胁，还威胁到了他们两家人的生命安全。他的最终目标是永远推翻种姓制度。不断有反对种姓制度的人站出来支持他，因此他备受鼓舞，并表示即使有生命危险也要追求自己的目标。

【情境八】在十几岁的孩子中，一种被称作“速配”的交友方式变得越来越流行。这种交友方式建立在一种理论之上，即第一印象是能否建立恋爱关系的决定性因素。使用这种交友方法可以避免那些在相互了解的过程中令人尴尬的死板套路。主人公和他的“速配”女友开始交往后，他的生活变成了一团乱麻。

【情境九】自动配对程序变得越来越受欢迎。尽管电脑严格遵守“最合适”原则，但这个自动配对程序还是造成了很多滑稽的结果。在程序开发公司为配对成功的情侣们举办的招待会上，情况变得一团糟。比如说，主人公和他的配对女友都是心理学爱好者，他俩参加这个招待会的结果就是彼此坦率地把事情讲清楚而已。

【情境十】在这个理想化的社会中，公共教育已经成了常态，单一的、有缺陷的教育已经不可能继续存在了，至少看起来情况是这样的。有一对兄妹却并不满意这种制度，于是他俩想找到一种可以摆脱公共教育的方法，但却因此成了人民公敌。

类别四：被排斥的个人或团体的成长

一般来说，个人的命运是由他所处的阶级和环境因素决定的。但是人类身上最高级的属性之一就是拥有克服这些障碍的能力。以下 10 种情境可以帮助你将人本性中的这种特质以故事的方式讲出来。

【情境一】故事的主人公出生在一个被社会排斥的家庭，她想通过自己的努力去打破与生俱来的社会等级的束缚，并摧毁掉整个种姓制度——这种种姓制度给成百上千万人带来了巨大的伤害。

【情境二】一个出身于王室的女孩遭到了驱逐，被迫流落异乡，她穿越沙漠来到了一个村庄。当她到达这个村庄之后，才发现自己具有超能力。她逐渐证明了自己与生俱来的领导才能，并被培养成继女王之后能够继续领导国家前进的不二人选。

【情境三】流浪汉曾经有份不错的工作，却因为酗酒而自绝前程。他想东山再起，却需要有人给他提供一笔启动资金。他找到了一位愿意帮助他的女士，但这位女士却向他提出了一个很难被满足的要求。

【情境四】一个小女孩出生于第三世界国家，家境十分贫穷。她克服了巨大的障碍，成了物理学家。尽管她的祖国处于政治动乱中，但她仍决定利用自己的所学来帮助祖国那些穷苦的人们。

【情境五】故事的主人公是一位非常有个人魅力的老师。因为她对宗教的观点被认为是亵渎神明的，所以遭到了驱逐。她并没有试图去找一个可以接纳自己的国家，而是回到了自己的家乡，努力改变那些曾摒弃过自己的人的自我意识。

【情境六】这个所谓的“理想国”驱逐了所有的无神论者，因为这些无神论者被认为是不明是非的。有些无神论者没有公开自己信仰，因此得以留在这个国家。这些人假装自己是信徒，但计划发起一场运动，揭露所有宗教社会的虚伪本质。

【情境七】在一群自称能推动社会发展的改革者的游说下，政府降低了税收。这些改革者变成了备受大众推崇的政治明星。随后，这些人又提出了反对移民的计划。故事的主人公受到了一群赞成改革之人的排斥。他在全国范围内进行了巡回演讲，揭露了这些改革者的真实目的：

禁止一切移民。

【情境八】在不同程度的紫外线的照射下，人们皮肤的颜色会发生人为的改变，其中淡紫色和绿色是最流行的肤色。但这样做对人体是非常有害的。一些人拒绝这种人为改变肤色的办法，并在自己身上涂上厚厚的防晒霜以防自己的肤色发生变化，这些人遭到整个社会的排斥。

【情境九】在这个社会中，被认为超重的人会遭到大家的排斥。人们用身高和性别来决定体重的标准。比如说，对一个身高是 5 英尺 7 英寸（约 174 厘米）的女性来说，她的体重绝对不能超过 150 磅（约 68 公斤），否则就必须去“体重康复中心”减肥。故事的主人公算是“超重”的那类人，她的目标是让整个社会放弃这种沉迷于控制体重的风气。

【情境十】一个国家再次实行了强行征兵的制度。所有年龄在 18~22 岁的人都必须服兵役，否则就会被捕入狱，并被驱逐出境。故事的主人公反对这种兵役制度，他想通过揭露军队中的腐败现象来终结这种制度，但他的生命安全受到了威胁。

类别五：政治运动的成长

一些政治运动很快就失败了，而另一些则引发了革命。这些政治运动暴露了暴民意识缺点的同时，也展现了某些优点。在我们这个政治变革的时代，尽管不能做到尽善尽美，政治运动依旧向我们传达着人们的需要和愿望。在这种情况下，总是会发生大量扣人心弦的故事。

【情境一】在未来社会，无政府主义者成了一股主流政治力量。他们召开政治大会，并吸引名人加入到他们的事业中来。但是，无政府主义者并不善于组织自己。当他们中的一些人参加了政治选举之后，在社会中引发了极大的混乱。

【情境二】当这个故事发生的时候，全球变暖的现象已经席卷了所有的海滨城市，同时研究者们也已经找到了用干细胞治疗各种致命疾病的办法。科学家们试图劝说人们严肃对待气候的变化。但一位非常有个人魅力并深受大众欢迎的政治家却领导了一场极端保守主义运动，他号召人们通过信奉上帝来保证这颗星球的健康发展。

【情境三】在教育经费极度被削减的情况下，为了促进公共教育，我们的社会爆发了一场新的政治运动。故事的主人公拒绝用任何一种意识形态来定义自己，她认为要加强历史、科学及艺术各方面的教育。她的观点也遭到了强烈的反对。

【情境四】一个支持对宇宙进行探索的政治团体认为，对火星或其他星球的探索活动应该通过国际合作来进行。他们认为，这样做也会给人类带来世界和平。但反对者们对这个团体的观点嗤之以鼻，他们希望将太空计划只用于军事目的。

【情境五】一个新的政党打算撤销环保局，并很快受到了大众的追捧。环保主义者们举行了大规模的游行，想借此使这个政党名誉扫地。当这个政党中的一些成员受到骚扰和威胁的时候，事态开始变得无法控制了。

【情境六】这是一则奥威尔式的寓言：保守的黑猩猩、开明的大猩猩、追求个人意志的红毛猩猩及无政府主义者狒狒，这四个族群互不相让，都想获得猿族联邦的控制权。故事的主人公是一个对政治毫不关心的局外人，他只是如实报道了每个族群的阴谋和失误。

【情境七】黑手党们随潮流而动，也组织了一个政党，他们花费了数亿美元帮自己的候选人进行宣传。故事的主人公决定阻止黑手党候选人当选，他的生命安全也因此受到了威胁。

【情境八】素食主义者们成立了一个政党，并且利用政治宣传手段来打击肉类行业的声誉。肉类行业的从业者们对这些素食主义者展开了报复，开始大规模地攻击他们。

【情境九】大麻爱好者们成立了自己的政党，不久后就准备开始革命。他们不仅希望将大麻合法化，还想把大麻发展成一种日常必需品。他们认为大麻是实现世界和平最大的希望。

【情境十】在未来的美国，印第安土著居民把各个部落整合到一起，并且加强了自身的政治影响力，成立了美国印第安政党。故事的主人公是一个非常有个人魅力的苏族国会女议员，她的政治目标是入主白宫。

类别六：宗教与精神活动的发展

我们总认为宗教是一成不变的。但是大多数宗教，无论它们有多“传统”，都会随着时代发生变化。它们的教义会被重新解释，新的教义也会被采纳吸收。甚至有时候，会出现一种新的宗教或一个新的教派。从宗教运动这个角度出发，我们可以写出许多故事。

【情境一】一些神秘主义者总进行一些怪异的宗教活动，因此遭到了驱逐。这些人建立了一个定居点，他们召唤出了一些强大的幽灵，并让这些幽灵到驱逐自己的国家去作祟。

【情境二】在未来世界，一位刚做完一次星际访问的人类大使回到了地球。在这次访问中，她接触到了一个非常先进的种族，这使她发生了巨大改变，以至于她决定当一名祭司，并发起了一场宗教运动。

【情境三】一位改革者受到了美国超验主义者的影响，准备大力宣传超验主义先驱们的思想，这些超验主义的先驱包括爱默生、梭罗、惠特曼等。同事们认为他已经失去理智，这正成为他最大的障碍。为了进一步发展自己的事业，他成立了一个公社，而这一举动正是受到了 19 世纪 40 年代马萨诸塞州布鲁克农场乌托邦实验的影响。但是持不同意见者打算破坏他的计划。

【情境四】故事的主人公领导了一场运动并创造了一种新的宗教。这一切都起因于她像宾根的希尔德加德一样看到了很多神秘的幻象，而各行各业的现代女性对于灵性的明辨扩大了她的影响力。但是，许多男性的神职人员，包括许多女性，都对她的努力百般阻挠。

【情境五】由于夏威夷的土著居民担心自己的文化会逐渐消亡，所以准备重新开展古代异教活动。这种异教活动在年青一代中很快就变得非常流行，这些年轻人还把这种信仰传播到了美国本土。但是，原教旨主义者们强烈反对在美国本土推行这种异教活动。

【情境六】严格的素食主义者们修建了一所教堂，并通过积极的、充满想象力的宣传来吸引信徒。他们认为吃素的人会进入天堂并得到无限的喜悦，吃肉的人则会下地狱。一位修女做得太过火，引燃了爱吃肉的原教旨主义者的怒火。

【情境七】宣扬转世轮回的教派在社会上迅速崛起。这些教派受到大众欢迎的原因是，一些伪科学家声称他们有足够的证据可以证明转世轮回是确实存在的。而这些教派的荒谬之处在于，有些人坚信一个人可以选择自己转世轮回的时间，还可以自己选择转世成一个什么样的人。

【情境八】这个故事讲的是有精神信仰的吸血鬼们：一位堕落的天使宣称自己是吸血鬼的恶魔守护神，跟随并崇拜她的吸血鬼将得到无穷的力量和极大的机会。当然，作为一名天使恶魔，她需要获得报酬。

【情境九】一位老师是无神论者。在谈论到自然现象的时候，她认为人们心里产生的奇妙感觉就是一种最健康的灵性。她的话给自己带来了麻烦。社区里那些传统的信徒要求她辞职，她想出了一个办法让他们重新考虑自己的做法。

【情境十】在这个反乌托邦式的社会里，人们受到电子设备的影响而信奉某种宗教。几个少年躲过了那种电子设备的影响，并建立了一种新的宗教，这种宗教是建立在自然的基础之上的。但是这些少年必须避开当权者的追捕。

类别七：浪漫关系的产生

爱情故事也许是最经典的故事类型。在各种不同类型的爱情故事中，最能吸引我们的就是那些主人公克服了巨大障碍并遇到浪漫爱情的故事。爱情故事经常会激起人类全部的情感：嫉妒、憎恨或绝望，也包括鼓励、狂喜及希望。

【情境一】故事的主人公经历了很多段不幸的感情，因此万念俱灰，他发誓不会再爱上任何人。但之后他遇到了一位女子，这位女子身上那种神秘的天赋和超凡脱俗的气质深深吸引了他，但他还是退缩了。后来，女子对他施了一个咒语，才让他突破了心里最后的那道防线。

【情境二】一位专注于事业的芭蕾舞演员感到自己的生活非常枯燥，决定找到一位理想的伴侣，这个人必须能给她的生活带来浪漫和激情。她后来受了伤，再也不能跳舞了。她开始怀疑自己之前对于“理想伴侣”的理解是否正确，也开始嫉妒一位事业有成的舞者。在受伤前，她对这位舞者很是倾慕。

【情境三】化学家制造出了一种爱情药剂。她的助手把这种药剂从她的实验室里偷了出来，并到处散布，造成了浪漫大混乱——人们不分青红皂白就会爱上另一个人。这位化学家奉命研制解药，但有人偷走了她记着配方的实验笔记。

【情境四】故事的主人公正在和一心想报复他的妻子打离婚官司，他的妻子突然精神崩溃了。在爱情的鼓励下，他们做了很多令人惊讶的事，这能让他俩重归于好吗？还是有不受他俩控制的外界因素迫使他俩分开呢？

【情境五】两个失聪的人坠入了爱河。他俩用书信和绘画来表达对彼此的爱意。但是，男人做了一次听力恢复手术。现在，他想找一个能听得到的女朋友。这样，他和那个失聪女孩的感情就变得复杂了。

【情境六】检察官和辩护律师在一起案件中对簿公堂，他俩也从这时候起一见钟情，坠入了爱河。这个案子最后胜出的是辩护律师，于是检察官提出了分手的要求。

【情境七】精神病院里的两个病人相爱了，他俩下定决心战胜自身的疾病。因为病情严重，他们的计划受到了影响。一位心理治疗师非常同情他俩的遭遇，他也掌握着让这对有情人终成眷属的关键。

【情境八】一个高中生喜欢上了自己的老师。老师使出浑身解术想让他不再迷恋自己，但她越是努力，这个学生就越是迷恋她。这位老师出于无奈把问题报告给了校长。校长采取了非常极端的应对方法，得到了适得其反的结果。

【情境九】两个持有相反政治观点的人参加了一场辩论活动。在辩论中，他们展开了对彼此的人身攻击。最后，辩论成了两个人互相揭发隐私，这给他们心理都造成了很大的伤害。后来，故事的主人公打算向自己冒犯过的人当面道歉，却被拒绝了。她再一次提出合解的提议，却引发了一个浪漫的故事。

【情境十】两个青少年从专制的社会中逃了出来，藏身于一片雨林之中。这两个人相爱了。其中一个人被逮捕后，拒绝透露另一个人的位置。与此同时，没有被捕的那个孩子计划了一次营救行动。

类别八：社会风俗和社会运动的成长

社会风俗一直在不停地变化。有的会变成社会文化的一部分，有的很快就消失了。一些古怪的风俗是由娱乐媒体倡导的。还有一些风俗更加怪异，我们可以用它们作为素材来写出许多好故事。

【情境一】在一位非常有个人魅力的老师的影响下，很多年轻人都选择了人文学科专业，而不是那些实用的专业。而一位讲求实用主义的教育者却坚持认为上学的目的就是为将来的职业进行预备训练，这一观点颠覆了大家对教育的认知。

【情境二】一所采取了所谓进步式教学方法的小学揠苗助长般地给孩子开设了许多课程，比如音乐、语言艺术、科学素养等。家长们感到非常气愤，纷纷指责老师不应该剥夺孩子们的童年。但老师们却坚称这样的学习对孩子们是有帮助的。为了报复，家长们把学校告上了法庭。

【情境三】故事的主人公带领一群教练员发起了一场提倡在小学阶段进行体育比赛的运动，他们认为孩子们应该从小就接触健康的竞技比赛并参加相应的剧烈运动。但一些家长认为这些体育运动会影响孩子们的学习，因此试图阻止这些教练员宣传“运动员梦”。

【情境四】城市规划者希望把贫民区改建成自然中心，配套的设施有博物馆、公园及一些环保的商业设施。但政府官员们却更喜欢投资商的想法，计划在这个地区里建设出租房。

【情境五】在未来世界中，所有的学习和娱乐都依靠全息技术来进行。全息技术工程师设计并推出了一些很恐怖的场景。这些场景会让人们产生心理疾病。一支专门负责全息技术的刑警队负责维护社会的正常发展。

【情境六】在不久的将来，机器圣诞老人在世界各地都会流行。这些机器圣诞老人比由人扮演的圣诞老人全能得多。它们可以模仿卡通书里的超级英雄，也可以扮演里面的坏人，并且制造出一个虚拟游戏室，让孩子们在里面玩喜欢的玩具。但后来，一些机器圣诞老人出现了故障。

【情境七】雕塑家们在城市里摆满了自己的作品，把整个城市变成了一个巨大的艺术画廊。有人却对此感到非常不满，随意破坏雕像。警官们不愿意阻止他们，因为他们也不喜欢这些雕塑家的做法，并认为雕塑家才是违反了法律的人。

【情境八】一座小镇通过投票，决定创立一个"停网日"。每周到了这一天，除了紧急情况，所有的人都不能使用互联网。他们这样做的目的是提倡人们进行更多的社交活动。起初，小镇上的居民非常抵制这项运动，但人们逐渐接受了它，并且越来越适应了。

【情境九】在未来社会，到处都是街头医摊。有些人运用信仰疗法给人治病，他们宣称自己可以使人们免于各种病痛的折磨。当然，根据不同的疾病，他们的收费标准也不尽相同。一位居民认为有些人是骗子，想制止他们的行为，但一位特殊的街头医生却让他暂时停止了自己的行动。

【情境十】走钢索已经成为这个社会的一种传统。人们狂热地追捧那些冒着生命危险在公众面前进行高空钢索表演的人，高空钢索表演随处可见。如果一个人想成为某个俱乐部的会员，或想获得工作职位的晋升，必须进行的一项仪式就是走钢索。

类别九：特殊人才的成长

每个人都有自己的特长，但大多数人都没有在自己有限的生命中培养出独有的特质。一旦做到这一点，一个人的行为就会对其他人的生活产生影响，有时候甚至会影响历史的发展。他们那些令人难忘的事迹也会出现在故事和小说里。在德国文学中，人们把这类小说称为德育小说。

【情境一】故事主人公的经历与那些从穷人变成富人的故事截然相反。故事的主人公出生在一个很富有的特权家庭，但她却对自己的出身不屑一顾，毅然舍弃了一切。她做着在常人看来非常卑贱的工作，过得很窘迫。她把自己所有的时间都用来记录富人们的堕落。

【情境二】一个十几岁的男孩非常聪敏，但厄运和无心的过失却毁掉了他的童年。他受了枪伤，差点儿把自己的小命丢掉，从此他发誓要改变自己的生活。但因为根本没有人相信他，他的命运将会是一场艰难的战役。他制订了一个可以改善自己生活的计划，这个计划要么让他一夜成名，要么让他无家可归。

【情境三】一位舞者在一次事故中失去了一条腿。在强忍着痛苦去适应自己假腿的同时，她努力克服了绝望的情绪。尽管大家都觉得她再也无法再跳芭蕾舞了，她还是想办法克服了所有的困难，成为历史上最好的芭蕾舞者之一。

【情境四】这是一个关于流浪者的故事。故事的主人公早早地就从学校辍学了，他逃脱了自己那暴君一般的父母，过上了流落街头自暴自弃的生活。他和各式各样的瘾君子和罪犯成了朋友，然后遇到了一位神秘人物，这个人在他身上发现了一种罕见的天赋。

【情境五】一位士兵在战事结束多年后回到了家乡。他的亲朋好友都以为他在战争中牺牲了，他的归来使整个镇子上下一片欢腾。他重新审视了自己的生活，也重新思考了自己对战争的态度，决定要让这个世界发生翻天覆地的变化。

【情境六】一位老师努力想消除学生心中对民族和性别的固有观念。但由于他少数民族的身份和特殊的性取向，他成了这种固有观念攻击的对象。他的一位学生也是固有观念的受害者，这位学生和他一起努力推动消除歧视事业的发展。

【情境七】故事的主人公决心要让自己的生活从零开始，他希望成为自己一直梦想成为的那种受人尊敬的人物。首先，他改掉了自己的恶习：懒惰、吸烟、酗酒等。然后，他准备赢得那些曾被自己无礼对待之人的青睐。但是，有些人拒绝原谅他。

【情境八】一位店主非常后悔自己放弃了哲学专业而去从事日进斗金的工作，于是变现了自己所有的财产，重新回到学校。但是，她发现现在的学校里不论是学生还是老师都非常功利，这使她非常失望。她努力想让现在的学校回归到最初那种最理想的状态。

【情境九】一位女子的毕生梦想是成为钢琴家。她的丈夫是一个虐待狂。终于，她摆脱了对丈夫的依赖，决定继续追求自己的梦想。但是，她担心以自己这样的年纪，已经弹不好钢琴了。其他人的流言蜚语更加深了她的悲观情绪。一位非常倾慕她的人却坚信她有获得成功的天赋。

【情境十】一个小丑在马戏团里长大，这个马戏团经常到世界各地去演出。小丑总有办法让孩子们开心，把他们逗得捧腹大笑，经过多年的努力，他被誉为世界上最会搞笑的小丑。但具有讽刺意味的是，他的事业越成功，他的个人生活就越像一团乱麻。

类别十：非同寻常的技术和行业的发展

随着科学的发展，新的技术和新的行业不断涌现出来。有些在一开始被认为没有多么重要，但后来随着它们慢慢融入我们的文化，人们也就逐渐习惯了它们。它们的这种特质也许正是我们需要警惕的原因。作家们注意到了这些新技术和新行业是如何渗透到我们日常生活中的，因此，他们可以从中发现许多有吸引力的写作素材。

【情境一】一个巨大的油页岩矿床被发现后，石油企业家竭尽全力说服了政客们，让他们支持自己用先进的液压破碎法在这里炼油。但有一个人却不同意他的做法，并下定决心让他停止自己的计划。

【情境二】在未来社会中，外科手术全由机器来做，但还是有一些病人像主人公一样要求由医生给自己做手术。有几次由于严重的机械故障造成了医疗事故，他受到了大家的嘲笑。但是，一位富有同情心的护士自告奋勇帮助他完成了心愿。

【情境三】故事发生在 21 世纪 60 年代。这时候自动驾驶汽车已经蔚然成风，但老爷车爱好者非常鄙视这种潮流。为了诋毁自动驾驶汽车，他们竭尽所能，甚至故意驾车去撞自动驾驶车辆，人为地制造交通事故。

【情境四】新一代的老虎机已经遍布赌场的各个角落。与传统的老虎机相比，这种新式老虎机更容易使人上瘾。故事的主人公是一位心理学家，他警告人们要小心这种新式的老虎机。但因为这种老虎机实在是太流行了，所以他遭到了强烈的反对。终于，几个赌徒变成了精神病。

【情境五】两个发明家制造了一种悬浮机械，这种机械可以把人迅速带到几百英尺的高空，然后安全地降落到地面上。几乎一夜之间，这种悬浮机械的相关产业就形成了。人们开始在世界各地用这种机器翱翔。但这时问题出现了，一些悬浮机器出现了电路故障，在空中根本不受控制，像没头苍蝇一般到处乱撞，许多人因此受了伤。于是这两个发明家一下子从英雄变成了反面角色的代表。

【情境六】控制寿命已经成了一种产业。按照明码标价，人们可以签署一份合同，这样他们就可以想活多久就活多久了，当然，还是有一个上限的。然而活得越久，出现健康问题的风险也越大，比如会患上一种特殊的老年痴呆症。

【情境七】在不远的将来，假肢技术变得非常先进，但还是有一些被截肢的人需要克服自身的心理障碍。一位被截肢者的目标是克服自己心里既压抑又绝望的情绪。他找到了一个机构，这个机构致力于帮助被截肢者适应自己新的生活方式。虽然他的新生活变得非常忙碌，他却感觉到更孤独了。

【情境八】虚拟现实技术已经发展到可以与真实的现实生活相抗争的地步了。故事的主人公担心如果这种技术再进步，就会使人类文明发生倒退。因此，他开始号召人们回归理智。但他遭到了暴力反击。

【情境九】故事发生在 21 世纪中期，复古科技变得非常流行。所有人都要求以复古的方式行事，他们搭乘火车而不坐飞机，骑自行车或乘坐有轨电车而不开汽车，追求印刷效果而不追求高像素，用书信联络而不用电子邮件。但是让当代社会倍感讽刺的是，未来世界中的上一代人却极度渴望恢复他们的电子产品文化。

【情境十】在未来世界，游乐园里所使用的科技也变得非常先进。去游乐园玩会让你感受到从来不曾想象的恐惧，比如被吊死、被斩首、被淹死、被五马分尸等。这一切体验都很有趣，但至少一位游客因此变得恐慌，并四处伤人。

第十二章　入侵

类别一：外星人的入侵

总有人相信外星人真的会入侵地球，因此从20世纪50年代开始就不断有宇宙大战题材的电影和科幻小说问世。但不要认为这是一个老生常谈的题材，就不想去深入了解它。实际上，这是一个非常重要的科幻小说主题，我们能用这类题材写出无数引人入胜的原创故事。下面的10个情境能让你充分利用自己的想象力，写出扣人心弦的故事。

【情境一】外星人向地球发动了侵略。但是它们并没有用激光武器摧毁城市，而是用鲜花来征服人类。它们把上百亿支鲜花运到了地球上。这些形态各异、极具异域风情的鲜花比地球上的鲜花更惹人喜爱。街头到处都是漂亮可爱的鲜花，整个城市的空气都弥漫着芬芳的花香，这使人们忘记了自己的城市正在被侵略。但这些鲜花中却隐藏着一个阴险的秘密，甚至连外星入侵者对此都一无所知。

【情境二】一些会改变身体形状的外星人悄悄渗透进了人类社会，它们把自己变成各种宠物的样子，比如小猫、小狗、小鸟等，被人类收养之后，它们又变回自己原来的样子。

【情境三】长得像气球一样的外星人来到地球，从天上飘落下来。

它们色彩缤纷，以一种很奇怪的方式移动。人类被告知绝对不要戳破这些气球。当然，淘气的孩子们才不理会这些警告，他们戳破了一些气球，而这正是外星入侵者们想要看到的情况。

【情境四】一种长得像鸟一样的生物入侵了地球，它们的繁殖速度非常快。最初，它们似乎仅满足于定居在南极的冰峰上，因为这里的气候很像它们故乡的气候。但是，它们渐渐地想要控制整个地球的天气，并想把地球上的其他地方都变成冰原。

【情境五】一种长得像肉虫子的生物很久以前就随流星到达了地球，但它们却冬眠一般在地球上蛰伏了很长时间。现在它们苏醒了，开始快速繁殖，体型变得越来越大。它们的身体被坚硬的外壳保护着，几乎没有什么东西能摧毁它们。它们还能像变色龙一样变色，只有到了最后关头，才能被人们发现。

【情境六】外星人正在入侵地球，它们直接侵入并控制了人类的身体。没有人知道这些外星人是谁，也没有人见过它们的样子。人类的行为举止开始变得非常奇怪，有些人甚至能做出一些惊人之举，比如在空中飞行。

【情境七】外星人侵占了大型哺乳动物的身体，比如牛、马、大象、老虎等，这是它们对人类发动侵略的第一步。当它们侵占了黑猩猩的身体后，就将自己的企图通过手语告诉了人类。

【情境八】未来的人类穿越时空回到现在，并对现代人发动了侵略。他们的目的是要阻止一个国家对自己的敌人使用化学武器，这种化学武器会在全世界范围内让成千上万人失去生育能力。但是要怎样才能相信这些来自未来的人呢？如果他们才是想让人类失去生育能力的人，那该怎么办呢？

【情境九】在未来世界，地球的表面已经受到严重的污染，以至于人类不得不在海底开辟了殖民地，并在海底繁荣发展。但还有一些人被留在地面上苟延残喘，他们发动了对海底殖民地的侵略。

【情境十】外星人向地球人保证不侵略地球，而是想寻求合作。它们想与地球人开展公平贸易，互利互惠。起初，地球人和外星人的贸易进行得还不错，但后来，地球人发现这些外星人想控制地球人的遗传基因。

类别二：细菌和病毒的入侵

普通的细菌能够变成超级细菌，并引发大面积的致命传染病。科学家们怀疑宇宙中的病毒也会造成这样的结果。迈克尔·克莱顿在《人间大浩劫》一书中所精心设计的故事，就栩栩如生地描述了这类情况。这些故事能让我们提高警惕，不让类似的情况发生。

【情境一】一种流感病毒发生了变异，可以吞噬各种抗病毒物质。这种病毒在人群中蔓延开来，科学家们迫切需要制造出一种全新的药物来对抗这种病毒。他们最终成功制造出了一种药物，但这种新的药物却存在无法预知的副作用。

【情境二】一种陌生的电脑病毒对通信卫星和电力网发动了攻击，使全球的电脑系统都陷入了瘫痪。故事的主人公带领着一支由顶尖黑客组成的队伍，他们必须在这种病毒造成无法挽回的损失之前设计出有效的杀毒程序。

【情境三】一种致命的细菌一直蛰伏在北冰洋的冰层之下，但随着北冰洋冰盖的融化，这种病毒在地球上传播开来。科学家们努力寻找对抗这种细菌的方法，同时成立了全球健康急救中心。最大的麻烦在于，人在感染了这种细菌后，最初症状就像普通感冒一样。

【情境四】很多孩子染上了同一种疾病，但医生们却无法确诊。病人的症状包括语言不受控制及相貌发生变化。故事的主人公是一个免疫学家，她决定把自己的儿子作为实验对象，找出有效对抗这种疾病的办法。

【情境五】宇航员们结束了遥远的太空旅行，回到了地球。他们感染了一种细菌，但当他们在隔离区进行身体检查的时候，却没有被检测出来。现在，这种细菌在地球上蔓延开来，人类开始产生了奇怪的变异。

【情境六】遗传学家在老鼠身上发现了一种病毒，这种病毒使老鼠不再感染任何疾病，极大地延长了老鼠的寿命。遗传学家考虑让人类也感染这种病毒，但她的领导却警告她不要进行这样的实验。

【情境七】一场瘟疫席卷了某个村子。一位植物学家用一些有医疗作用的植物来做实验，希望可以制造出抗病毒血清。他得到了一位来自未来的医生的鼓励，这位医生还对他的实验进行了指导。但是当他准备用这种办法治疗患者的时候，却遭到迷信的村民们的阻止。

【情境八】研究者们制造出了一种可以杀死其他所有病毒的超级病毒。但是这种超级病毒从实验室里泄漏了，并给自然环境造成了极大损害，它破坏了生态系统，毁掉了大量有医用价值的植物和真菌，没有人知道该怎样对付这种病毒。故事的主人公是一位微生物学家。长期以来，同行们对他都不屑一顾。他的脾气十分暴躁，许多科研机构都不愿意接受他。在这个危急时刻，他奉命寻找对抗这种超级病毒的办法。

【情境九】故事的主人公发现了一颗陨石，并发现陨石里面有复杂的有机物组织。经过在实验室里深入的研究，她宣布自己找到了第一种外星生命物质。

【情境十】科学家们在南极洲发现了一座很奇怪的坟墓，它看起来像埃及金字塔。他们在这个坟墓里发现了一种未知的细菌，并在实验室里复活了这种细菌，对其加以研究。尽管科学家们已经做好了预防措施，但这种细菌还是从实验室里泄漏了出去，在全球范围内造成了流行病大爆发。

类别三：野蛮人的入侵

> 我们可以把所有侵略者都定义为野蛮人，但有些侵略者要比其他侵略者更加野蛮。一些侵略者给被侵略者带去了文明的种子，也有一些侵略者带去了混乱与不公。下面的情境更倾向于后者。但在很多情况下，很难区分他们到底是哪种侵略者。

【情境一】犯罪、贫穷和愚昧已经在一个乌托邦式的城市中绝迹了，但这座城市对外来者的开放却使它很容易遭到侵略。野蛮人利用这个弱点，对这个城市展开了攻击，但他们低估了这个城市的自保能力。

【情境二】在这个奇怪的平行世界中，纳粹军队发现了一个偏远的地区。这是一群凶猛的野蛮人的家园。这些野蛮人想把纳粹军队从自己的土地上赶走。但尽管这些野蛮人十分凶猛，却不足以把这些既凶残又高效的纳粹军人赶走。

【情境三】一群宗教极端分子再也忍受不了科学的教育，他们认为这些教育与教义是相违背的。于是，他们采取了行动：他们突然袭击并占领了一座城市，然后把这座城市与世俗的世界隔绝开来。城里的一位老师对城里的官员们进行了劝阻，让他们不要屈从于极端分子的命令。

【情境四】教会的领袖对越过边界进入他们居住地的野蛮人进行了谴责。居住地的首领准备和这些野蛮人解决这个争端，却发现这些野蛮人绑架了所有教会领袖，并命令教会的信徒们接受他们自己信奉的原始宗教，学习他们的行为举止。这些野蛮人坚称这是避免战争全面爆发的唯一途径。

【情境五】在经过了世界末日的地球上，电子人占领了人类最后的居住地。人类被赶到了荒野中，电子人停止了对人类的追捕，建造了隔离带。它们要把人类困在荒野之中，并认为人类会在荒野里全军覆没。人类靠着茹毛饮血的生活勉强度日。故事的主人公认为当初就是因为人类的这种野蛮行径才引发了与电子人的战争，因此，他被驱逐出了人类的难民营。

【情境六】一些人由于遭遇到辐射感染，身体发生了变异。城里的其他人把他们称作被驱逐者，并且不让他们参与城市中的任何文化生活。于是这些被驱逐者建立了自己的殖民地，并且计划对城市发动侵略。

【情境七】一个曾经非常平和的少数民族群体受到了政府官员的高压统治。当传统的法律途径无法解决问题时，这个少数民族群体中的一些人便决定靠自己来解决。于是他们在城市里大肆搞破坏，以此来反对压迫他们的人。

【情境八】侵略者占领了一个大都会。这个大都会里的大部分市民都死于侵略者所使用的炸弹。幸存者们也想用类似的炸弹对侵略者展开反击。他们想在地下防空洞里躲过炸弹的威胁，直到神经毒气全部消失，再从防空洞里出来。

【情境九】野蛮的侵略军和原有的异教徒之间爆发了一场冲突。异教徒向人们保证会维护社会安定，并运用文明的治理手段。但实际上他们无情地大兴刑狱，并残忍地处决了那些“不适合”这个社会的人。

【情境十】在另一个地球上，野蛮人利用魔法侵略了他们周边的村庄。故事的主人公和他的兄弟得知这些野蛮人已经把他们的村庄列为下一个侵略目标，于是，他俩潜入野蛮人的营地，并查明了这些野蛮人魔力的来源。但是他们这样做却让自己的家处在了不设防的状态。

类别四：昆虫和蜘蛛的入侵

大部分昆虫和蛛形纲动物，例如蜘蛛或蝎子，都是很吓人的，至少是令人感到不安的——它们总是蹑手蹑脚地爬着前进，会咬人，还长着那么多的腿。与人类不同的是，这些动物长得千奇百怪、形态各异。它们和爬行动物一样，都是那种最容易被当成怪物的动物。

【情境一】大批蝗虫席卷了一个村子，给村子带来了极大的损失。这个场景不由得让人联想起了《圣经》中那些蝗灾的场面。但是，在21世纪，这些蝗虫对于现有的杀虫剂都已经免疫了，或者说它们对于绝大部分杀虫剂都免疫了。科学家们竭尽全力想找到一个根治蝗灾的办法。

【情境二】一种新型的杀人蜂入侵了美国南部的一些地区，并造成了大面积的恐慌。这种杀人蜂造成的蜇伤会引发严重的疾病，有时甚至会造成死亡。但是用老办法来对付这种杀人蜂造成的蜇伤却使伤势更加严重。一位科学家找到了一种非传统的办法来彻底解决这种由杀人蜂带来的威胁。

【情境三】一种变异蜘蛛的繁殖速度非常快，可能是因为基因实验出了差错。这种蜘蛛的毒液并不致命，但被它咬伤的人却会发生奇怪的变化。同时，它们那巨大的体形也造成了大面积的恐慌。

【情境四】在一个地区出现了一种攻击性很强的蜈蚣，引起了居民的恐慌。科学家们怀疑造成这种情况的罪魁祸首是辐射，但是是从哪里来的辐射呢？就在科学家们寻找原因的同时，这些蜈蚣侵入了居民的家里，由此引发了奇怪的疾病。

【情境五】人们发现了一个蚂蚁的新品种。最初，这种蚂蚁似乎是无害的。但后来这些蚂蚁开始建造一些外形怪异的土堆。故事的主人公对其中一个土堆进行了研究，在里面发现了错综复杂的通道和许多小房间。与此同时，她还在另一个土堆中有了令人瞠目结舌的发现。

【情境六】许多胡蜂侵入了一个高档的好莱坞小区，灭虫人员试图消灭这些胡蜂，却无功而返。这些胡蜂也进入了摄影棚，影响了影视作品的拍摄工作。

【情境七】人们在一个山洞里发现了一种未知昆虫的幼虫。这种幼虫在实验室里进化成成虫，并逃了出去。它们的繁殖速度非常惊人，尽管人们竭尽全力想消灭它们，却没有成功。它们喜欢吸食人类的血液。

【情境八】普通的臭虫已经很烦人了，但一种发生了基因变异的新型臭虫简直就是噩梦。本来用一种新型杀虫剂就可以轻易地杀死那些普通的臭虫，但这种新型的臭虫接触到这种杀虫剂之后，不仅长得更快，还比以前更有攻击性了。

【情境九】人们莫明其妙地感染上绦虫。健康专家们夜以继日地研究，想确定绦虫的感染源。有些人开始暴饮暴食，体重却在飞速下降。

【情境十】许多蝎子在一个市郊的社区中肆虐横行。与普通蝎子的蜇伤不同，这种蝎子的蜇伤会让人们发生很奇怪的变化，而对付普通蝎毒的解药只能让病情变得更糟。

类别五：军事或准军事入侵

任何一个国家都会有持不同政见者。如果这些人的力量足够强大，或个人魅力足够高，他们就可以组建自己的军队。军队人数越多，他们的力量就越强大，就能获得更多的资源，也就越有可能取得胜利。这类故事的典型情节是激烈的对抗和不可避免的流血冲突。

【情境一】一支由白人至上主义激进分子组成的军队入侵了一座城市。他们并不打算杀死这个城市中的少数族裔，而是要把市领导们当作人质。这样一来，他们就可以在这个城市里发号施令，把那些少数族裔赶出去。两位官员打入了这支军队，想从内部瓦解他们。

【情境二】城里的抵抗军拒绝向侵略军投降，而且这些心灵手巧的抵抗军还使用了一种新型武器来攻击驻扎在城外的敌人。侵略军俘获了抵抗军的首领，并从他那里了解到这种新武器的秘密。

【情境三】高卢战争进入相持阶段后，一些民兵战士向恺撒的一个驻地发动了袭击。他们甚至逼迫恺撒本人也加入了战斗。他们的英勇作战感动了恺撒，于是恺撒向他们承诺，只要他们宣誓向自己效忠，他就会饶了他们的性命。这些民兵同意向恺撒效忠，却秘密计划从内部击败罗马人。

【情境四】尽管内战已经在阿波马托克斯结束，但一些反叛军士兵不同意投降，并计划袭击联邦军队的一个营地。一位当地的农夫在外出打猎的时候发现了反叛军的阴谋。他必须做出抉择，是去警告联邦军队还是勇敢地面对这些叛军士兵。

【情境五】一群新纳粹主义分子侵入了中西部的一座城市，重新部署了希特勒在第二次世界大战中所使用过的战略。不过他们这一次使用的是大规模杀伤性武器。故事的主人公是一位军事史学家，他肩负着阻止这些新纳粹主义分子的使命。

【情境六】政治极端分子组建了一支军队，并招募了国外的爆破专家和狙击手，准备对白宫发动攻击。但是，这支军队中有一名间谍，他把情报泄露给了一位国防部的军官。

【情境七】隶属于国民警卫队的一支部队受到了某种恶魔的影响，他们非但不保卫公民，反而向公民们发动袭击。在召集其他警卫队之前，长官们必须确定他们没有受到恶魔的影响。

【情境八】专门被用于战争的机器人重写了自己的程序并开始对无辜的平民发动攻击。当然那些设计了它们的机器人工程师也成了它们攻击的对象。人类的军队进入了战斗状态，准备阻止这些机器人，但是这些机器人也正等着人类军队的到来。

【情境九】美国的土著印第安人组建了一支军队，他们准备占领南达科他州并建立一个由印第安人统治的国家。尽管他们获胜的希望极其渺茫，但是他们让大家知道了他们遭受的委屈，政府也已经开始考虑对印第安人进行赔款补偿。但如果他们的行动出现了转机，还会不会一心只想获得胜利呢？

【情境十】政府关闭了一家专门为女性服务的诊所，这引起了众多女性的愤怒。许多接受过军事训练的女子组建了一支军队，在政府官员们开会的时候攻占了州府大楼。她们要求政府重开这家诊所，并要求政府将一切与生育有关的权利都归还给她们。

类别六：异形入侵

> 从20世纪50年代起，人们便开始担心核弹会使许多生物发生变异。今天，人们依旧在担心辐射带来的污染。发生故障的核电站、通过基因控制的植物和动物，以及很有可能发生的核攻击，这些危机给那些描写世界末日的故事提供了充足的素材。

【情境一】由于一个核电站发生了核泄漏，核电站附近一个小镇里的居民受到辐射并发生了变异。政府对发生泄漏的核电站进行了修补，但即使是这样，发生变异的人数还是在不断地增加。一些人变得非常恐怖。在政府对这些发生变异的居民进行隔离之前，他们已经开始快速繁殖了。科学家们想要努力解决这场危机。

【情境二】在世界末日后的世界，变异人侵略了原本平静祥和的殖民地，把它变成了一个恐怖分子基地。变异人准备从这里向正常人居住的领地发动袭击。一位住在殖民地的居民把自己伪装成变异人，混进了侵略者的队伍，她希望自己能破坏变异人的计划。

【情境三】猫咪们感染了一种疾病。这种疾病使它们发生了变异，变成了极度危险的动物。但在猫咪身上发生的变异很难被发现，这让养猫的人非常恐慌。故事的主人公带领着一支队伍试图找到解药。

【情境四】有人对村子里的人施了咒。村子里所有的女人被变成了女巫，所有的男人则被变成了男巫。孩子们却丝毫没有受到诅咒的影响，因此解除诅咒的重任就落在了这些孩子们的身上。

【情境五】有很多人向政府报告说自己看到了不明飞行物，但大部分目击者都被认为是骗子。然而，一些目击者的身体却发生了可以明显看到的变化。不久以后，其他目击者的身上也发生了类似的变化。因此，在科学家们证实了这些目击到不明飞行物的事件是真实的之后，他们建立了一片隔离的集中营。

【情境六】一条河的水被严重污染了，河里的鱼因此发生了变异。这些变异了的鱼迅速在河里繁殖起来，并进入了其他的河道。最终，这些鱼成了人类和其他野生动物的盘中餐，从而导致了大量发生变异的生物出现。

【情境七】一群鹅把垃圾场当成了自己的栖息地，并变成了极度凶残的动物。但是，这些鹅只是行为发生了变异，它们的模样看起来还是和以前一样，一些想要驯养鹅的人就被这些鹅的样子欺骗了。

【情境八】农场里的鸡受到了辐射，变异成了奇形怪状的凶猛野兽。

这些鸡从农场里跑出去，侵入了周围其他的农场。科学家们试图对农场里的辐射加以控制，但他们自己也因受到辐射的影响而发生了变异。

【情境九】城市里有一个动物园。一种未知的病毒使动物园里的动物都发生了变异。这些动物从动物园里跑了出去，进入了附近的社区。任何摸过这些动物的人都会发生变异。

【情境十】所有的玩偶都活了过来，并变成了人的样子，显得既滑稽又诡异。这些玩偶不仅侵入了孩子们的卧室，还侵入了大人们的卧室。故事的主人公想知道这些玩偶发生变异的原因，并顺藤摸瓜追查到了一个拥有魔力的小女孩。

类别七：帮派入侵

一提到帮派就会让人联想到骚乱、犯罪和人们粗野的举止。很多时候帮派意识超过并压制了个人意识。因此，帮派有着强大的力量，很难被控制也很难被外人插手。当然，他们也是写作灵感的一种重要来源。

【情境一】某小镇因思想自由，风气开放而闻名于世。一群保守派武装分子以这个镇子不能给年轻人正确教育为由占领并控制了这个小镇。但讽刺的是，在驱逐镇子里的那些无神论者和拥有着自由意志的人时，这些武装分子才是犯下种种罪行的人。

【情境二】在未来世界，政府不再对艺术事业进行资助，所有的机构都只资助那些会产生商业回报的项目，只有私人会支持艺术事业的发展，人类艺术正濒临灭绝。执政者担心先锋艺术家们会反对自己，便通过高压统治让这些人闭嘴。

【情境三】在禁酒令时期，黑帮控制了小镇的私酒生意。一个帮派成员深深爱上了镇子平静的生活和周边的自然环境，因此想退出这个帮派，他的做法却使自己的生命安全受到了威胁。

【情境四】大众媒体对某少数族裔进行了污名化的宣传。在这种宣传攻势下，人们的判断力受到了暴民意识的影响，他们都认为这个少数族裔是一个可怕的民族。于是，这些被吓坏了的人组成了一个个小团体，对这个少数族裔的成员发动了袭击。故事的主人公必须在一切都为时晚矣之前制止媒体这种洗脑式的宣传。

【情境五】一支冠军队伍在比赛中一路高奏凯歌，却意外输掉了比赛。这支队伍的支持者们都气疯了，他们无法接受这个结果。因此，他们对获胜队伍所在的城市发动了报复，并对落单的队员发动了袭击。这个城市的市长决定杀鸡儆猴，以此一劳永逸地根除这种对体育比赛愚蠢的盲目狂热。

【情境六】在某地区，种植大麻是一种违法行为。一群支持大麻合法化的人占领了该地区，并为想要吸食大麻的人免费提供大麻。随后，这些支持大麻合法化的人和社会公众展开了一场既和平又开诚布公的对话。警方准备逮捕他们的首脑人物，但遭到了公众的强烈反对。

【情境七】一个边境城市的立法机关取缔了一项改革移民政策的法案，许多非法劳工便聚集在市政厅前抗议这一行为。尽管市长表面上承诺要重新考虑这个法案，但实际上却彻底破坏了这条法案。这一次，劳工们的抗议变成了一场暴乱。

【情境八】一位冠军赛车手宣布退役后，他所有的车迷都感到不开心。一个小团伙绑架了这位车手，要求他把比赛的秘诀教给他们，并帮助他们建造赛车。当新闻公布了这位赛车手被羁押在这个城市中的某地后，支持他的车迷们从全国各地聚集到了这里，自发地寻找这位车手的下落，有些人甚至威胁要杀死绑架这位车手的人。

【情境九】一群愤怒的老人对国会发动了一场疾风暴雨般的口诛笔伐。他们对国会提出的一项法案表示极度不满。如果这条法案通过，这些老人能得到的预期福利就会大幅降低。受到这次抗议的启发，故事的主人公鼓励自己那些上了岁数的朋友为了其他原因再进行类似的抗议。

【情境十】爱尔兰的森林因为乱砍乱伐而变得越来越稀少。作为回应，一群小精灵侵入了爱尔兰的城镇。它们警告镇子里的人必须杜绝乱砍乱伐的风气，种上新树，并对新的林地加以保护，否则所有神奇的东西都会从爱尔兰消失。

类别八：边缘事物的崛起与入侵

> 我们经常会低估那些被社会边缘化或被社会抛弃的人的力量。他们也许目不识丁，从事着奴隶般的工作，对这些人的不断剥削会导致他们日益增长的愤怒和压抑。总有一天，他们的愤怒会达到爆发的临界点，使他们开始反抗。

【情境一】一些人对吉卜赛人有偏见，总是戴着有色眼镜去看他们。这些人不仅极尽所能地虐待吉卜赛人，还拒绝给他们应有的人权。于是，一群吉卜赛人便团结起来反抗了。故事的主人公也是一位吉卜赛人。她隐瞒了自己的民族身份，通过努力成为了一名律师，并成功地跻身于社会的主流。现在她可以利用自己的法律知识及权利来改变公众对吉卜赛人的态度。

【情境二】一些胖子组织了一系列抗议游行，他们认为一个人有没有魅力并不取决于他有没有纤瘦的体型。但讽刺的是，在他们进行了几周的游行之后，他们的体重都开始下降了。现在，要想让公众继续相信他们的话，他们就必须通过多吃来增加体重。

【情境三】在这个被电子人控制的世界里，身上没有安装任何机械或电子部件的人会受到歧视和不公正的对待。但是，一场反对控制人体的运动正在秘密进行中。虽然局面对他们十分不利，但故事的主人公开始组织人手，准备进行一场全面的起义。

【情境四】一些诗人被一个反乌托邦的社会认为是疯子，并遭到了驱逐。这些诗人组织起一支军队，打回并占领了曾经驱逐过自己的那座城市。他们组织了一次对政府官员们的审判，并在审判中对那些官员肆意嘲弄。天啊，这些诗人在审讯中表现出来的麻木不仁的态度，和那些官员麻木不仁地驱逐他们时的态度简直一模一样，而种麻木不仁正是被这些诗人所诟病的。

【情境五】2050 年，除了极少数人不喜欢电子化的社交方式，所有人都通过社交网络进行联系。在网络社区中，人们将那些不使用社交网络的人叫作“独立派”，并打算把他们从社会中分离出去，但这个计划却受到了这些“独立派”的反击。

【情境六】在未来社会，一个人眼睛的颜色决定着他的社会地位。他的眼睛颜色越深，社会地位就越高。眼睛颜色淡的人，比如说蓝色、绿色、灰色、榛色，就会处于社会的底层，并被边缘化。染色的隐形眼镜是违法的，但非常值钱。

【情境七】几个高中生因为超常的智力而在学校中受到同学们的排挤。于是，他们在学校里设计了一场“起义”，要求校方提高学习标准。但老师们坚持学校教育的目的是帮助那些在学习上没有优势的普通学生，成绩好的学生能够照顾好自己。

【情境八】一些殖民者在火星上生活了几年之后，回到了地球。他们一回到地球，就被隔离起来进行身体检查。检查结果显示他们的身体发生了意想不到的变化，因此他们被扣押起来，被当作囚犯一样对待。这些殖民者走投无路，便决定从隔离区逃出去。

【情境九】在未来社会，所有男子都必须从青春期开始就吃可以提高睾丸激素分泌的药物，以此来保证自己能表现出足够的侵略性。被动消极的男性是会被边缘化并受到迫害的。而对于女子来说，她们则必须符合阴柔的特质，因此从青春期开始就要吃可以提高雌激素分泌的药物。故事的主人公秘密地努力，他想结束这种疯狂的模式。

【情境十】过时的机器人被流放到了集中营里。在这里，它们根据自己的能力被分派到各个小队中。能力最差的机器人被迫去做那些最危险或最肮脏的工作，比如挖矿、垃圾回收等。有一个人非常同情这些机器人的遭遇，便煽动这些机器人发起了一场暴动。

类别九：超自然事物的入侵

即使是在我们这个重视科学的年代，依旧会有一些怪异的现象，这些怪异的现象似乎不能被科学地解释。对于恐怖小说作家来说，这也许是一件好事——人们似乎总听不够怪异神秘的故事。那些来自现实阴暗面的生物入侵人类的故事尤其令人毛骨悚然。

【情境一】一些来自地底深处的生物只有在深夜才会悄悄地出现在地面上。它们会找到熟睡中的人类，悄悄控制他们的大脑。一旦人类被感染，这些宿主就会开始建造一个外形怪异的堡垒，并在这种外形怪异的生物控制下去做它们想做的事情。

【情境二】故事主人公的家里突然冒出许多鬼魂，这些鬼魂是他家族里好几代的先人。这些鬼魂都想让主人公帮助他们完成一些心愿，这样它们才能得以安息。当然，一开始的时候，主人公对这些鬼魂的要求是拒绝的……

【情境三】魔鬼为了躲避其他魔鬼的追捕躲进了教堂，并把教堂当成了自己的避难所。神父非常同情这个魔鬼的遭遇，并为它提供了帮助。如果不是这位神父帮忙，魔鬼是绝不可能躲在教堂里的。但是这位神父却担心魔鬼会欺骗自己。

【情境四】一群堕落了的天使把自己装扮成黑帮分子，混进一个贫民窟。原先占据这个贫民窟的帮派想把这些天使赶走，但很快就后悔了，因为这些天使用各种手段来折磨他们，比如说让他们的肌肉抽筋，又或者让他们的脸上长满红斑，等等。这些帮派分子知道了新来的这些人是天使之后，向天使提出了合作的建议。

【情境五】一些调皮的鬼魂发现它们一旦携起手来，对人类产生的影响就会更大。于是，它们便组织起来对付人类。它们不仅在房子里作祟，还强迫住在房子里的人对某些人发动袭击。

【情境六】一些促狭鬼在一个小镇子里作祟，并影响到了这个镇子上的各行各业。故事的主人公是一位超自然现象调查员。他来到这个镇子上进行调查，却一无所获。这时他遇到了一个促狭鬼。这个促狭鬼告诉了他这些到处捣乱的鬼魂们到底想要干什么。

【情境七】由食尸鬼组成的军队入侵了一个王国。它们要找回被人类偷走的财宝。一位人类士兵提前得知了食尸鬼军队会入侵这个王国，因此把这些财宝藏在了一个力场里。这些食尸鬼警告人类，除非人类将财宝归还给它们，否则它们就要在这个王国里大开杀戒。

【情境八】一个国家的居民全是上帝忠实的信徒。一群邪恶的天使把自己伪装成善良的天使，侵占了这个国家。有一个人发现了这些天使的骗局，于是他骗过这些邪恶的天使，并对他们发起了反击。

【情境九】美国内战爆发之前，在南方和美国其他地区有大批美国黑人和其他少数族裔被处以私刑。这些人的冤魂聚集在了一起，它们游荡在那些种族歧视依然存在的地方，把这些地方搅得不得安生。

【情境十】一所有着几百年历史的欧洲监狱以它恶劣的环境闻名于世。有许多人蒙受不白之冤而身陷囹圄，并在狱中受到非人的折磨，最后死在了这个监狱里。这些人的冤魂在这个监狱里频频作祟，把整个监狱搅得不得安宁。这些冤魂和监狱的囚犯合作，迫使典狱长接受了它们的最后通牒：必须对这些冤魂的后人们给予补偿，否则可怕的事情就会发生。

类别十：害虫的入侵

> “害虫”（vermin）这个单词起源于拉丁文中的“蠕虫”（vermis）。害虫都是一些生命力非常顽强的动物，比如老鼠、蟑螂或其他蠕虫。由于老鼠这样的害虫身上携带着大量的病菌，所以特别令人讨厌。因为这些害虫几乎在任何地方都能繁衍生息，所以它们对人类文明有着显著的影响。

【情境一】一些非常聪明的老鼠侵入了一座城市，它们咬坏了各种线路，通信系统也因此遭到了破坏。人类设计了一种专门攻击老鼠的机器人，并用这些机器人对老鼠展开了反击，但这些老鼠却想办法拆掉了这些机器人。

【情境二】在世界末日后的世界里，受到辐射的蟑螂比正常蟑螂的体形大 10 倍。为了对抗这些蟑螂，一位专门研究蟑螂的科学家制造出一种机械蟑螂，可以杀死真正的蟑螂。但只有找出能让机械蟑螂繁殖的办法，这种发明才会有用。

【情境三】一个曾经非常整洁的高端社区现在到处都是害虫，没有人知道这是为什么。故事的主人公在这个社区里发现了一种生物留下的痕迹。这种生物是从一个地区被走私到这里来的，而那个地区在一次绝密的实验失败后就成了隔离区。

【情境四】白蚁在一个非洲村庄里横行肆虐。科学家们意识到这种白蚁在一种未知生物的影响下发生了基因变异，变成了肉食性白蚁。这些白蚁不仅攻击动物，还开始对人发起了攻击。故事的主人公必须找到解决白蚁变异的方法。

【情境五】不知何故，蜈蚣们开始在野外迅速繁殖。现有的杀虫剂对这些蜈蚣毫无用处，世界成了蜈蚣的天下。最危险的是这些蜈蚣造成的咬伤，被咬伤的人会变成一种人形蜈蚣怪物。

【情境六】一些老鼠被用于医疗研究实验，经过实验，这些老鼠的基因被大大加强了。这些老鼠从实验室里跑掉了，开始迅速繁殖并侵入人类的家中。人们越是想彻底消灭这些老鼠，这些老鼠的反击就越强烈。

【情境七】某人专门训练了一批可以破坏电子系统的老鼠。神秘的训鼠人向某城居民索要 5 000 万美元，否则就要让这些老鼠继续破坏所有的电子系统。故事的主人公和她的团队必须找到消灭这些老鼠的办法。

【情境八】工程师们想知道为什么他们城市的下水道里到处都有老鼠。市里的官员们则担心这些老鼠的数量会继续增加，并最终侵入这个城市的粮食储备设施中。所有的灭鼠方法都没有效果。所有的线索都表明这些老鼠是被人蓄意繁殖的。

【情境九】一些基因发生过变异的蟑螂一到晚上就出来攻击人类。它们甚至侵入了最干净卫生的社区。故事的主人公是一位专业的灭虫人员。他相信这些蟑螂是恐怖分子对他们展开的一种恐怖袭击。

【情境十】钓鱼爱好者用一种自己饲养的夜行性爬虫作为鱼饵。但最近他发现自己饲养的这些虫子的举动变得非常诡异。这些虫子已经把洞挖进了他的家里，他担心这些虫子已经侵入了整个社区。

第十三章　旅程

类别一：通往祖先的住所之路

许多人认为不仅需要弄清自己的家谱，还需要去拜访一下自己先祖的住所。一般来说，这是一种激动人心的经历，但有时这种经历也会给人带来烦恼。无论结果会是怎样，这种经历都会为我们提供丰富的写作素材。下面的10种情境会给你带来写作灵感。

【情境一】作家由于一时不慎触犯了家里的禁忌，被逐出了家族。于是他动身去欧洲拜访自己先祖住过的一个村庄。他在那里遇到了一个鬼魂，这个鬼魂告诉了他关于他真正祖先的故事。这些故事和他从自己父母那里听来的截然不同。然后他又遇到了一个人，这个人正好算是他的远亲。这个人也被逐出了家族，正在找赎罪的办法。

【情境二】故事的主人公来到一座陌生的小镇游玩。在小镇里，她有一种难以名状的感觉，她觉得自己今天必须留在这个小镇上。她根本不认识那些镇子里的居民，但他们却把她当作走失的亲人一样对待。更令人奇怪的是，她在村子里的一本记录中发现了自己的姓氏。这是一份至少有400年历史的文件，里面不仅记载着主人公家族的姓氏，还记载着主人公的全名。

【情境三】年轻的专家一直在追查自己的祖先。最后，他查到了一个与世隔绝的城镇。于是他便动身来到了这座城镇。但在查找的过程中，他发现自己并不像自己家族中那些人说的那样是一位英雄的后代。事实上，他是一个反面人物的后代。

【情境四】通过催眠，故事的主人公想起了自己在前世居住过的一个村庄。根据催眠师交给她的笔记，她找到了这个村子的位置，并拜访了这个村子。在这里，她结识了一些人。据说这些人的先人认识前世的自己。

【情境五】一位记者在还是婴儿的时候就被收养了。现在，他来到了自己亲生父母居住的城市，想找到自己的亲生父母。但接下来的发现却让他心烦意乱。当这里认识他父母的人知道他来到了这个城市以后，便让他为他的父母所犯下的罪过负责。

【情境六】一位年过八旬的老人拜访了自己先祖的家，并知道了她的曾祖父母曾经用过一种民间药物，这种药物可以让人恢复健康和体力。她知道自己的曾祖父母身体一直都很健康并且都活到了耄耋之年。最后，她自己也尝试着服用了这种草药。

【情境七】尽管一位美国印第安人一直在一个中西部大城市里生活和工作，但是她祖先在新墨西哥州的家却一直吸引着她。最终，她还是去了新墨西哥州拜访了先祖的家。在这里，她找到了几位生活十分窘迫的远亲。

【情境八】一个人回到了他先祖住过的村子，这里的村民却都躲着他。根据一份古代的文件记录，他的先祖都会使用巫术，所以村民担心他还拥有那种邪恶的力量。

【情境九】一位海地裔美国人回到了她祖先住过的国家，她希望可以写一本寻根的书。在海地，她研究了当地的宗教秘药和草药，甚至了解到自己的一位先祖曾经做过毒品走私。这个研究让她接触到一些极度危险的人。

【情境十】在研究自己的家谱时，历史学家发现自己的一位祖先是清教徒法官，还审理过女巫的案子。他对此十分好奇，便拜访了这位先人的住所。结果，那些被错判并因此失去生命的女子的后人，因他先祖所犯下的罪行而准备惩罚他。

类别二：通往另一个世界的旅程

仅仅在银河系里也许就有上千亿颗星球。尽管它们离地球都非常远，但我们还是幻想自己能够去到那些星球上。如果这些星球有一点儿与地球相似的地方，我们就更想去探索了。我们会在那里经历什么陌生而令人激动的事情呢？

【情境一】地球上的环境已经遭到了严重的破坏，为了逃离地球，人类在月球和火星上建立了殖民地。但一位社会改革家想留在地球上，她主持发起了一个大型的土地开垦项目。为了要让这个计划获得成功，她必须找到成千上万的志愿者来帮助自己实施这项计划。

【情境二】巫师指导人们通过精神训练让自己的精神进入另一个世界，从而真正地做到神游九霄。一位年轻女子参加了这个巫师的训练班，结果进入了一个噩梦般的世界，并被困在里面出不来了。她唯一的希望就是在这个噩梦般的世界中找到一个能够帮助她的人。

【情境三】宇航员们动身飞往位于太阳系边缘的一颗矮行星，这颗矮行星是最近才被人们发现的。由于机器人探测到这颗行星上有一个人造的世界，所以这次探索任务是属于最高级别的。当宇航员们到达了这颗星球后，却发现整个星球已经严阵以待了。

【情境四】一艘星际飞船进入了一颗行星的近地轨道，这颗行星与地球非常相似。尽管船员们并没有在这颗行星上探测到有智慧生命的迹象，但一位船员却怀疑他们所使用的探测标准并不适合探测这颗星球上的智慧生命。

【情境五】金星上的气候条件十分恶劣，大气中弥漫着各种有毒的物质，地表温度足以把铅熔化。以金星的这种情况，是不太可能有生命存在的。但是最近的一次探测却发现了生命迹象，因此一支探险队动身前往一探究竟。当他们到达后，他们发现那些生命的迹象把他们引向了金星深深的地下。

【情境六】一艘宇宙飞船在太空中受到了损伤，被迫降落到某星球上。死里逃生的船员们在这颗星球上遇到了一些长相奇怪的生物，这些生物看起来似乎智商很高，它们是肉食性的。在被这些生物当作食物吃掉之前，这些船员设法找到了与这些生物沟通的办法。

【情境七】宇航员们穿过虫洞来到了一个镜面世界，并在这里发现了一颗与地球一模一样的星球。他们在这颗星球上见到了与地球上的城市一模一样的城市，在这些城市里，他们还见到了与地球人一模一样的人，当然也包括他们自己。但是这颗星球的历史则与地球的历史截然不同。宇航员们想要离开这里，但这并不是一件轻松的事。

【情境八】人类在一颗星球上第一次发现了地外智慧生命，在对这颗星球的进一步探索中，人类发现这里生活的全是人造生命。但究竟是谁创造了这些人造生命呢？宇航员们动身前往这颗星球，想要一探究竟。

【情境九】探险者们进入了一个人造电子世界去进行探险，却迷失了。于是，这个电子世界的设计者和她的同事进入这个电子世界，去寻找那些迷失了的探险者。

【情境十】一位外星人侦查员截获了一份其他星球上的智慧生命发来的邀请函，这封邀请函是来自距离他们的星球最近的一颗行星——人马座阿尔法星球。但是随之而来的一些信息就不太像是邀请函了，更像是在警告他们离自己远一点。

类别三：通往荒原之旅

荒原可以指真实世界中荒芜的地方，也可以只是一种象征。我们用一块不毛之地作为背景，讲述一个关于绝望的农夫的故事，同时，我们也可以用这个背景，从人的层面讲述一个人们无法繁衍生息的故事。荒原是许多优秀故事产生的背景。

【情境一】田里的庄稼在成熟之前就死掉了。尽管这个地区雨量充沛，农夫们也为庄稼提供了足够的虫害防护措施，但庄稼还是都死掉了，整个地区一片荒芜。在这种情况下，人们不得不被迫离开。一位农学家推测这个地区可能有一种未知的生物，进一步的调查显示这个地区留下来的人即将面临更大的威胁。

【情境二】根据一个古老的传说，人们被警告不要进入某条峡谷。人们认为这条峡谷是被诅咒过的，进去的人没有一个能回来，但是探险者们并没有理会这些警告。这些探险者以为会在峡谷里发现危险的裂缝或不稳定的地质结构，但是他们在峡谷里看到的地貌却超出了所有人的想象。

【情境三】一些地质学家来到了一个小岛上。这个小岛位于一条非常活跃的地震带上，并因此而闻名于世。岛上的居民很久以前就搬离了，地质学家却认为这是一个进行地震研究与监测最理想的地方。这些地质学家检查了这个岛上的断层带，发现了更危险的情况。

【情境四】在一个位于沙漠里的城市附近出现了一个巨大的密室，这几乎就是像神迹。城里的人把这个消息传了出去，于是成百上千的人聚集到了那里，想要亲眼目睹这种神迹。一位城里的居民怀疑它的真实性，于是想办法进入了那个密室。他想证明这只不过是一种像海市蜃楼般的幻象，但在他身上却发生了人们不能理解的事情。

【情境五】有一个城市充满了神秘的色彩。朝圣者们要想到那里，就必须穿过一片荒原。在这片荒芜的土地上，到处都充满了各种障碍。去过那个城市的人里只有三个人活着回来了，他们都变得满口胡话，疯疯癫癫。尽管如此，故事的主人公和他的一个同伴还是决定到那个城市去。

【情境六】地震学家采用一种先进的办法来预测地震。经过对一个几十年都没发生过地震的地区的研究，她认为这个地区会在 72 个小时里发生一场巨大的地震。不幸的是，由于住在地震区的人不喜欢使用电话，所以根本无法用电话与他们取得联系，她必须在荒凉的沙漠里穿越数英里才能到达那些地区。

【情境七】海洋学家们在海底侦测到了一条巨大的裂缝，并决定对其进行调查。经过调查，他们得到了一个令人恐惧的结果：在一座超级火山的作用下，一个巨大的岩浆房看起来马上就要爆发了。

【情境八】一种通过壁虱进行传播的病毒能够把人变成僵尸。这些壁虱肆虐在一片森林里，使这片森林变成了不毛之地。一些勇敢的灭虫人员为了不让这些壁虱继续扩散，冒险进入了这片森林。

【情境九】战争把一个城市变成了不毛之地。一支国际救援队到达了这个城市，他们想找到可以复兴这个城市的办法。但是这个城市的废墟之中依然存在致命的障碍，与此同时，这个城市里还有一件价值连城的宝物。

【情境十】一位年轻的牧民见到耶稣基督在朱迪亚沙漠里的某个地方显灵了。一些朝圣者便长途跋涉穿越朱迪亚沙漠，去见证这一神迹。当他们到达了传说中的那个地点后，见到的并不是耶稣基督，而是一个魔鬼。

类别四：通往遗忘之地的旅行

许多旅行都有治疗作用。人们可以在旅途中重温旧梦，可以在旅途中摆脱心魔，还可以在旅途中重拾旧爱。这样的故事一般都是充满悬念的，主人公不仅要克服意料之中的困难，还要解决意料之外的麻烦。对于作者来说，这样的故事很难写。但是对于读者来说，这样的故事却非常有趣。

【情境一】几十年前，一个城市中的化工厂发生了一场事故。从此，这座城市便成了一片死地。在被人遗忘了几十年之后，一位从小在这个城市长大的工程师想用自己毕生的积蓄帮助这个城市重现昔日的辉煌。但首先，他必须冒着生命危险回到这个城市里，对这个城市的损失进行评估，然后再制订一套修复方案。

【情境二】一位中年女子在孩提时代，于一个特殊的地方有过痛苦的经历。只要对她提起这个地方，她就头晕目眩，或患得患失惊慌失措。在心理治疗师的帮助下，她终于鼓起勇气去直面那个曾给她带来巨大痛苦的事件。

【情境三】一座城市在很久以前曾经非常著名，但后来被人渐渐淡忘了。故事的主人公想知道其中的原因，便和她的同伴穿越过丛林到达了这座城市。进入城市后，她们发现这个城市中的主干道被人用路障封锁住了。她们翻越过路障继续前进，遇到了越来越复杂的困难。

【情境四】1 000 年前，一座别墅沉入了爱琴海的海底。现在探险者们进入这座别墅的残骸进行探索。由于别墅中的石板已经变得非常不牢固，所以水下作业变得非常危险。但探险者们认为还是值得冒险进入这座别墅一探究竟的，因为有证据表明这座别墅里隐藏着一个巨大的秘密。

【情境五】根据卫星发回来的红外线照片，科学家们确定在某个沙漠的中心埋藏着一座失落的城市。于是科学家们进入沙漠去寻找这个城市。当科学家们找到这座城市并准备对它进行发掘的时候，他们收到了一些人的警告。这些人警告他们，在任何情况下，这座城市都不能被打扰。

【情境六】一个偏远的村子位于沙漠之中，村里的村民感染了一种可怕的疾病，但他们却不允许任何人前来帮助。一位医生想办法穿过了村民们设置的防线进入了这个村子，他发现了这里发生的事情。

【情境七】月球上的殖民者切断了自己与地球的联系。几十年之后，地球派出特使到月球上进行调查，他们发现月球上的殖民者不论是生理上还是心理上都发生了巨大的变化。

【情境八】国王把全国的麻风病人聚集在一起，把他们驱赶到一个地区，任他们自生自灭。与此同时，国王还把这些麻风病人聚居的地区定为禁区，禁止任何人出入。多年以后，传教士们进入了这些麻风病人居住的地区。但是这些传教士并没有发现任何麻风病人，而是发现了一些身体发生了奇怪改变的人，这些人对外来者充满了敌意。

【情境九】探险者们在安第斯山脉里进行着危险的旅行，他们的目标是寻找一座只在传说中提到过的城市。探险队的领队坚信这座城市是确实存在的，她说在附近发现的工艺品就是最好的证明。与此同时，当地的居民们并不欢迎这些人来这里进行调查。

【情境十】在不远的将来，不断上升的海平面造成了大面积的洪水，一些沿海城市中的居民不得不背井离乡进入内陆地区生活。故事的主人公冒险进入了一个位于圣地亚哥的地区，这个地区还没有被海水淹没。主人公的目的是拯救一个秘密研究设施，使它免于被海水淹没。

类别五：通往神奇之地的旅行

魔术就是变戏法或者给人错觉，魔术师并非真的拥有不可思议的魔力。真正的魔法不可能出现在现实生活中，因为现实和魔幻是不能并存的。然而，魔幻有时候也会进入现实生活。一次通往神奇之地的旅行也许就是一次走出现实世界的旅行。

【情境一】故事的主人公在梦里见到了一座神奇的城市，她强烈地感觉到这座神奇的城市是真实存在的。她利用梦里的导游说过的事情作为线索，真的找到了这位导游。他是一位住在养老院里的老人，他为主人公提供了在真实世界中找到那座城市所需要的线索。

【情境二】《爱丽丝漫游仙境》这本书里出现过的白兔先生出现在了一个男孩的卧室里，并且邀请他陪自己动身前往仙境中一个很少有人知道的地方。这个地方里的所有事情都是倒退发展的，包括时间。

【情境三】一个被社会排斥的人动身去寻找一个传说中的国度。根据传说，他的一位祖先曾经为那个国家的皇室工作。在一个废弃的城堡中，他见到了自己祖先的鬼魂。这个鬼魂帮助他穿越时空来到了那个国家，并请他帮那个国家抵抗外敌的侵略。

【情境四】路人向警方报案说在一座废弃的酒店里发生了一些奇怪

的事情。警探们决定对这个地方进行彻底的检查，他们怀疑这个酒店被坏人当作了藏身之处。但警探们发现的却是一个进入奇幻世界的入口，他们决定进入这个奇幻世界去一探究竟。

【情境五】一群十几岁的孩子从少管所里偷偷跑出去看一个马戏团的表演。这个马戏团非常诡异，它用黑魔法来进行表演。这些孩子被黑魔法迷住了，便参加了马戏团学习黑魔法。很快这些孩子就熟练掌握了黑魔法，他们便想用黑魔法去对付他们在家里的敌人。

【情境六】一位年轻的女子开始了自己的朝圣之旅。根据她先人们流传下来的说法，她要去的那个地方是一个真正有魔法存在的世界。但当她到达那里后，那里已经不再是神奇的魔法世界了。

【情境七】一对兄妹跑到了一个已经倒闭的游乐园里。他们爬上了游乐园里的一列火车，并被拉到了一个闹鬼的宫殿里。当他们想离开的时候，他们惊恐地发现，所有的门都被锁上了。

【情境八】一个 8 岁的男孩正在玩自己的玩具士兵。这时，一个玩具士兵突然活了过来，并把他带进了一个神奇的王国。在这个王国里，没有子嗣的国王非常迫切地想找到一个继承人。国王见到了这个男孩，便宣布让这个男孩当自己的继承人。

【情境九】三月兔和疯帽子被踢出了仙境。现实世界对他俩来说实在是太枯燥了，于是他俩想再找一个神奇的国度，可是怎么也找不到。就在他们准备放弃的时候，偶然地遇到了一位魔术师，魔术师帮助他俩找到了他们想去的地方。

【情境十】一对兄弟发现了一张地图，这张地图自称可以指引他俩找到通往神奇世界的通道。在找到这条通道后，这对兄弟决定去亲眼看看它到底通往何处。他俩在通道里走了很长时间，终于来到了那个神奇的世界，但那里不是他俩预想的那样。

类别六：寻找命运之旅

我们总想知道未来，又总害怕看到未来。我们把自己未来的命运看成一种不可知的东西，同时我们也在努力塑造自己的未来。下面的这些故事情境来自我们的这两种冲动。

【情境一】一对兄妹在孤儿院里生活得非常不开心，便逃了出来。他们偶然发现了一些与父母有关的消息，虽然文件中并没有相关的记录，但他们的父母应该早就去世了。

【情境二】一个被收养的小女孩一直想知道自己的亲生父母抛弃自己的原因。她调查得越深入，发现的谜团就越多。有迹象表明她父母中的一人是罪犯，也可能两个人都是罪犯。她十分想解开这些谜团，但是她越接近事情的真相，遇到的阻力就越大。

【情境三】一个乞丐偶然得知她的父亲原来是王室成员，但由于某种原因被驱逐出了王室。在搜集到足够的证据来证明自己王室身份之后，她的生命安全受到了威胁。

【情境四】游乐园里的算命先生让故事的主人公去一个她从来没有去过的城市。主人公想知道这个城市和自己的过去到底有什么关系，但无论她用什么办法都找不到任何线索。最后，她来到了那个城市，并发现了一个与自己家族有关的秘密。

【情境五】根据家人的说法，主人公的祖父死于一次拖拉机交通事故。家里祖传的农场现在是她的叔叔在照顾。一次，她到农场去玩，发现了一些不对劲的地方。主人公曾经接受过法医训练，她决定深入调查这件事。结果，她发现祖父似乎死于一场谋杀。

【情境六】一位发明家非常渴望知道自己现在所做的努力在将来会不会收获成果，于是他利用自己最新发明的机器穿越时空，来到了 10 年之后。他在未来见到的事情让他非常失望，回到现实后，他想毁掉自己发明的所有东西。但一个人制止了他，这个人也是出于同样的理由去过未来。

【情境七】一个年轻人成了自己父亲生意的接班人，这似乎是他必须面对的命运。但是这个年轻人却对此非常不满，他想摆脱这种命运。他游历了世界上所有的圣地，想找到自己存在的意义。

【情境八】在成婚之前，一位过于谨慎的准新郎想确定自己的婚姻是不是会幸福，于是他穿越时空来到了 5 年之后，他发现自己设想的某些事情并没有发生。因此他回到了现在，当面向他的未婚妻提出要求，当然他的未婚妻也向他提出了自己的要求。

【情境九】一位发明家发明了一种培养习惯的虚拟现实程序。一次，在她睡着的时候，天使把她送到了未来，并让她看到了自己的发明会给社会带来何种影响。她从梦中醒来之后便决定要毁掉自己的发明，但她的发明却被人偷走了。

【情境十】女孩的父母都是精神分裂症患者。她不想自己以后因为患有严重的精神疾病被关进监狱里，同时她也不相信一个人的命运是由遗传基因决定的，所以她四处奔波，想得到心理学家、遗传学家及任何可以帮助她的人的帮助。

类别七：去第三世界国家旅行

许多拥有大量人口的国家都处于贫困线之下。虽然有很多组织和机构在为减少贫穷而努力，但这样的组织毕竟还是缺乏，志愿工作者总是供不应求。那些描写广泛存在的穷苦人民境遇的故事可以极大地提高人们对这些穷人们的关注，并鼓励更多的人自愿为穷苦的人们提供帮助。

【情境一】在另一个世界中的美国是一个第三世界国家，而墨西哥则是一个发达国家。为了防止美国人非法越境进入墨西哥，墨西哥政府制定了异常严格的边境安全政策。但还是有很多美国人想尽办法越过边境偷渡到墨西哥去。

【情境二】一个小国总是不被人重视。当这个国家最主要的产品被出口光了以后，这个国家立刻就陷入了贫穷。一位爱国的公民找到了复苏国家经济、拯救这个社会的方法。

【情境三】为了尽快结束一个非洲国家的饥荒，一个粮食筹集组织的领导说服了世界各地的农夫，让他们捐献大批的粮食。而一批激进的武装分子则想彻底消灭掉这些饱受饥荒之苦的灾民们。为了保证这些粮食顺利被送到这个非洲国家，必须找到一条可以避开这些武装分子的通道。

【情境四】一位工匠制造了许多既美观又实用的工艺品。她想说服占领了自己祖国的侵略者同意用工艺品代替需要缴纳的粮食和牲畜。侵略者拒绝了她的要求，并强迫她成为了奴隶。她的哥哥冒着生命危险来到首都，想把她救出去。但她的哥哥发现，那些被她的作品迷住了的人们已经做好了秘密营救她的准备。

【情境五】人权工作者们进入了一个被战火摧毁的国家，他们准备把这个国家的人民从武装激进分子手里救出来。尽管这些人失去了自由，但他们还是和那些激进分子一起抵制这些人权工作者的行动。

【情境六】两名学生得知苏丹的孩子们正在忍饥挨饿，便动身前往苏丹志愿参加拯救苏丹儿童的工作。但是，他俩却被卷入了苏丹不稳定的政局中。而正是由于政局的不稳定，才导致了苏丹贫穷的现状。

【情境七】一个亚马孙土著的部落隐居在亚马孙丛林中。这个部落里的一些人正在遭受一种致命病毒的折磨，他们自己并不知道情况的严重程度，但确实需要人来拯救整个部落。一位传教士和他的队伍带着药物，跋山涉水进入了亚马孙雨林的禁区。那些健康的亚马孙土著却向他们发出警告，让他们赶紧离开。

【情境八】一个残暴专制的政权控制了一个原本已经非常贫穷的国家。这个残暴专制的政权停止为那些少数族裔和政治上的少数派提供国家援助和保护。人们担心的是，这些少数民族和少数派接下来会被从这个国家的主流社会分离出去，然后全部被处决掉，又或者成为奴隶。一位非常有个人魅力的人权斗士召集了一些人，想帮助这个国家中的少数民族和少数派别逃出生天。但是这些少数民族和少数派别中的大部分人都抱着从众心理，谁都不愿意当“出头鸟”。

【情境九】与美国相比，主人公的女朋友更喜欢自己贫穷的祖国，便和他分手回到了祖国。主人公追随着自己的女友，也来到了她的祖国，一心想让女朋友回到自己的怀抱。当他到了女朋友的祖国后，却遭受了一场变革性的经历。

【情境十】一些教师来到了一个第三世界国家，帮助加强他们的学校教育，尤其是要帮助他们普及一门被称作“快速成为自给自足的人”的核心课程。这门课程可以帮助年轻人找到适合自己的工作。但是这个国家的官员们却很抵制这些教师的到来，并谴责他们试图颠覆这个国家的政权。

类别八：通向过去或未来的旅程

穿越时空回到过去改变那些即将发生的可怕的事，或者穿梭到未来以避开严重的事件，这些都是科幻小说中常见的情节。不管这样的事情会不会真的发生，都不能阻止作家写出扣人心弦的故事，正如下面这些情节中描述的一样。

【情境一】一位社会学家穿越时空来到了50年之后。她想要看看人性在未来会变成什么样。然而，她希望出现的情况并没有出现，相反，她不希望出现的情况却出现了。她必须回到现在去阻止那些不良倾向的发展。

【情境二】故事的主人公是一位医疗研究者。她感觉自己马上就能找到某种致死率极高的疾病的治疗方法了。因此，她想办法穿越时空来到了50年后，并在那里找到了治疗这种疾病的突破口。但是当她回到现实，用这种方法治疗的时候，却产生了相反的结果。

【情境三】一位神学家穿越时空回到了1633年的罗马，这正是伽利略被当作异端审讯的时候。这位神学家试图使宗教裁判所相信他们的说法是错误的，但是宗教裁判所的人把这位神学家也当作异端分子抓了起来，并对他进行了审讯。

【情境四】狡猾的罪犯决心给美国的历史带来一场灾难，他穿越时空把一批高科技的军火送回到独立战争时期。他把这些军火送给了英军，并准备教英国人使用这些先进的武器。一位追捕他的时空警探也跟着他来到了这个时代。

【情境五】到目前为止，女神阿芙洛狄特有一种没人知道的能力。她可以穿越人类历史，在所有年代任意使用自己的法力。普罗米修斯从她那里偷来了这种神秘的能力，并准备把这项能力有偿地卖给凡人。凡人们假装在考虑普罗米修斯提出的价格，却秘密地计划将这种能力偷出来。

【情境六】在这个世界上，让人处于假死状态已经成为可能。故事的主人公患上了一种致命的疾病，于是她选择进入50年的沉睡状态。医生相信到了这个时候，人类就能够发明出能治愈她的疾病的药物了。但是由于某种失误，她在500年之内都不会醒过来了，而生活在500年之后的人很反对长寿。

【情境七】时间旅行者穿越时空，来到了遥远的将来。在那里，时空旅行是被明令禁止的。当这些时间旅行者试图逃跑时，一群亡命之徒抓住了他们。这些亡命徒想利用时间机器做一些卑鄙的事情。

【情境八】主人公极度缺乏自信。在他生活的时代，人类已经可以进行时空旅行了，于是他不断地穿越到未来，去看自己的行为会产生什么样的后果。讽刺的是，这种接二连三的时空穿越却让他越来越没有了自信。

【情境九】第一台时间机器的发明者认为，穿越时空去亲眼目睹历史性的事件将会成为日进斗金的生意，于是他开出高价为人们提供穿越时空的服务。但是一群罪犯劫走了他的时间机器，造成了无法收拾的局面。

【情境十】一家人不管是在经济还是在别的方面，都一直交不到好运。这个家里最大的女儿对此一直耿耿于怀。于是，她穿越时空回到了100年前。她想去阻止先人们的一次失败的投资，但由于她的干预，她的家族被卷入了有组织的团伙犯罪。

类别九：去往圣地或宗教遗址的朝圣之旅

无论在当代社会还是在古代，除了传统的宗教遗址，还有能让我们的精神得到升华的地方。恐怖小说最早就来源于异教信仰，异教信仰也一直都吸引着大量的读者。也许以下的某个情境可以激发出你的创造力。

【情境一】一群年轻人是一个德鲁伊教派的信徒，他们来到了巨石阵朝圣。当他们来到索尔兹伯里平原时，有两个信徒被德鲁伊的幽灵下了咒，嘴里开始不停地用一种奇怪的语言嘀咕着什么。一个人把他们嘀咕的一些内容翻译了出来：他们说的是食尸鬼们会从地下出现。

【情境二】路易斯安那州的一个地方向来以经常举行扶都教的仪式

而引人注意。但是两个爱冒险的调皮鬼根本没考虑过扶都教的问题，就这个地方来旅游了。他们和当地的一个扶都教女巫发生了口角，随后他们发现自己被下了诅咒。

【情境三】一位无神论者在欧洲参观某个大教堂时突然产生了精神上的顿悟，她认为这是自己受到了这座教堂雄伟庄严建筑风格的影响。当她站在圣坛面前时，产生了幻觉。她不能接受这些超自然事件，便向一位心理治疗师求助。这种精神体验却一直在继续地出现。

【情境四】一位年轻人对爱情女神阿芙洛狄特十分着迷，他决定走遍希腊的每个阿芙洛狄特神庙，把这作为自己的朝圣之旅。其中一座特别的神庙对他产生了非常大的影响。这座神庙让这位年轻的异教徒相信爱情女神不仅真实存在，而且就住在地中海的一个希腊小岛上。

【情境五】尽管故事的主人公是一个怀疑主义者，但她还是来到了洛德丝，据说圣母马利亚就在这个圣本尼迪克面前显圣的，因此，这里也就成了圣地。主人公到这里来，是为了祈祷圣母能让她不再受癌症的折磨。在这里，她遇到了很多人，这些人都是来为自己祈祷的，他们遭受的痛苦比主人公遭受的痛苦要大得多。

【情境六】一个人被驱逐出了自己的国家。他来到雅典娜的神庙朝圣，请求在返回祖国的路上得到雅典娜的庇佑。但是在得到雅典娜的同意之前，他必须先替雅典娜完成一系列困难的任务。

【情境七】女子在经历了一系列苦难之后，感觉自己正在逐渐失去信仰，于是她动身前往圣地去朝圣。在圣地，她站在苦伤道上，耶稣基督当年正是背着十字架走在这条路上，接受对自己的刑罚。她体验到了梦一般的感受，因此坚定了自己的信仰。而且，她也知道了自己必须去完成一项任务。

【情境八】考古学家们发现了一个神庙，这个神庙里供奉着一个已经消失很久的异教邪神。神庙里的器物上刻着一些标记，这些标记都与一种邪恶的力量有关。科学家们对这座神庙进行了进一步的发掘，让他们害怕的是，他们也许不小心就把这股邪恶的力量放了出来。

【情境九】故事的主人公发现了一张地图这张地图，上标记着一座古代城堡的位置。于是主人公和她的探险队动身前往那个地点。在那里他们发现了一些工艺品，这些工艺品重要的宗教意义但也会引发极大的争议。他们发现，还有别人也找到了这个地方。

【情境十】一些狂热的荷马迷沿着奥德修斯的脚步走过了一个个的希腊岛屿，一位女神出现在他们面前，《奥德赛》里并没有提到过这位女神。这位女神的神庙被埋在了一个岛屿上，她请求这些荷马迷们把自己的神庙挖掘出来，重新装饰一新，否则后果会很糟糕。

类别十：战地之旅

无论是在珍珠港还是葛底斯堡，又或者是其他更久远的战场，只要我们踏上那里的土地，我们就会想起那些残酷的战争场面。当然，有些战争已经被我们忘记了。但在任何情况下，这些特殊的地方总会给我们带来故事。

【情境一】一位退伍老兵来到了奥马哈海滩。他并不是来参加欧洲登陆日的纪念活动，而是出于更个人的原因。在那个重要的日子里，他在战斗中犯了错误，他来到这里是想让自己不再那么内疚。在奥马哈海滩上，他遇到了一些人的鬼魂，这些人都是死于那场血战的战士。

【情境二】一位古典学者对荷马的著作《奥德赛》非常着迷，她动身前往土耳其某地，据说那是著名的特洛伊战争遗址。当她仔细检查那些与这场传说中的战争有关的工艺品时，她被送到了公元前 7 世纪的特洛伊战场。

【情境三】故事的主人公在参观珍珠港纪念碑时突然与她的祖父有了心灵感应。她的祖父正是在日本人对珍珠港发动突袭的那天去世的。祖父想告诉她一个巨大的秘密，希望以此来获得自己渴求的安息。

【情境四】在阿富汗战场上，一个士兵触发了地雷，并因此牺牲了。他的遗孀来到他牺牲的地方吊唁他。她集结了一些爆破专家开发了一种高精度的地雷探测器。与此同时，敌军又重新部署了一些可以躲过探测器的地雷。

【情境五】一个士兵参加了美国内战，并在战场上牺牲了。他的一位后人来到了他牺牲的战场遗址吊唁他。这位后人想给士兵写一本传记，在她收集资料的过程中，偶然发现了这场战争中某个不为人知的秘密，还发现了这位士兵在这个秘密事件中所扮演的角色。

【情境六】一位越战老兵经常做噩梦。在梦里，他仿佛又回到了硝烟弥漫的战场。他认为再次回到战场故地重游，可以让自己摆脱噩梦的困扰。他在当年的战场上遇到了一些村民，他们让他想起了自己经常做噩梦的原因。

【情境七】为了写好自传，一位作家需要回忆起自己在中东执行军事任务时经历过的那些痛苦的场面。于是他回到了当年执行任务的地方，希望可以想起当年那件惨不忍睹的事。然而，他在这里却被卷入了一项新的军事行动。

【情境八】为了调查清楚最近发生的巴以冲突的来龙去脉，一位记者既参加了一个致力于建立永久和平的地下组织，又参加了一个想不断破坏和平计划的组织。

【情境九】一位战地记者曾冒着生命危险进行过战地报道。她在战场上亲眼目睹了许多血肉横飞的场面，这些血腥的场面给她带来了极大的心理创伤，让她多年来一直饱受噩梦的折磨。于是她回到了曾经的战场，想努力消除心理阴影。但是，她在这次旅途中的所见所闻却进一步加深了她的心理创伤。

【情境十】一位年轻的苏族少年来到了位于南达科他州的伤膝河屠杀遗址。1890 年，这里爆发了著名的翁迪德尼之战。在这里，他见到了他那些英勇先祖的亡魂。它们希望这位苏族少年可以用一种特别的方式为争取印第安人的权利而继续斗争。

第十四章　爱情

类别一：禁忌之爱

当谈到浪漫小说时，“禁忌”是一个诱人的词汇。当爱情面对社会压力及家族的价值观碰撞时会产生矛盾冲突。描写禁忌之爱的小说经常会对这些障碍加以探究。

【情境一】故事的男主人公是一个巫师，他爱上了公主。公主的父亲，那位国王，却把这位巫师驱逐出了自己的王国。国王驱逐他的理由是他非法使用了黑魔法。无论这位巫师如何恳求国王再给自己一次机会，国王就是不为所动。随后，巫师有了一个冒险的主意，也许这个主意能让国王回心转意。

【情境二】尽管社会上有越来越多的人接受了同性恋，但一位同性恋大学新生却相信如果自己表明性取向，他的父亲是绝对不会再资助他上学的。但他还是不顾一切地向父亲坦白了，这不仅使这对父子之间产生了分歧，还使这个男孩的父母之间也有了芥蒂。

【情境三】尽管一位舞蹈教师再三提醒自己不要和学生产生情感纠葛，但她还是爱上了自己的一个学生。这个学生也迷恋上了这位老师，这使问题变得更加复杂了。她担心如果自己强行和这个学生分手，不仅会影响到学生舞技的进步，还会让他伤害到自己。

【情境四】一位社工发现自己爱上了一个假释犯，便申请调离目前的案子。但这名假释犯仍旧对她展开爱情攻势，坚称只有她才能让自己远离犯罪。

【情境五】一位职业女性发现自己爱上了好友的未婚夫，于是她便不再与他们来往了，因为她不想发生大家都不愿意见到的事。朋友想知道她为什么疏远了自己，朋友的未婚夫却察觉到了个中缘由。

【情境六】有一个女子非常迷信。尽管她的感情生活十分和谐，但她还是坚持让占星家男友用占星术推算一下他俩的感情，并认为只有这样，他俩的关系才能继续发展下去。男友拒绝了她的要求，并告诉她占星术不过是胡说八道。

【情境七】一个王国位于山的一侧，而山另一侧的那个国家则是敌国。在这个王国中有一条古老的预言，根据这条预言，这个王国里不论什么人，都不允许与来自敌国的任何人通婚。一天，王子遇到了一个女子——这个女子是被他们的敌国驱逐出来的——王子无可救药地爱上了她。

【情境八】尽管主人公的双亲禁止她嫁给“门不当户不对”的人，否则就不让她继承家产，但她还是选择放弃家产，嫁给了一个英俊潇洒的工人。她相信自己可以鼓励并帮助他实现梦想，拥有属于自己的生意。但当这个工人的梦想破灭了以后，主人公对于他俩的婚姻就另有想法了。

【情境九】女主人公的亚裔父母不想让女儿嫁给她那盎格鲁未婚夫。女儿坚持认为，如果父母能对自己的未婚夫有更多的了解，就会改变对他的看法。但这却遭到了父母的拒绝。

【情境十】在遥远的未来，人类议会通过了一项法律。这项法律禁止人类继续和外星人通婚，人类议会想通过这种方法来防止人类灭绝。但是，这项法律却遭到了强烈的反对，并被认为有物种歧视之嫌。反对这项法律的人们认为，与外星人通婚才是确保人类能继续存在下去的唯一途径。

类别二：人神之爱

神话故事和童话故事中有许多人神相爱的故事，这些故事也许隐喻着只要双方彼此心里有爱，娇艳的爱情之花就会绽放。以下的这些情境能帮助你创作出当代爱情神话。

【情境一】守护天使被派去保护一个凡人，却发现自己爱上了这个凡人。天使长警告他要么立刻结束这段感情，要么他将不再是一个永生不灭的神，并会失去天使的神力。这位天使选择立刻结束这段感情，但是很快他就意识到一旦失去了爱，他就再也无法履行天使的义务了。

【情境二】半人马爱上了一个凡人，他请宙斯将自己变成人类。宙斯告诉他，只要让他爱的那个女人来做宙斯的情妇，宙斯就可以满足他的愿望。

【情境三】尽管美杜莎是一个非常恐怖并且杀人无数的妖女，但她也有坠入爱河的能力，只是她爱上的每个人最后都变成了石头。于是，她请求密涅瓦——正是密涅瓦惩罚她才将她变成了妖女——不要让自己喜欢的新情人遭到变成石头的命运。但是密涅瓦拒绝了美杜莎的请求。但当密涅瓦见到美杜莎新的爱慕对象时，改变了自己的主意。

【情境四】迦太基女王黛朵爱上了伊尼亚斯。伊尼亚斯是一位特洛伊的勇士，他被宙斯逼着去实现自己的宿命，成为罗马帝国的建立者。

但维吉尔却没有把下面的事情记下来，即伊尼亚斯愿意为了黛朵放弃自己的宿命。宙斯想要拆散这对情人。

【情境五】一位阿尔戈英雄被赛壬的歌声迷住了，他从甲板上跳了下去，但他并没有淹死在海里，赛壬的歌声救了他，并将他带到了赛壬居住的小岛上。赛壬见到他之后就爱上了他。其余 49 位阿尔戈英雄想把他从赛壬的岛上救走，但他却不想离开自己的新家。

【情境六】一位森林女神爱上了一位海神，因为其他森林女神都很惧怕那位海神，所以这位森林女神受到了惩罚。尽管海神拥有强大的力量，他却是一个很绅士的人。他必须让森林女神们看到自己的谦虚和礼貌，否则就再也见不到那位森林女神了。

【情境七】由于西绪福斯既狡猾又放肆，宙斯便将他困在地狱之中，并惩罚他反复地将一块巨石推上山顶。现在让我们来想象一下：西绪福斯成了一个女神爱慕的对象，这位女神便劝宙斯赦免对西绪福斯的残酷刑罚，但遭到了宙斯的拒绝。随后，这位女神向宙斯提出了一个充满诱惑的建议。

【情境八】在山林女神厄科和那喀索斯的传说故事中，那喀索斯受到了诅咒，他将会爱上他第一眼见到的那个人。结果他第一眼见到的是自己在水中的倒影。然而在这个故事中，那喀索斯是一个标准的花花公子。他希望所有的女人都拜倒在自己的脚下，当然事实也确实如此。然后他遇到了一位记者。记者把自己伪装成一个社会名流，目的是针对这些自恋狂，“以其人之道还治其人之身”。但是，她也为那喀索斯而倾倒了。

【情境九】一位现代的异教徒向伊洛斯（丘比特）表达了自己的爱意。而伊洛斯也和奥林匹斯山上的众神一样经常被卷入凡人的风流韵事中。阿波罗和故事的主人公成为恋人，这件事激怒了伊洛斯的母亲阿芙洛狄特（维纳斯）。

【情境十】女神爱上了一位王子，但神是不可以向凡人表达爱意的。后来，王子发现女神在默默地照顾自己，于是他开始追求这位女神，并恳求宙斯成全他们。

类别三：演员和导演或演员之间的爱恋

爱情的力量是强大的，即便是对于那些非常看重职业操守和伦理道德的人来说，就算再循规蹈矩，也躲不过爱情的魔力。对演员们来说，考虑到他们经常会在戏剧或电影中扮演各种角色，所以他们的爱情所面临的挑战就更大。我们可以利用下面的情境写出更多吸引人的爱情故事。

【情境一】剧场里正在上演《罗密欧与朱丽叶》，在这部戏中，蒙太古家族的人是由非洲裔美国人出演的，而凯普莱特家族的人则是由盎格鲁人扮演的。故事的两位主人公与剧中的角色同名，他们不仅在舞台上扮演一对情侣，在舞台下也成了一对恋人。这种情况使两位主人公的父母对彼此充满了敌意，从而上演了一部真实的《罗密欧与朱丽叶》。

【情境二】导演利用自己的权力诱使男主人公——一位男演员——离开自己的恋人并爱上了自己。男主人公越想摆脱这位导演的控制，就变得越无助。

【情境三】在一个管弦乐团的新人选拔过程中，乐团的指挥被一位小提琴手迷住了。这位指挥似乎被小提琴手的表演催眠了，对她一见倾心。但唯一的问题是这位小提琴手已经结婚了。

【情境四】一位竖琴演奏家和一位巴松演奏家经常在一起排练。他们俩日久生情，坠入了爱河，他们逐渐培养出了一套通过演奏来向对方表达亲密情感的办法。但不幸的是，另一位演奏家是他俩的竞争对手，并且非常嫉妒他俩，这个人找到了一种办法来破坏他们的这种音乐对话。

【情境五】一位歌剧女主角和她在舞台上的情人在现实生活中也慢慢地发展成了恋人。一开始，他俩的恋情就像歌剧故事中的恋情一样发展得很正常。但后来，他俩的关系却发生了与歌剧故事截然相反的变化。随着他俩的关系急转直下，他们在舞台上的表现也受到了影响。导演必须想出一个办法使他俩回到正轨上来。

【情境六】马戏团里的两个高空杂技演员坠入了爱河，但很快就分手了。现在他俩必须正视的问题是，如何在冒着生命危险进行的杂技表演中控制自己对对方的恨意。

【情境七】一位指挥发现她乐团里的的第一小提琴手和第二小提琴手恋爱了，于是对他们下了最后通牒：要么选择结束或暂时中止这段恋情，要么就离开管弦乐团。但当这两位小提琴手分手之后，他俩突然不会拉小提琴了。

【情境八】一位女演员参演了一部恐怖片。她全身心地投入到扮演的那个女巫的角色中，结果发现自己不能从这个角色中走出来了。她刚刚和这部电影的导演确定了恋爱关系，而她的问题却影响到了和导演的恋情。为了能让他俩的恋情继续走下去，导演请求编剧改写一下女巫的部分，但编剧也深深爱着这位女演员。

【情境九】两位现场脱口秀演员曾是势不两立的竞争对手，但慢慢地，他俩开始互相欣赏彼此的拿手节目，并慢慢爱上了对方。但是他俩对彼此的爱意越强，在表演各自最拿手的节目时表演效果就越差。

【情境十】马戏团里有两条狗被迫表演一些愚蠢的把戏。这两条狗互相爱上了对方，并计划从训练它俩的驯兽师手里逃走。在驯兽师还不知道发生了什么的时候，这两条狗就煽动马戏团里所有的动物进行了暴动。

类别四：跨越了阶级、文化、种族和信仰的爱恋

爱情使这个世界充满了活力，同样，爱情也赋予了故事生命。即使有些故事本身并不是“爱情故事”，但爱情也是这些故事中不可或缺的要素。在下面的10种情境中，爱情既是产生矛盾冲突的催化剂，又是解决这些矛盾冲突的办法，虽然并不是所有故事都有一个皆大欢喜的结局。

【情境一】一位摩门教传教士爱上了一位摩洛哥的穆斯林女子，他想劝这位女子改变自己的宗教信仰转信摩门教，而这位女子同样想让他转信伊斯兰教。他们对于宗教的争论就像他俩的感情一样激情四射。只有解决了他俩的宗教矛盾，他俩的关系才有可能再进一步发展。

【情境二】一位无神论者与一位信教的人相爱了。但由于男方父母的缘故，她只有皈依了男方的信仰，才能和自己的爱人结婚。起初，这位女子同意了。她希望她俩结婚之后，就不会再有信仰的冲突了。但是，她的未婚夫坚持要求他们以后的孩子也信教。这样一来，这位女子就不再想和他结婚了。

【情境三】一位西方的新闻记者有一个阿富汗女朋友。他请求女朋友的父母把女儿嫁给他。他们同意了他的请求，但他必须皈依他们的宗教，并且严格遵守他们宗教的要求。

【情境四】一位男子参加了在非洲的维和工作。在他的照料下，一位当地的女子恢复了健康。与此同时，他也爱上了这名女子。但是，女方的家人们，尤其是女方的父亲，却对这对恋人充满了敌意。

【情境五】一位社会工作者去一块印第安保留地工作。在那里她遇到了一位土著印第安激进分子。这位激进分子的心中充满了对盎格鲁人的愤愤不平。他们俩通力合作，一起努力改善印第安人的境况。这位社会工作者逐渐赢得了这位激进分子的信任，并最终赢得了他的心。

【情境六】为了让女朋友的父亲同意把女儿嫁给自己，故事的主人公不得不通过一系列特别的“文化测验”。他必须接受并喜欢上某种食物或仪式。他倾尽全力想要通过测试，最终还是没有通过其中的一项测试。

【情境七】在美国内战期间，一位联邦战士爱上了一个种植园主的女儿。这个姑娘在心里暗自接受了废奴主义者的观点，但是她曾经发誓要永远维护家族的传统。他俩的关系被这个姑娘的父亲知道了，这位种植园主决定要拆散他们。

【情境八】故事的主人公曾经是一个穷人，但后来他得到了一大笔遗产。虽然他现在很有钱，但还是过着穷人一样的生活，因为他不想让女朋友因为钱嫁给自己。但是，当他的女朋友从一位朋友那里知道了事情的真相后，便指责他欺骗了自己。

【情境九】一位当代的异教徒沉迷于古埃及宗教仪式，她和一个男人相爱了。这个男人使她相信自己是奥西里斯的化身，而她则是伊希斯的化身。后来，她逐渐开始怀疑这个男人是骗子。

【情境十】退伍士兵饱受创伤后应激障碍（PTSD）的折磨。在治疗的过程中，他与对自己倍加照顾的心理治疗师相爱了。这位心理治疗师让他想起了一个女人。他在执行敌后任务时负了伤，正是那个女人救了他一命。

类别五：医务人员和病人之间的爱恋

这种情况被称作弗洛伦斯·南丁格尔效应，即医生、护士或其他护理者对病人产生了感情。这种情况通常会带来很棘手的麻烦。这些护理者既要和病患保持距离，又抵制不住爱情的力量想和病患亲密相处。我们可以利用这种情况写出许多故事。

【情境一】像大多数医生一样，故事的主人公努力在自己和病患之间保持距离。而且多年以来，他一直都做得很好。但是，现在正在接受他治疗的那个女子对他来说却有着无法抗拒的魅力。他不知道该怎么处理这种情况了。

【情境二】精神分裂症患者爱上了自己的主治医生，但这位医生非常有技巧地遏制了这种感情的发展。后来，医生莫名其妙地发现自己竟然也爱上了这个病人，或者更准确地说，这种感情是出于医生的一种职业习惯。

【情境三】公立精神病院里有两个患有情感障碍的病人。尽管这种精神方面的疾病使他俩之间不太可能产生感情，但他俩还是相爱了。医院里的一位护士想方设法拆散他俩，另一位护士却想让他俩保持这种关系。

【情境四】一场意外彻底毁掉了一位女子的容貌。于是，这位女子接受了整形手术。与此同时，她和给自己做整形手术的医生相爱了。医生因为无法将这个女子的容貌恢复到能让自己满意的程度，便要和这位女子分手。

【情境五】名人住进了医院，有三位护士都想获得他的欢心。但是这位名人却对一位志愿做护士助手的小姑娘更感兴趣。这位小姑娘至少要比他小 20 岁。

【情境六】军医喜欢上了自己护理的一个伤兵，但由于她认为作战时爱情是不合时宜的事情，所以极力压抑这种情感。但是，她越努力压抑，她的情感对她的工作影响就越大。

【情境七】神经科专家收治了一位陷入昏迷的病人。她尝试了所有已知的方法，都不能让这个病人苏醒过来。因此她努力地寻找能唤醒他的新方法，她的努力让她爱上了这个病人。

【情境八】艺术家非常担心自己会失明，便让眼科医生为他进行治疗。眼科医生认为艺术家之所以视力会出现问题，在一定程度上是因为心理原因。于是，她采用了一些非常规的治疗手段。通过治疗，她对艺术家产生了情愫，这使她无法再客观地去治疗这位艺术家。

【情境九】一位在社区工作的护士发现自己有使人返老还童的能力。在她的照料下，那些老年人真的越来越年轻了。一位八旬老人，在这位护士的照顾下越来越年轻，而且他还爱上了这位护士。

【情境十】按摩师曾经饱受男人的虐待，所以每当她为男性客户提供按摩服务的时候，都会产生一些负面情绪。她努力控制着自己内心的这些负面情绪。但当她发觉自己身不由己地迷上了一位男顾客时，她心里的这种负面情绪就变得很难控制了。

类别六：朋友间、对手及敌人间的爱情

异性间的友谊有时候极大地妨碍了爱情的产生，人际关系是一件非常复杂的事情，看起来互相排斥的两个人可能要比所有人想象的都容易相处。以下每一种情境都能帮助你勾勒出一个属于你自己的“爱上对手”的故事。

【情境一】一个国家的公主接受训练成了间谍并成功渗透进了敌国。所有的事情都按照计划发展得非常顺利。可是后来，她遇到了敌国的王子。在监视王子行动的过程中，她爱上了这位王子。

【情境二】故事的主人公与一个姑娘相爱了。这个姑娘的父亲曾经迫害过主人公的母亲。因此，当主人公的母亲得知儿子在和那个姑娘谈恋爱之后，就要求儿子立刻和那个姑娘断绝关系。但是主人公却做不出那样的事，于是他的母亲便采取了极端的做法。

【情境三】一位敌国的记者爱上了一位姑娘。姑娘的父亲是一位鹰派的政客。当这位政客发现自己女儿和这位记者的关系后，他为这个记者捏造了一项罪名并逮捕了他。

【情境四】究竟是爱情重要还是金钱重要？故事的主人公觉得自己已经找到了理想的对象，但又得知前男友以惊人的价钱卖掉了自己一手成立的公司，并想让她回到自己的怀抱。

【情境五】皇帝御医的女儿长得貌似天仙，没有一个男人能抗拒得了她的美貌。因此，她被派去色诱敌国的王子，任务是把他守着的一个惊天秘密偷到手。

【情境六】两位女子网球运动员在球场上是势均力敌的竞争对手。其中一个人的事业正处在上升期，她想不惜任何代价击败一位网球冠军，却发现自己疯狂地爱上了他。她的对手知道了这件事，便运用自己的魅力去勾引那位网球冠军，以此来破坏她的对手和那位冠军的感情。

【情境七】山坡上的爱情：两位互不相让的滑雪运动员同时爱上了同一个姑娘，他们想尽办法让对手知难而退，以便在这份感情里独占鳌头。他们也因此耽误了很多训练。在下一次比赛来临之前，他们都意识到自己有可能获得冠军。于是他们便拼命地加大训练强度，想补上自己之前落下的训练，但这却造成了严重的训练事故。

【情境八】一位人类学助理教授在一处土著印第安人的墓葬中对印第安人的残骸进行研究工作。他爱上了当地的一位印第安姑娘。这位印第安姑娘认为，即使是为了科学研究而移动那些遗骨，也是亵渎祖先的行为。但是这位助理教授必须完成他对那些遗骨的研究，否则就不能获得终身教授的职位。

【情境九】尽管事先已经做好了所有的防范措施，警探还是爱上了一位黑手党党魁的女儿。这名女子对组织非常忠诚。尽管警探相信她是为了操纵自己才假装爱上自己的，却做不到和她一刀两断。

【情境十】一位猎人是狂热的枪支爱好者，他经常和一个修改控枪法案的支持者争论是否该合法拥有枪支。他们经常争论得热火朝天，却逐渐爱上了对方。随着他们的感情不断发展，他们各自对于枪支控制的观点也发生了变化。

类别七：爱情中的混乱、失误及错失的良机

> 浪漫的爱情故事总是充满各种美丽的错误。这些爱情故事可以是严肃的，也可以是轻松的，可能是真实的，也可能是虚构的。但它们确实反映了我们大多数人都曾拥有过的恋爱经历。

【情境一】在一次化装舞会上，故事的主人公错把一位戴着面具的陌生女子当成了自己的未婚妻，他十分活跃地和这位陌生的女子打情骂俏。当这位女子摘下面具后，他才发现自己认错了人，并立刻道了歉。但为时太晚，丘比特的爱情之箭已经射中了他俩。

【情境二】故事的主人公正在饭馆里吃饭。她非常确定坐在自己桌对面的那个人就是高中时候的追求对象。甚至在几年前，她还和他约会

过。尽管那人的相貌发生了一些变化，但她确定他就是那个当年让自己十分心动的人。于是，她走过去和他打招呼，但他却说她认错人了，并仓促离开了饭馆。主人公虽然不知道为什么会这样，但十分确定他在掩饰着什么。于是便跟上了他，想一探究竟。

【情境三】故事的主人公和他的一个女同学有着同样的学术兴趣，因此他对这位女同学暗生情愫。但他太害羞了，不敢对她表达自己的心意，只能把她当作自己的梦中情人。随后，他失望地发现这个女生和自己的一个朋友成了恋人。他终于决定要横刀夺爱时，一切都已经太晚了。

【情境四】一位街头魔术表演家注意到一位经常来看自己表演魔术的小伙子似乎不只对自己的表演感兴趣，对自己也非常有好感。于是她希望这个小伙子能主动对自己表白，但是他却一直没有行动。她决定利用自己表演的魔术主动向这位小伙子表白。

【情境五】故事的主人公和自己的室友一起坐游轮去旅行。他看上了同在游轮上的一个姑娘，却迟迟下不了决心去追求她。就在他犹豫不决的时候，他的室友却先下手为强，抢在他前面对那个姑娘展开了攻势。主人公想把那个姑娘从室友的手里抢过来，便对姑娘说自己的室友是个很危险的人。他的做法激怒了那位姑娘，同时她也很想知道他说的是不是事实。

【情境六】故事的主人公刚和自己的孪生兄弟吵完架，一气之下便把别人给兄弟的一封情书截了下来，没有交给他。他的兄弟发现了他的所作所为，计划对他施以报复。

【情境七】故事的主人公独自住在公寓里。他喜欢上隔壁邻居已经有好几个月了。但并没有当面向女邻居表白，而是不断匿名地送花到她家里。他的女邻居认为一直给自己送花的是住在街尾的那个人，而那个人正是主人公的死对头。

【情境八】故事主人公的恋人对自己的相貌很不满意。尽管主人公一直认为她已经很漂亮了，她还是私自去做了整形手术。当主人公得知了这件事情后，他的反应表明他的女朋友犯了一个严重的错误。

【情境九】年轻人想追求自己的同事，却失败了。这令他伤心欲绝，躲在家里以泪洗面。守护天使得知了这个情况，便给了这位年轻人一次机会，让他再去追求那个同事一次。但这一次，他会面对更大的障碍。

【情境十】男孩和女孩在一个周游世界嘉年华表演的马戏团里工作。他俩成了情侣，这使得其中一人的前任情人妒火中烧。这个人是马戏团里的小丑，他打算用威胁恐吓的办法拆散这对恋人。

类别八：在陌生的充满异国情调的地方产生爱情

世界上有许多吸引人的地方，这些地方更具浪漫情调，在这里发生的爱情故事也更令人遐想。让我们想想那些著名的爱情故事吧。詹姆斯·米切纳的《南太平洋的故事》发生在夏威夷，艾米莉·勃朗特的《呼啸山庄》发生在约克郡阴魂不散的荒原之上。

【情境一】海洋生物学家在北极圈里进行研究工作。他遇到了一位因纽特女子，这位女子用自己的信仰来看待这个世界。随着他俩关系的发展，他们都学会了从对方的角度来理解这个世界。

【情境二】故事的主人公和他的竞争对手都是登山运动员。他俩要一起去攀登一座攀登难度很大的险峰。在登山的过程中，他俩的矛盾到达了顶峰。这时，其中一人却遭遇了意外。

【情境三】在一个植被茂盛的热带小岛上，冲浪运动员和当地的一个女子混在了一起。这个女子的名声很不好，她总是控制不住地想毁掉任何和自己交往的男人。另一位岛上的居民想要干预他俩的事情。

【情境四】精英爆破小组的成员和他的一位同事在战场执行任务的时候相爱了，他们的任务是寻找没有被引爆的炸弹。他们中的一个人认为他俩之间的爱情是真实的，另一个人则认为他俩之所以会热情似火，是因为他们执行的任务太危险了，这也就意味着他俩的关系在正常情况下是无法持久的。他们在战场上发现了一颗没有被引爆的地堡炸弹，经过紧张危险的工作，终于拆除了这颗炸弹。他俩可以同时休假，在假期里他们试着像正常的恋人一样去相处。

【情境五】两位深水潜水员一起进行探索珊瑚礁的工作。在一次潜水作业中，其中一人遭遇了意外，另一人则无辜成了这次事故的替罪羊。是他们的竞争对手故意造成这起事故的吗？

【情境六】一位独自生活的女子是图书馆里珍稀手稿的管理员，她发现一位学者正在追求自己，便申请调到图书馆里的另一个区域工作。这位学者设法知道了她的新工作地点，但他知道如果贸然出现在那里，会产生相反的效果。所以，他并没有那样做，而是准备悄悄地帮助她完成她的研究。

【情境七】两位花样跳伞运动员总在一起进行跳伞表演，每进行一次表演，他俩的关系就更进一步。但是，他们中的一人遭遇意外并受了伤，另一个人便建议他俩从此不再进行花样跳伞表演了。这个建议却极大影响了他们的感情。主人公的愿望是可以继续进行跳伞表演。但是只有他看出了她的决定会带来怎样的危险。

【情境八】一群洞穴探索爱好者在一个新发现的洞穴里乱逛，终于，他们迷路了。于是，他们便开始寻找回去的路。故事的主人公本来只是相互认识，但在这个满是钟乳石的洞穴里，他俩都被对方迷住了。

【情境九】飓风来临前，人们纷纷被撤离到一个临时的避难所里。在避难所里，一位中年男子遇到了一位中年女子。他俩在避难所里开始探讨彼此的兴趣爱好。他们只有一个共同的兴趣，正是这个共同的兴趣使他俩最后成为了恋人。

【情境十】在一次模特大赛中，两位参赛的模特相知、相识并相爱了。他们必须找到一个方法，让他们在好好比赛的同时恋情也能得到良好的发展。后来，这对恋人中的那位女模特被取消了参赛资格，男模特冒着被取消参赛资格的风险，努力帮助她恢复比赛资格。

类别九：职场之爱

> 虽然人们在职场上经常会碰到挑战，要保持最佳的工作状态，要时刻牢记职业道德，一般来说人们不鼓励办公室恋情，但职场里总是会上演许多爱情故事。无论如何，大家都非常喜欢了解这些发生在职场里的爱情故事。

【情境一】虽然经理制定了严格的规定，绝对禁止办公室恋情，但是她自己却爱上了一个雇员。但她并不承认这件事，反而试图掩人耳目，不让大家知道。

【情境二】老板向公司里的一位女职员展开了爱情攻势。由于担心直接拒绝老板的求爱会让自己丢掉饭碗，这位女职员装作受宠若惊的样子。但她这样做，无疑是在鼓励老板将自己的求爱方式升级。这位女员工非常痛苦，她是该警告老板让他适可而止，还是该继续演下去呢？出于无奈，她只能让所有的同事都相信自己是同性恋。

【情境三】公司允许所有的初级员工都来竞争经理的职位。故事的主人公和她的一位竞争对手相爱了。他们两人都能够胜任这一职位，但主人公却更在意输赢，这让她的爱人兼竞争对手担心他俩的感情会受到影响，她也会丢掉这个本该属于她的职位。

【情境四】尽管实验室有禁止骚扰同事的规定，但一位高级研究员还是迷上了在他手下工作的博士后。博士后也对他颇有好感，这位博士后认为，只有和这位高级研究员的关系发展到下一阶段，她的研究项目才不会受到影响。

【情境五】公司主管发现自己被公司里的一个守夜人迷住了。这个守夜人让她想起小时候的初恋情人。他们交流得越多，主管就越觉得这位守夜人就是她的初恋情人。但是，守夜人突然表现得怨恨这位主管，这让她一头雾水，不知道究竟是因为什么。

【情境六】一位经理曾经被指控犯有性骚扰罪，因此，他的员工都不再继续信任他了。现在他迷恋上了一位员工。这位员工却认为这只是又一次性骚扰，便思考要不要再次提出指控。

【情境七】警探迷上了一个新来的警员。由于担心他俩的关系会影响到工作，警长便没有安排他俩搭档工作。这位新来的警员在追捕一个劫匪的时候失踪了，警探便丢下手头的所有工作去找她。

【情境八】两位非常有抱负的厨师参加了厨神比赛。在比赛中，他俩相爱了，他们把对彼此的爱意都融入了参赛的菜品中。但是，当他们两人同时进入决赛时，他俩的感情便受到了挑战。

【情境九】主人公非常喜欢一位与他在同一间办公室里工作的同事。尽管他向同事表白的时候已经非常谨慎，但这位同事还是指责他在性骚扰。从此他就一直躲着她，最后她终于意识到自己这样做是不公正的。

【情境十】公司里有一个尚未“公开身份”的同性恋。当他向一位同事展开爱情攻势的时候，经理便试图勒索他：“除非你帮我做某件事，否则我就要告发你。”但后来，这位员工发现经理的情妇居然是 CEO 的女儿，他反过来去勒索这位经理。

类别十：年轻人的爱

年轻的人更会受到爱情的影响。年轻人相爱后，感情有时也会变成一团乱麻。其实，有时候，年轻人之间的爱情只不过是一时冲动的痴迷，或者是不成熟的悸动。但是有时候，发生在年轻人身上的爱情却也是非常刻骨铭心的。

【情境一】两个 15 岁的孩子相爱了，他俩相信彼此是对方的真爱，而不仅仅是一时冲动。为了让心存疑虑的双方父母放心，他俩做出非同寻常的成熟举动。由于他俩的举动看起来过于正式庄重，有一位家长不同意让他俩的感情继续下去。

【情境二】一对还没有到法定结婚年龄的情侣带着假身份证来到了美国内华达州。他们坐在婚礼教堂里，等着登记结婚。但是在等待的过程中，他们见到了许多人因为各种庸俗的理由而结婚，有的人甚至是在骗婚。所见所闻让他俩决定暂时推迟婚礼，再认真地想清楚婚姻这件事情。

【情境三】故事的主人公告诉男朋友自己怀孕了，尽管她的男朋友已经发誓要娶她为妻，但这个消息还是让他陷入了恐慌，于是他消失了。到了宝宝快要出生的时候，他再次露面。但这时，主人公已经和另一个人订婚了。听到这个消息，主人公的男朋友简直要发疯。他想赢回她对自己的爱与信任。

【情境四】一位高三的学生爱上了自己的老师。这个老师的年纪是学生的两倍。老师刚从一场噩梦般的婚姻中恢复过来，根本无法抵抗这个孩子的柔情，况且这个孩子看起来已经很成熟了。但是，这个孩子的父母却计划破坏他们的关系。

【情境五】见到自己最喜爱的那些凡间少女都爱上了一个年轻英俊的凡人，宙斯变得妒火中烧。他把这些少女都变成了蛇。然而，这些人却赢得了哈迪斯的赞赏。哈迪斯赐予了她们魔力，让她们在一年中有一个月的时间变回人形。哈迪斯怂恿她们趁着自己还是人形的时候对宙斯展开报复，但是她们却另有安排。

【情境六】故事的主人公和她的大学室友吃惊地发现她们两个都是同性恋，并都迷恋上了对方，但她俩决定不把恋爱的事情告诉朋友们。然而有一位朋友发现了她俩的关系，并给这对恋人找了许多麻烦。

【情境七】一个十几岁的男孩因为在商店里偷东西而被捕。别人都劝他的女朋友跟他一刀两断，她却想再给他一次机会。在他第二次被捕之后，她毅然决然地跟他分手了。但是他却做了一些超乎寻常的事情，让她重新回到了自己的怀抱。

【情境八】一位害羞的少年迷恋上了图书管理员。这位图书管理员已经与一位有虐待倾向的男人订婚了。一次，这位少年在餐馆里碰到了图书管理员正在和她的未婚夫吵架，他以感谢她为自己推荐好书为借口和她聊了一会儿，并让她重新振作了起来。但是，她的回应方式却让他产生了误会——误以为她对自己也有好感。

【情境九】两个高中生喜欢上了同一个女孩，但是他们喜欢她的理由却截然不同。一个人是因为她热爱科学才喜欢上她的，另一个人却只是觉得她看起来是一个很容易被“征服”的人，所以追求她。尽管她的智商很高，但因为后者看起来充满自信，所以她发现自己被后者迷住了。

【情境十】故事的主人公已经30多岁了。一个十几岁的小女孩对他非常迷恋。尽管他努力让这个小女孩打消与他恋爱的念头，但他还是被指控勾引这个小女孩。不管他说什么、做什么，都不能让这个小女孩的父母相信自己。

第十五章　神秘之物

类别一：神秘的书籍、包裹及文件

许多扣人心弦的神秘小说都是围绕一本书或一份文件展开的。在这本书或文件里隐藏着一些线索，有时候这些线索被设置得十分巧妙，既要有创造性的思维又要有分析能力，才能破译其中的秘密。以下这些情境取材于一些手稿或已经出版的材料，它们可以帮助你写出属于你自己的神秘故事。

【情境一】主人公的父亲失踪了。主人公打开了父亲的保险箱，希望能发现一些与父亲失踪有关的线索。她在保险箱里只找到了一张纸。在这张纸上写着一串数字。很明显，这串数字是另一个保险箱的密码。

【情境二】一位 CIA 情报员收到了一封用密码写成的信。仅凭他自己根本无法看懂这封信里究竟写了什么，他便找到了一位密码破译专家。破译专家相信自己能破译这封信的内容。当她破译了一部分信的内容后，她意识到这份情报与一次正在密谋中的军事政变有关。

【情境三】有人把一个没有署名的包裹放在了主人公家的大门外。出乎意料的是，主人公打开包裹后发现里面只有一团报纸。主人公的男朋友是一位业余侦探，他发现这张报纸上有些字被人用铅笔做了标记。如果把这些字连起来读，就会发现一条秘密的信息。

【情境四】在一次拍卖会上，一位历史老师在一些旧书中发现了一本中世纪手稿。这本手稿里记载着一部索福克勒斯未传世的剧本。她把这部手稿放在一边，继续查看那些被拍卖的物品。就在这时，小偷把这本手稿偷走了。这位老师只看到了那个小偷逃走时的背影。

【情境五】因为一个退伍兵有精神问题，所以他的未婚妻取消了和他的婚约。10 年之后，这位穷困潦倒的退伍兵收到了他前未婚妻寄来的一封和解信。但是在这 10 年中，退伍兵经历了无数的不幸，已经变成了一个酒鬼。他联系上他的前未婚妻，并把自己的情况告诉了她。他向她保证自己已经在一个精神治疗师那里接受了治疗，并且效果还非常不错。但这根本就不是真的。

【情境六】一位藏书家在一本圣书的空白处发现了一段字迹潦草的话。经过辨认，她发现那是一条用密码写成的暗语。于是她把书拿给一位密码破译专家看。这位专家相信，这段话是一篇说明的一部分，人们可以用这篇说明找到一个只在神话中出现过的军火库。

【情境七】历史学家发现了一封信，这封信是一位政治领袖在第二次世界大战期间写的，它会改变大家对于一场战役的解读。尽管这封信受到了严密的保护，但还是有人设法泄露了信里的内容，一场政治冲突因此爆发了。原本两个经常有摩擦的国家准备宣布在共同的国界上修建一座纪念碑，现在这个计划也被迫中止了。

【情境八】尽管一位作家的父亲让其不要出版那本曝光自己 CIA 生涯的书，但作家还是下决心按照自己的计划将其出版。于是，她的父亲便威胁她，除非她从出版商那里把这本书拿回来，否则他要把她不想被人知道的那个秘密说出去。

【情境九】魔法世界里的一本书不见了。那些可以正确念出这本书里的咒语的人可以做出准确的预言。这本书的守护者发现了一些线索，并按照这些线索来到了我们这个世界。准确地讲，他按照线索找到了一所大学，这本书可能就被藏在这所大学里。

【情境十】故事主人公的表弟转让了一块土地给她，并解释说他的父亲，也就是主人公的舅舅，在遗嘱里把这块地留给了她。但是她却对这个转让的说法心存疑虑，因为她和舅舅的关系并不好。

类别二：被埋藏起来的神秘事物

一提到被埋藏起来的事物，我们就会想起小时候看过的那些冒险故事，比如去寻找宝库，或是去寻找失落的古墓。如果被埋藏的东西是非常神秘或者非常恐怖的，那么这些冒险经历读起来就会更加扣人心弦。下面的这些情境能帮助你写出许多类似的冒险故事。

【情境一】一位有犯罪前科的人在自己家后花园种花的时候，发现了一个装满金币的锡罐。于是他拿着这些金币去找人估价。估价师认出了这个臭名昭著的有前科的人，暗中打电话报了警。而这位有前科的人早就猜到了他会这样做。

【情境二】主人公的一个亲戚最近刚刚去世，这个亲戚给他留下了一张地图。主人公按照这份地图找到了一堆看起来没有什么用的东西：一些装着电子设备的盒子、一堆汽车零件及一些被藏起来的旧杂志。他是被他的亲戚愚弄了吗？他的朋友却相信这些垃圾里也许藏着能找到真正财宝的线索。

【情境三】女子从一位过世的亲戚那里继承了一个神秘的盒子。她发现盒子里全是珍稀的图书。由于她非常缺钱，因此内心十分纠结。她既想把这些书卖掉，又想把它们当作传家宝传承下去。在她卖掉了其中一些书之后，发现在这些书里隐藏着一个更大的秘密。

【情境四】主人公对自己家的房子进行了改建，她在地板下面发现了一些用密码写成的文件。没人能解释这些文件到底有多重要，直到她让一位退休的军官看过了这些文件之后，才知道了其中的秘密。

【情境五】矿工们在一个废弃的矿洞里进行发掘工作，他们发现了一种未知的矿脉。一位专家认为从这条矿脉中开采出来的矿石富含稀土元素，而这些稀土元素对于开发电子技术来说是至关重要的。他为矿工们提供了帮助，所以也想分一杯羹。实际上，这位专家根本不想分给这些矿工们任何东西。

【情境六】人们发现了一个已经被埋藏了50年之久的时间胶囊，并从中发现了一些东西。利用这些东西，人们可以解决一些已经困扰这个城市很久的秘密。比如说，在这个时间胶囊里有一份文件，记载了一些谋杀案，这些谋杀案和一件目前悬而未决的谋杀案非常类似。

【情境七】主人公买了一张古董桌子。在对桌子进行更仔细的检查时，他发现了一个暗格，在暗格里保存着一份用一种未知的语言书写的文件。一位专家认为这份文件中也许隐藏着一些线索，人们可以利用这些线索解决当地一个悬而未决的秘密，并找到一笔失踪的财富。

【情境八】一位化学博士是FBI特聘的顾问，他被某人秘密地监视了。这个人在他的家里、车上还有他的办公室里都装了窃听器。因为这位化学博士正在研究一种与一项绝密调查有关的特殊物质，所以他怀疑间谍是一些小偷，他们想从他这里偷走他正在研究那种物质。他雇用了一个私人侦探，请他为自己提供保护并把那些间谍找出来。但这位侦探真的是像他自己说的那样，只是一个私人侦探吗？

【情境九】这个藏身于古代油灯里的魔鬼并不能帮人实现愿望，但他可以看到未来发生的事情，他只能为每位主人做三次预言，然后就要为下一个主人服务。他目前的主人却找到了一种能让这个魔鬼违背自己的意愿，一直为他服务的办法。

【情境十】一群初中生在一块田里挖出了一个来自外星的物品。他们并没有将自己的发现告诉家长或其他成年人，他们想靠自己来确定这件物品的功用，但他们发现的东西使他们不知所措。

类别三：神秘的疾病

与几百年前的药物相比，今天的药物简直就是不可思议的奇迹。但各种新发现的病菌和各种已经产生抗药性的病原体依旧在不断挑战着当代医疗研究。尽管这些挑战有时候令人倍感挫折，但它们却为故事创作提供了大量的素材。

【情境一】在一艘航行在地中海的游轮上，乘客们纷纷病倒了。他们先是头疼，然后开始出现高烧和头晕的症状。船上的医生怀疑这些乘客误食了被感染的食物，却找不到任何证据。这时，一些乘客的举动开始变得非常怪异。

【情境二】一些游客来到了热带的一个小岛度假，该岛是著名的风景名胜区。游客在岛上出现了奇怪的症状，潮热并出现了幻觉。有一位游客是医生，他查看了小岛上的医疗记录，发现了一个惊人的情况。

【情境三】住在同一个社区里的人突然同时出现了一种奇怪的症状：他们的皮肤开始变成了奇怪的颜色。一支医疗小队迅速进入这个社区调查病因。这时，这些被病痛折磨的人的行为也发生了变化。尽管采取了防护措施，但一位医疗小队的成员也被感染了。于是社区里出现了极大的恐慌。

【情境四】住在某市郊社区里的人全都莫名其妙地开始了梦游。神经学家对一些梦游者进行了检查，发现人们之所以会梦游，是因为这里的水中有一种化学物质。与此同时，一些梦游者的性格也发生了极大的改变。

【情境五】机器人探测器在一颗巨大的小行星上完成了收集地下物质的工作，返回了地球。尽管美国航空与航天管理局已经做好了预防措施，但某种被这架机器人探测器带回的外星病毒还是从隔离区泄漏了，实验室的工作人员都感染了这种病毒。他们又把这种病毒传染给了家人和朋友，造成了一场流行病大爆发。

【情境六】一种新的致命疾病是通过性接触传播的。这种疾病迅速在异性恋和同性恋伴侣间蔓延开来，造成了大面积的恐慌。疾病控制中心迅速对受感染的人采取了隔离措施。与此同时，他们坚持要求人们不要再进行任何形式的性行为，直到有进一步的通知。

【情境七】某个小镇上的居民一夜醒来之后，发现自己的感知力有了巨大的提高，但是他们的自控能力却随之下降了不少。医疗研究者怀疑这一切都是由这个小镇的空气中飘浮着的一种外星细菌造成的。

【情境八】在这个小镇上，越来越多的人开始产生幻觉。卫生部官员们在追查人们产生幻觉的原因时，发现小镇四周生长着一种不明品种的植物，也许就是这种植物使人产生了幻觉。没有人知道该如何让居民不再产生幻觉。而且，人们产生的幻觉已经开始让他们的行为变得怪异了。

【情境九】孩子们的手和脚开始奇怪地变大。医生们怀疑这是因为他们受到了附近废品处理站里废品的污染。这种症状以前从来没有出现过。

【情境十】成千上万人的视力突然出现了问题，其中大部分患者都是未成年人。科学家们把出现的这种情况归因于一种新上市的电子游戏。于是政府决定销毁这种游戏，一场暴乱因此爆发了。

类别四：神秘的信息

一条暗藏玄机的信息，不论是来自敌国，还是来自太空，又或者是来自家里一个心术不正的成员，都会是一个很棒的故事设置。写这条信息的人的动机是什么？这条信息里有什么暗示？接下来的10种情境能极大地激发你的想象力。

【情境一】女子失踪前给丈夫留下了一封信，这封信是用密码写成的。负责寻找这位女子的警探们被这封信难住了，没有人能破译这封信里的内容。后来，警探找到了一位专家，他懂得一门已经不再被使用的语言，帮助警探破译了这封信。

【情境二】故事的主人公被噩梦吓醒了。在梦里，她从一个陌生人那里得知了一个恐怖的消息。但是，她只能回忆起这个消息的一部分。通过催眠，她终于回忆起了所有的东西，包括那个陌生人的身份。

【情境三】宇航员们从太空中截获了一条消息。起初，他们认为是生活在另一个太阳系中的外星人发出的。但是，这条消息中所使用的语言对宇航员们来说既陌生又熟悉。其中一个宇航员怀疑他们截获的是人类从遥远的未来发出的消息。

【情境四】在一节地铁车厢里，一位女子把一张纸条塞进了一个小伙子的手里，纸条上写着："救命！"女子在下一站下车了。小伙子没来得及细想，便跟着她来到了一个危险的地方。

【情境五】这已经是主人公第二次收到那个自称是她哥哥的陌生人发给她的消息了，于是她决定看看那个人说的话到底是不是真的。通过一系列调查，她发现自己的家史中隐藏着一些令人不安的事情。

【情境六】在过去的几年里，一个鬼魂每天晚上都会出现在一位老人的面前，告诉他一条又一条神秘的消息。起初，这些消息听上去非常晦涩难懂。后来老人慢慢明白这个鬼魂在说什么了。鬼魂讲的事情令人毛骨悚然。

【情境七】一个自称来自未来世界的人总是不停地给主人公打电话和发邮件。他请求她按照他的指令去行动，从而避免将发生的可怕事件。主人公觉得他是个骗子，所以根本就不理他。但是他告诉了她一些事情，以此来证明他说的都是真的。

【情境八】一位研究老年痴呆症的学者发现，如果她将她的病人催眠，那么与清醒的时候相比，这些病人在催眠状态下能更有效地想起以前发生的事情。但是频繁地被催眠会产生不好的副作用，因此她必须找出克服这些副作用的办法。

【情境九】一个女子和有虐待倾向的丈夫离婚了，还从法院得到了针对他的限制令。但是，她总是能在一些地方发现他给自己写的诡异的信息，而这些地方是根本就不允许他进入的，比如她的办公室，或是她的新公寓。

【情境十】恐怖分子们总是在自己炸过或占领过的地点附近留下一些神秘的消息，这些消息似乎是一条完整消息的一部分，而完整的消息可能暗示着一次大型的恐怖袭击。

类别五：失踪者的秘密

许多神秘故事的设定都是有人失踪了。这个人也许是故意消失，也许是被绑架，又或者是因为一些更糟糕的情况。一部好的讲述失踪者的神秘小说会让读者不停地猜测接下来会发生什么，并迫不及待地想读后面的情节。

【情境一】已经退休的武器设计师作为特别嘉宾去参加一个公司的聚会，但聚会时却并没有出现。由于他工作的特殊性，大家都怀疑他被谋杀了。被派来调查这个案子的警探很快就发现她被卷入了一场国际阴谋中。

【情境二】记者把自己伪装成流浪汉调查城市中的穷人们。一天，他发现前不久才和自己说过话的一个路边小贩不见了。一位目击者认为这名小贩被黑帮绑架了，因为他和这位记者说了一些不该说的话。于是，这名记者和这位目击者一起动身去寻找这个小贩。

【情境三】警方正在调查马戏团演员纷纷被绑架的案件。一位很有事业心的警探来到了这个巡回马戏团。他调查了马戏团里的一些成员之后，心中有了一个想法。

【情境四】人类学家们组成了一支队伍深入雨林，对一个并没有多少人听说过的部落进行研究。路上，一位队员失踪了。当他们抵达这个村庄时，发现了一些线索证明那名失踪的队员曾经到过这里。但是村子里没有一个人声称曾经见过他。不久以后，这个村子的村长也失踪了。这件事在村里造成了恐慌。

【情境五】敌国的特工绑架了一个患有孤独症的孩子，他们要求得到政府的机密情报作为交换。没有人知道他们绑架这个孩子的原因，但这个孩子的医生却知道一些内情。

【情境六】一个街头自动贩卖机不见了，几乎没有人认真地考虑过它失踪的原因。负责这个案子的警探发现一家生物科技公司在利用这台自动贩卖机进行一项秘密的测试。

【情境七】时间旅行已经成为了现实，但是时间旅行者们穿越时空的时间上限只有 24 小时，超过 24 小时，他们就会自动被送回正常的时间维度中。一个时间旅行者回到过去的某个时刻修复一个异常的情况，为了完成工作，她在过去停留的时间超过了24小时，然后就消失了。她的同事开始四处寻找她，但这就像是一次徒劳无功的穿越时空之旅。

【情境八】圣诞老人在他北极的家里消失了，他的夫人非常担心。与此同时，她承担起了圣诞老人的工作，却遭到了许多传统主义者的蔑视。“圣诞老奶奶？绝对不行！”但谁会绑架圣诞老人呢？

【情境九】有人绑架了教皇，梵蒂冈警方怀疑绑架者是教皇身边的人，甚至可能是守卫梵蒂冈的瑞士卫队中的某些人。不久之后，在西斯廷教堂里发现了绑匪的一系列要求。

【情境十】敌国的总统失踪了，某国政府被指责与此有关。但是有证据表明这是敌国政坛里发生的一次内斗，他们好像招募了一个叛国者来协助他们绑架总统。

类别六：神秘的现象

> 即使在这个重视科学的年代，我们还是经常会见到一些无法解释的现象。通常，对于某种现象的解释总是姗姗来迟：“那些在天空中的奇怪的光线是正处于试验阶段的飞机发射出来的，并不是外星人的飞碟。”即使如此，还是有大量现象是无法解释的。这对于小说家来说，这是一件极好的事情。这里有10个情境来供你选择。

【情境一】在一个颇受争议的公众人物的保险箱里总是有什么东西在嘀嗒作响，但是当他把保险箱打开后却什么也找不到。在他的家里到处都能听到这种嘀嗒声。是不是有人想把他逼疯呢？

【情境二】在一个国家的不同地区出现了奇怪的雷暴。每次这些雷暴出现的时候，动物们都会有奇怪的反应。科学家担心这种现象也许和两个维度的世界在发生碰撞有关。

【情境三】某地区突然出现了许多地热喷泉，但这种地质活动本不应该出现在这一地区，科学家们无法解释这些地热喷泉的成因。一位地质学家发现了这些地热喷泉与黄石公园里的那些地热喷泉之间的相似之处，并担心在该地区的地下有一个沉睡了几千年的熔岩房，现在这个熔岩房也许已经苏醒，马上就要爆发了。

【情境四】地球附近一个不稳定的恒星有 30% 的可能会变成一颗新星。如果它变成新星，就会向地球发射出致命的辐射。30% 的概率值得我们花费上百亿甚至更多的钱来开发一些连我们自己都不知道能不能起作用的防护措施吗？对此，人们开始了激烈的争论。但有一个事实是毋庸置疑的——一旦这颗恒星发生爆炸，到时候再采取防护措施就晚了。后来，从这颗不稳定的恒星的一颗行星上传来的神秘消息使得情况变更加复杂。

【情境五】一种奇怪的像蘑菇一样的植物在世界各地冒了出来。有些人认为它们不是地球上的植物，有些大胆的人则摘了一些这种植物来吃。吃过之后，他们表示这些植物不仅美味，还有返老还童的功效。于是，所有人都开始品尝这些植物，结果却产生了诡异的效果。

【情境六】通信卫星发生了故障，互联网和移动电话都崩溃了，随之而来的是全球陷入混乱。有些人怀疑这种情况是来自外层空间的辐射爆炸造成的，另一些人则怀疑是掌握高科技的恐怖分子在对全世界发动恐怖袭击。

【情境七】遗传学家创造出了一种有机物。这种有机物可以被应用于器官移植手术，但随后发现这种物质自身会发生无法预测的变异。在遗传学家们彻底停止这项实验之前，这种有机物却逃出了实验室，然后消失不见了。

【情境八】人们在一个刚被发现的山洞里发现了一些神秘的金属制品。只有假设住在这个山洞里的史前人类与外星人有联系，他们才有可能拥有这样的金属制品。后来，其中一件金属制品活了过来。

【情境九】一位早慧的研究生做事非常肆无忌惮。他利用从不同物种——也包括人类——身上提取出的DNA研制出了一种物质，这种物质可以刺激大脑的发育。他相信这种物质可以使人类智商得到极大提高，因此，他给自己注射了这种物质。

【情境十】一到晚上，约旦河就会变成血红色，信徒们把这称为奇迹。而科学家们则担心之所以河水会变成红色，是因为河水被污染了。当河水开始发光时，所有人都认为这是一种超自然的东西造成的结果。

类别七：神秘之地

我们热爱旅行，因为不熟悉的地方对我们来说有不同程度的神秘感。这种神秘感使这些地方更具魅力。尽管有时候我们会觉得这些地方神秘得有些可怕。但正是这种初时的神秘感才为故事的产生提供了理想的土壤。这里有10种可能的情境。

【情境一】推销员在乘坐通勤列车的时候睡过头了，她只得在下一站下了车，但是这个城市对她来说完全是陌生的。因为已经过了午夜，站台上一个人也没有。她拖着疲惫的步伐走在城里，想找到一间可以休息的房间，但这里根本就没有旅馆。整个城镇就像一座被废弃的空城。

【情境二】考古学家也许碰到了自己这一辈子都梦想能碰上的事情：发现一座只在传说里提到过的失落的城市。尽管遗址里所有的东西都说明了这就是那座传说中失落的城市，但一些出土的文物却向她讲述着从未在任何文献中出现过的更加黑暗的故事。

【情境三】历史学家在地中海一个属于马耳他的小岛上进行科考工作。他在塔尔欣一座有着 5 000 年历史的古城遗迹里仔细地检查那些建筑物的残骸，发现这些残骸应该是当时一座秘密的神庙。这是一个了不起的发现，甚至可以改写人类历史。

【情境四】沙漠里一座小城的居民发现了一个被封闭了很久的矿洞。矿洞里的东西把他们都吓坏了。然而，更糟糕的是，他们还没跑出矿洞，矿洞的入口就塌方了。

【情境五】考古学家们在一座古城的废墟下发现了另一座古城的遗迹，这座新发现的古城似乎是一座失落的城市。没有任何文献有关于这个城市的记载，有许多人对它的真实性提出了质疑。但故事的主人公在这个古城遗迹中发现了一批文件。

【情境六】矿工在跳蚤市场上买了一个书柜，他在这个书柜上发现了一个暗格，并从中发现了一些提示。按照这些提示，他发现了一座废弃的城市，这个城市的一部分已经被地震毁掉了。他在这座古城里发现的东西表明，这座城市一直在守护着一个天大的秘密。

【情境七】科学家们发现了一座古城的遗址。这座古城在人类文明开始之初非常繁荣。但是，科学家们发掘得越深入，他们心里的疑惑就越大。这座失落的城市中没有一件东西是与它同时期的其他城市相似的，城市中的建筑风格和一些工艺品看起来更像是现代的产物。

【情境八】在阿兹特克人的首都特诺奇蒂特兰城（现在的墨西哥城）里，羽蛇神克萨尔科亚特尔、大地女神科亚特利库埃及天空之神泰兹哈特利波卡用晦涩难懂的神示警告城里的卫兵，异族人马上就要从大海的另一端发动侵略了，但卫兵们却不知道该如何解读神示。

【情境九】主人公的儿子经常和其他孩子们一起在市中心的游乐场玩

耍。一天，游乐场看起来和平时没有任何不同，但是当孩子们走进游乐场，他们的一举一动就开始表现得非常奇怪。主人公决定对此展开调查。

【情境十】另一维度的地球上有一块多出来的大陆。这块大陆的面积和澳大利亚一样大，但其上的生物横行无忌，还大量地繁殖。那些冒险进入这块大陆的人没有一个能活着走出来。

类别八：神秘的社会团体

绝大多数人都喜欢与志同道合的人为伍。但有时候，再好的组织也许会采取一些令人不快的行动或提出一些让大家不满意的观点。我们可以利用这种情况写出引人入胜的故事。

【情境一】退休教师接到了一封邀请函，对方邀请他加入一个社团，这个社团里的成员都是一所规模很小的大学退休教师。但是，他找不到任何与这个社团有关的信息，因此决定不加入那个社团。但是，这个社团的成员们还是不断地向他发出邀请，最后甚至到了威胁的地步。那些成员们告诉他，既然他已经知道了这个社团的存在，就必须加入。

【情境二】女同学被招募进了一个女生联谊会后，逐渐觉得这个联谊会组织的活动非常可疑。其他人指责她太疑神疑鬼了，但是当她打算退出这个联谊会的时候，却被强行要求留下来，否则就要面对令人不愉快的后果。

【情境三】一家曾经是职场精英们才能加入的荣誉俱乐部，现在就像一个邪教团体一样。故事的主人公是这家俱乐部的新成员，他也觉得这家俱乐部有点儿像一个邪教，便把疑虑告诉了他的入会担保人。随后他家里的一个人失踪了，他被告知，他只有参加俱乐部安排的颠覆社会的行动，他的家人才能被放回，否则，他们还要再绑架他家里的一个人。

【情境四】一家口碑极好的社团只吸纳职业女性为会员。这家社团的主席邀请主人公加入她们的社团，主人公接受了她的邀请。但是，经过一番研究，主人公发现这家社团的所作所为实际上是在削弱女性的权益，于是她打算退出这家社团，但遭到了主席的拒绝，主席还用威胁和敲诈勒索的手段来打消她想退出的念头。

【情境五】一家机构致力于为土著印第安人服务，提高他们的各种待遇。与此同时，这家机构还秘密地计划回到很久以前印第安人被政府没收的土地。一位女子为了实现这个目标进行着不懈的努力，行动已经开始取得了一定的进展。于是政府派出了一位特工去阻止她的工作。

【情境六】一个由魔术师组成的秘密社团准备将一位隐居的魔术师招致麾下。这位魔术师只在极少数场合进行过魔术表演，但她表演的魔术却是世所罕见的，与其他的魔术表演截然不同。一位代表这个秘密社团的人邀请她加入他们的组织，但被拒绝了。但这个人绝不能接受这样的结果。

【情境七】尽管主人公是一个十几岁的少年，但朋友们都认为他是一个极富个人魅力的人。他不但早慧，还有着与生俱来的领导天赋。因此，对于他小小年纪就能组织起一个俱乐部这件事，人们都觉得很正常。表面上，他建立这个俱乐部的目的是纠正同龄人放荡不羁的行为，但大家都不知道，他还有一个更可怕的计划。

【情境八】在未来世界，信奉神秘信仰的宗教社团组成了一个联盟，与传统的宗教派别分庭抗礼。在这些宗教社团中有一个团体把那些近乎魔法的边缘科学作为自己的信仰基础，团体中的成员会对自己进行精神训练，以便能控制他人的思想。故事的主人公想把这个社团从联盟中赶出去。

【情境九】一座小城里所有上了岁数的市民秘密地聚集在一起，密谋着一件事。他们究竟想做什么呢？这是一位年轻的市民想知道的。但她首先需要把自己伪装成一个老年人。

【情境十】一位检察官发现了一个由具有超自然能力的人组成的秘密社团。这个社团的首脑是一个能够控制别人思想的女人，在她的带领下，社团的成员们密谋着一个阴险的计划：他们想控制整个社区。

类别九：隐藏在失窃的财产中的秘密

大部分人经常找不到自己的东西，毕竟我们有太多东西要保管了：从小玩意儿（钥匙、电话、文件、眼镜）到大东西（各种工具和器具）都要留意。大多数时候，我们找不到东西是因为一不小心就忘记自己把这些东西放在哪里了。但有时候，我们也会怀疑这些东西是被人偷了。当然，这种情况对我们来说是很糟糕的，但这却是一部神秘小说极佳的出发点。

【情境一】几周以来，一个有钱的寡妇总是在丢东西。起初，她丢的都是一些相对来说不那么值钱的东西，比如手套、围巾、小饰品等。但后来，一些昂贵的珠宝和祖传的珍宝也开始相继消失了。于是她报了警，但这却给她惹来了麻烦——她并不知道警察就是一个珠宝盗窃团伙的成员。

【情境二】故事的主人公发现她儿子的房间里藏着一些东西。她很担心被儿子藏起来的是偷来的赃物，便当面和儿子对质。儿子却发誓说他也不知道那些东西是从哪里来的。更神奇的是，这些东西开始慢慢变大了，而且形状也发生了改变。

【情境三】一位工程师的实验室笔记不见了，这是一件值得警惕的事情，因为笔记本里记录的全是构建绝密机器人系统的相关资料。这位工程师担心偷走笔记的人可能是敌人派来的间谍，而他自己现在就被他手下的人指控是间谍。

【情境四】一只非常珍贵的鹦鹉被人偷了。由于大家都知道这只鸟有惊人的语言天赋，所以警方怀疑偷鸟的人想用这只鸟去换钱。但是调查这个案子的警探并不知道这只鹦鹉的主人正在利用这只鸟来传递一些秘密情报。

【情境五】故事的主人公花了一年的时间对一家腐败的企业进行调查，现在她的笔记本不见了。因为笔记本里的内容十分敏感，所以她并没有报警。最后，她请一位自己的朋友帮忙找到了小偷，并拿回了笔记本。

【情境六】事情应该是在主人公坐地铁去上班的路上发生的。扒手从她的手提包里偷走了一个信封，信封里装的是用密码写成的绝密情报。但那个扒手怎么会知道这份情报在她的手提包里呢？

【情境七】有人偷走了一位年轻女子所有的身份证明：她的手提包被抢走了，随后她的电脑也被非法侵入了，她的电脑里还保存着机密文件。她担心窃贼会利用她的身份得到绝对不能泄露的情报。

【情境八】国王把一批珍宝藏在了王国里最隐秘的地方，只有一张地图记载着这批珍宝的位置，但现在这张地图不见了。看管这张地图的是国王的一个仆人，尽管他对国王非常忠诚，但还是遭到了怀疑。他发誓自己是无辜的，于是国王命令他找到那个窃贼拿回地图，否则就要砍掉他的脑袋。

【情境九】一位女子的红宝石项链被人用一条假货掉了包。有线索显示是她的丈夫偷了那条项链，但最后却证实她的丈夫是无辜的。负责这个案子的警探凭直觉产生了另一个想法，但他还需要运用一些创造性的调查手段来证实自己的观点。

【情境十】为什么会有人去偷一个流浪汉的幸运石呢？很明显那只是一块比较大的铁矿石，绝对不是什么值钱的东西。但是自从这个流浪汉发现了这块石头，他的生活态度就变得非常乐观。一位私家侦探怀疑那块石头绝不仅只是一块普通的石头，也许那是一块很罕见的具有神奇力量的陨石。

类别十：神秘的陌生人

陌生人是个有神秘色彩的称呼。在现实生活中，我们越了解一个人，这个人对我们来说就越没有神秘感可言。人类天生就是一种无法预测的复杂动物。这对于小说家来说确实是一件好事。

【情境一】小镇上出现了几个神秘的孩子。尽管他们不与任何人来往，但镇上还是流传着关于他们的谣言。这些流言蜚语使得镇上的人疑窦丛生，对这些孩子心存恐惧。当人们的想法变成了妄想时，这些孩子们出于无奈向大家解释了他们来到这里的原因。

【情境二】一位孤僻的老太太退休之后在小镇郊外买了一所已经荒废很久的房子。因为她从来不与镇上的人们来往，小镇里开始传播各种关于她的谣言。后来，镇里的一个人失踪了，人们都认为这件事是这位老太太干的。

【情境三】在贵族家里有一个管家，当这位管家表现出异常的举动时，贵族家里的人便怀疑他有了心理障碍。但是，这个家里的一个成员却认为这个管家之所以会表现出异常，是由于一些更险恶的原因。他认为这个管家只是一个间谍。

【情境四】单身母亲在杂货店里买东西时被一个奇怪的老太太跟踪了，于是她质问老太太为什么跟踪自己。老太太乞求她不要再和现任男朋友来往，否则她就会大祸临头。

【情境五】一位女子察觉到自己被人跟踪了，她想办法找到了跟踪者并质问他为什么要跟踪自己，但却发现跟踪者居然是她前夫的弟弟。他是一个非常孤僻的人，与谁都不来往。他对这位女子说她有他想要的东西，但她根本不知道那是什么。她想方设法躲开他的跟踪，不看他写给自己的晦涩难懂的消息，并拒绝他登门来访。

【情境六】一个陌生人自称是一位很有名的企业主管的儿子。据他说，他的母亲是个妓女。多年以前，这位主管曾和他母亲发生过关系。主管拒绝相信他的话，但这个陌生人却拿出了证据：主管送给他母亲的一个纪念品。主管怀疑自己新发现的这个儿子想敲诈勒索自己，但是这个陌生人想要的东西却出乎他的预料。

【情境七】在一个风雨交加的夜晚，小镇里出现了一个陌生人。这个衣着凌乱的陌生人乞求一位居民给自己提供一个能挡风遮雨的地方。她勉强同意了。结果她发现这位陌生人其实是一个非常特别的人。

【情境八】工厂的主管想知道自己是不是太疑神疑鬼了，因为她总觉得员工已经被一些替身调包了。而其他人也发现了工厂里细微的变化。最终，她确定了自己的判断。但这些人的动机是什么呢？他们对那些被调了包的员工们又做了些什么呢？

【情境九】镇上来了一些陌生人，他们自称是被复活的人。据他们说，他们以前被判了死刑，但却是被冤枉的，他们根本就没做过那些坏事，现在他们回来要求补偿。镇子上的治安官表示，如果他们可以证明自己的清白和身份，那么他就同意对他们进行补偿。

【情境十】社区里经常会有街头传教士进行布道。有一个街头传教士能让所有听她布道的人感到心醉神驰，在她身上有一种真正的先知的气质。然而，社区里却有一个人告诉大家，她是一个很危险的人。

第十六章　拯救

类别一：拯救动物

我们从小就喜欢动物，不管是故事里的还是现实生活中的。我们会关心动物们是否过得幸福，当动物们受到虐待或被忽视的时候，我们会感到气愤。那些优秀的拯救动物的故事可以提高我们的动物保护意识。通过这些故事，我们可以清楚地知道该怎样关爱和保护动物。

【情境一】一个动物保护区里已经生活着太多的动物，而资金却少得可怜，根本不足以维持保护区日常的运转。于是，保护区的经理便决定要对保护区里所有的狗和猫施行安乐死。一位员工发起了一场拯救动物的运动，但是并没有足够多的人愿意给保护区捐钱。故事的主人公想到了一个可以刺激大家捐款的惊人的主意。

【情境二】猎人们要么是牧场主人，要么是被牧场主人花钱雇来的，他们已经杀死了很多狼和狐狸。一个动物保护主义者带领他的团队来这里进行调查，他们的生命安全受到了威胁。

【情境三】一些动物保护主义激进分子冲进了一间化妆品工厂的实验室，他们想拯救那些被用来测试产品的豚鼠和其他小动物。这些激进分子因为入室盗窃而被拘捕了，他们的辩护律师想在法庭上揭露那个实验室对动物的残忍行为。

【情境四】小偷们偷了一只鸡，这只鸡有预知未来的能力，并且可以用嘴像发电报般把预言密码敲出来。小偷们向这只鸡的主人索要 100 万美元赎金，否则她就别想再要回这只鸡了。但鸡的主人却相信她可以把这只鸡从小偷们的眼皮底下再偷回来。

【情境五】一个宠物比赛条件很差，所有参赛的动物都受到了虐待。一条狗马上就要在这个比赛中赢得大奖，却从赛场跑掉了。一个很厌恶这个比赛的人找到了这条狗。他给这条狗的主人和赛务组的负责人们写了一封信，在信中，他声称只有改善比赛条件，他才会把狗还回去。否则他就把这条狗卖到一个会善待它的家庭里去。

【情境六】流浪汉救了一只受伤的鸭子，但是没有一家动物保护机构愿意收留这只鸭子，他们只肯对这只鸭子施行安乐死。于是，流浪汉便决定自己来照顾这只鸭子，他把鸭子带回了自己的临时住所，却受到了所有人的嘲笑，公寓管理员甚至威胁说要吃掉这只鸭子。但是，这个流浪汉和鸭子之间建立的友谊最终给他带来了意想不到的机会。

【情境七】在这个城市的某个特定区域，虐待动物的案件越来越多。保护动物权益的激进分子进入了该区域，想要拯救那些动物。但是住在这里的人却报了警，说这里发生了大型枪击案和人身攻击案。

【情境八】有人在社区里给狗投毒。故事的主人公是一位兽医，他努力想找到针对这种毒药的解毒剂。但在他找出解毒剂之后，投毒者还是继续着自己的犯罪行为。

【情境九】一个女人家里养了几十只猫，尽管她已经没有能力照顾这么多猫了，却依旧不允许任何人领养她的猫。一些动物保护工作者想把这些猫从她家里救出来。一个工作人员采取了违法的手段，强迫她同意他们把这些猫带走；而其他的工作人员认为必须计划出一个新的营救方案。

【情境十】这次拯救行动的目标是一群营养不良的马，但是拥有这些马的牧场主们却拒绝让任何人进入他们的牧场。故事的主人公是一个很冲动的动物保护激进分子，他是不会让牧场主们阻止自己的行动的。

类别二：拯救文物

一旦爆发战争，就会有人大发战争财，到处掠夺我们的文化遗产。几个世纪以来，有无数珍贵的文物，无论是书籍还是艺术品，都在战争中流失了，当然，也有许多珍贵的文物得到了拯救。以下 10 个情境可以帮助你写出既能提高文物保护意识又引人入胜的故事。

【情境一】窃贼们从博物馆里偷走了一个古埃及小雕像。警探们觉得非常困惑。他们为什么不偷其他珍宝呢？一位古埃及学者认为她知道这个问题的答案，并且可以利用自己的专业知识帮助警方找回丢失的小雕像。

【情境二】一份新近被发现的四开本手稿被证实是莎士比亚亲手写的剧本。这被认为是一个重要的发现，因为它为剧本创作提供了一个新的角度。但这个“四开本”却被人偷走了，小偷发誓，除非人们满足他的要求，否则他就要毁掉这个“四开本”。

【情境三】一个国家爆发了内战。这个国家的文化部长立刻决定保护国家博物馆，他知道入侵者们一定会将那里洗劫一空。博物馆的馆长也做好了准备，不惜牺牲生命也要保护好那些无价之宝。

【情境四】一些人认为某些画作玷污了他们的信仰，并为此大为光火。激进分子闯入博物馆，想要毁掉这些画作。虽然一个博物馆的警卫非常同情这些激进分子，但他还是下定决心要制止他们的破坏行为。

【情境五】一批恐怖分子正在围攻一座城市。在一片废墟中，人们发现了一批珍贵的古代工艺品。考古学家带领一批志愿者冒着生命危险进入博物馆，救出了一部分文物。

【情境六】在一个博物馆里，保存着一批珍稀的手稿，但这些手稿还没来得及被仔细研究就被人偷走了。人们担心窃贼会把这些手稿卖给私人收藏家。因为这些手稿非常容易被损坏，所以博物馆馆长安排了一位专家去找回这些手稿。

【情境七】一些已经丢失了数百年的文件最近终于重见天日了，这些文件记载着某个重大的历史事件。但不知何故，有人在存放这些文件的地方安放了一颗炸弹，想要毁掉这些文件。保管文件的人必须想办法救回这些文件。

【情境八】在一个博物馆里保存着许多木乃伊。博物馆馆长发现在一具木乃伊的身体里封藏着许多价值连城的珠宝。她想把这些珠宝从木乃伊的身体里取出来，但一旦如此，就会毁掉这具木乃伊。一个员工发现了馆长的企图，准备保护这具木乃伊。

【情境九】不断上升的海平面威胁到了一座古代的纪念碑。如果想让这个纪念碑继续矗立，就必须把它搬到更高的地方去。考古学家们四处奔走，请求人们伸出援手。也许因为该纪念碑纪念的是一个被当代宗教团体所摒弃的教派，所以无论是政府还是私人企业，似乎都不愿意花钱资助这个浩大的工程。这时一个生意人出现了，他愿意为这项工程提供资助，但他是一个有着可怕过去的神秘人物。

【情境十】在奇怪而遥远的未来世界，考古学家们面对出土的电子产品时感到十分困惑，比如笔记本电脑、电子书阅读器、平板电脑等。

他们想弄清楚这些物品代表的是一种什么样的文化。同时，他们也想知道这些东西到底值不值得保存。

类别三：拯救濒临灭绝的物种

我们已经了解到必须保护濒临灭绝的物种。我们已经成功拯救了野牛、白头海雕和大兀鹰。但对于其他物种，比如说旅鸽，我们就没能很好地拯救它们。感谢保护动物的政策和那些描写濒危物种的优秀故事，正因为有了它们，力度更大的动物保护措施才得以制定。我们应该让世人了解那些为了保护濒危动物而做出的努力。

【情境一】装备精良的偷猎者进入了位于卢旺达的动物保护区，其目标是濒临灭绝的大猩猩。于是人们发起了一项计划，准备拯救生活在这个地区里的野生大猩猩。但是拯救计划不知何故被偷猎者知道了，他们设计了一场血腥的屠杀。

【情境二】由于偷猎者为了获得象牙不断地捕杀大象，大象正处于濒临灭绝的境地。一位激进的动物保护主义者冒着生命危险打入了一个大型偷猎集团内部，但把他们一网打尽的机会实在是太渺茫了。

【情境三】动物保护主义者们为了保护一种濒临灭绝的老鼠，发动了一场运动，游说大家对这种老鼠加以保护，但却遭到了大家的嘲笑。一位动物保护主义者向公众仔细讲解了这种老鼠对于环境保护的重要性。反对者们为了保证他们在这个地区的发展计划不受影响——虽然这个计划极大地破害了环境，还是发动了一场反击。但他们在反击里使用的证据全都是捏造的。

【情境四】动物园的管理者和激进的动物保护主义者之间发生了观念的冲突，冲突的焦点是关于濒危物种的保护措施。那些激进分子认为要让这些动物回归自然，而动物园的管理者们则认为这样做只会加速它们的灭绝。

【情境五】在19世纪80年代，成千上万的猎人把旅鸽从天上打下来，以一只一分钱的价格售卖。故事的主人公努力想让这种鸟类免于灭绝，他通过自己的努力让人们明白了猎人的行为有多么愚蠢。

【情境六】一些人类学家穿越时空回到了300万年前的世界。他们想用非同寻常的方法去研究那些原始人祖先。但是，他们却发现这些原始人已经快被残忍的竞争对手杀光了。他们原本不打算干涉进化的过程，但见到这种情况，他们只得违背了自己的初衷，竭尽所能去拯救那些濒临灭绝的原始人。

【情境七】在印度尼西亚，大批大批的科莫多巨蜥被屠杀殆尽。人们杀死这些巨蜥的主要原因是为获得食物。生态专家们发起了一个计划，希望在这种巨蜥灭绝之前拯救它们。但是猎人们却认为这是当地人的食物，无论如何，他们都不能容忍这些环保主义者干涉自己的行动。

【情境八】一种狼蛛正在快速濒临灭绝。一位环保主义者为了拯救这个物种，进行了不懈的斗争。但她首先要说服那些非环保主义者，让他们相信拯救这种被看似危险的蜘蛛（其实这种蜘蛛并不会给人类带来危险）是很值得做的事。在这种情况下，她发明了一种独特的方法消除人们对这种蜘蛛的恐惧。

【情境九】为了表示对众多生物学家的蔑视，基因工程学者们复活了某些几个世纪前灭绝的物种。这些基因工程学者认为将这些物种复活有助于环境的健康，但其中一种动物似乎造成了相反的结果。

【情境十】一种神秘的病毒让狗恢复了狼性。遗传学家们试图制造出一种逆转录酶病毒让这些狗恢复正常，但这种逆转录酶病毒却让狗发生了更可怕的变异。与此同时，这些“狗狼”开始残忍地向人类发起了攻击。

类别四：拯救人质

绑架人质是令人紧张的悬疑小说中经常出现的情节。我们经常能在新闻中看到类似的标题。同时，我们也知道在这种情况下，人质只有一半的生还可能。营救人质需要有周密的计划才能既避免人质受到伤害，又防止营救者出现伤亡。这样的故事读起来总是悬念丛生、扣人心弦。

【情境一】恐怖分子占领了一座摩天大楼，把大楼里的人全部当成了他们的人质，并在大楼的四周布满了饵雷。他们要求军队在 72 小时内从他们指定的地区撤走，否则就要炸毁整座大楼。

【情境二】这个故事里被绑架的人质实际上是营救者的敌人，但这些营救者并没有意识到这一点。他们相信这名人质掌握着非常有价值的情报，并想从他手里得到这些情报。

【情境三】年轻的奴隶从一群起义者手里救走了一位罗马元老会的议员。作为回报，这位议员让这名奴隶获得了自由，但却遭到了拒绝。他请求议员把自由赐给他的父母。但由于他的父母在过去发表过反对元老院制度的言论，所以他们的存在被认为是对整个国家的威胁。

【情境四】恐怖分子占领了大使馆，并把里面所有的人都当成了人质。他们要求大使召回她的国家派出的核武器检查小组。为了争取时间，大使同意了恐怖分子的要求，随后便展开了一个周密的计划营救大使馆里的工作人员。

【情境五】武装分子闯入了一个购物中心，把里面的圣诞老人和孩子当成了人质。这些恐怖分子挥舞着自动武器，叫嚣着如果反恐特警组出现在他们的视线，他们就要杀死人质。如果他们的要求没有被满足，他们也要将杀死人质。与此同时，圣诞老人和他最信任的小精灵们有了一个计划。

【情境六】恐怖分子伪装成机场保安占领了候机楼，并把候机楼里的人当成了人质。恐怖分子宣称他们随机地在飞机上安了装有炸弹的手提箱。如果他们的要求没有被满足，就要引爆炸弹。但是，机场的保安经理却有理由相信这些恐怖分子说的炸弹是假的。

【情境七】一群海盗占领了一个小岛，并把岛上的居民当成了人质。这些海盗在小岛的海港和直升机场都布置了饵雷，他们要求获得 10 亿美元赎金。故事的主人公是一位水上飞机驾驶员，在谈判过程中，他策划了一次周密的营救行动。

【情境八】极端分子利用政府不办公的时间，在没有人注意的国家纪念碑附近安装了炸弹。他们威胁说如果他们的要求没有被满足，就要炸毁这些纪念碑。故事的主人公抓住了一个极端分子并对他进行了审讯，希望可以及时拆除这些炸弹。

【情境九】恐怖分子占领了自由岛，并把在岛上参观自由女神像的游客当成了人质。他们要求美国政府把总统的某位特定的幕僚交给他们，否则就要摧毁自由女神像，并杀死所有人质。这位幕僚想去见这些恐怖分子，总统却拒绝了他的请求。

【情境十】一些劫匪把银行金库洗劫一空之后，又把几个人质锁在了金库里，然后在金库里布置了饵雷。任何想要解救人质的行动都会引爆炸弹，任何想要追捕他们的行为一样也会导致炸弹爆炸。只有在安全逃走后，他们才会用遥控装置解除炸弹。但是其中一个劫匪在抢劫过程中突然良心发现、回心转意了。

类别五：自然灾害或工程灾害救援

火山爆发、水坝决口、油井爆炸、飓风在海滨城市肆虐……工程灾害与自然灾害都十分有破坏力。但人类行为也会引发自然灾害，比如说碳的排放会造成北极冰川的融化。有许多这样的故事等待我们来讲述。

【情境一】一场突如其来的洪水把疗养院变成了一座孤岛。正在疗养院里疗养的人因此陷入困境。故事的主人公带领一小队人前往营救疗养院里的人。很快，疗养院的大楼就面临坍塌的危险，这使得情况更加危急了。

【情境二】由天然气泄漏引发的爆炸使一座大楼摇摇欲坠。住户们被困在了这座大楼里。接到报警的第一批营救人员进入了大楼，但很快他们敏锐地发觉这座大楼随时都会坍塌。而且他们也被困在了大楼里。

【情境三】工程师们担心某座大坝在结构上有缺点，很容易发生决口，便试图让住在附近的村民们抓紧撤离。但一些居民却并不认为会发生危险，拒绝离开自己的村庄。工程师只得在发生危险之前想出办法劝说这些村民们离开。

【情境四】在一场大地震后，一座大桥摇摇欲坠，似乎马上就要坍塌了。营救者们面临的难题是如何帮助被困在桥上的成百上千人及时撤离。由于地震，桥面变得凹凸不平，不管往从个方向撤离都很危险。

【情境五】一些滑雪的人被困在了缆车里，营救者们准备利用直升飞机从空中进行救援。即使在理想条件下，这也是一次非常危险的营救行动，但目前情况更糟：一根电缆突然绷断了，而且暴风雪马上就要到来。

【情境六】一座沉寂很久的火山突然爆发了，炽热的岩浆涌进了村子。村民的房子被岩浆围得水泄不通，村民被困在家里。营救者们在营救行动中使用了直升飞机。但是在暗流涌动的岩浆的炙烤下，营救行动变得十分困难。

【情境七】一场地震造成了大面积的山体滑坡，从山上滑落的岩石掩埋了一些汽车，把乘客困在了车里。营救者们需要争分夺秒地挖开碎石才能救出车里的人。后续的余震使得情况变得更糟。营救者对如何展开营救也出现了意见的分歧，而这延误了营救的时间。

【情境八】在一场暴雨中，堤坝发生了决口，房屋很快就被洪水包围了，上了岁数的居民们被困在了各自的家中。营救队准备出动去营救那些老人，但这时暴雨发展成了飓风，营救队的行动受到了极大的阻碍。一位女队员冒着生命危险把一群居民带到了安全地带。

【情境九】地震造成了矿井的塌方。几十名矿工被深深地困在了矿井里。营救队必须使用技术性爆破才能及时到达他们所在的位置并被困者救出。

【情境十】一个天然气工厂位于偏远地区，工厂附近的一条天然气管道发生了爆炸，数十名工人被困在了废墟之中。第一批救援者进入了工厂的大楼，但没想到大楼的一部分发生了坍塌，这些救援者自己也被困在了工厂里。没有人知道第二批救援者何时到达。

类别六：营救政治犯和抗议者

对政治犯的营救通常都是非常惊险刺激的，就像《碟中谍》电影里演的那样。营救者们通常会设计好一个巧妙的计划，冒着生命危险把犯人救出。故事的情节越是峰回路转跌宕起伏，就越被读者喜爱。

【情境一】一个为恐怖主义提供资助的国家把一些到本国进行援助的医疗工作者当成了人质。他们要求释放被关押的恐怖分子，否则就要杀掉这些人质。一位外交官与一个恐怖分子一直保持着联系。尽管政府禁止与恐怖分子进行任何形式的谈判，但她认为可以通过谈判来解决这次人质危机。

【情境二】一位非常有权势的政治人物的女儿是神童。来自敌国的绑匪们发现这个小女孩有着过目不忘的天赋，便把她抓走并关进了监狱。营救者们必须设法在迷宫似的监狱里找到这个孩子，然后在她的帮助下逃出监狱。但是，绑匪们已经在监狱里发现了营救者的行踪。

【情境三】一个国家的政局非常不稳定，特务机关扣留了一位游客。故事的主人公是一位 CIA 特工，他计划了一次营救行动。这位游客看起来像一个来度假的美国蓝领工人，但特工却发现他其实是一名核物理专家。

【情境四】一些游客去敌对的国家旅游，他们偶然进入了一个正在进行核试验的绝密地区，因此被捕入狱。他们派代表和敌国政府交涉，希望可以重获自由，但交涉失败了。他们本国的政府准备好了营救他们的计划，但敌国政府却威胁，如果有任何营救行动，这些游客就要被处死。

【情境五】学生们发动了大规模的游行，抗议新成立的独裁政府实行的高压政策，并且，他们准备占领政府大楼。在这里，他们与警方发生了冲突，警方使用了催泪弹，试图使学生们屈服。一些学生戴上了防毒面具来对抗，之后警方动用了电棍并向学生们开了枪。一些学生冲进了政府大楼，并控制了这座建筑物。这时他们所处的环境非常的混乱，有些学生的心里打起了退堂鼓。

【情境六】当警方试图阻止抗议者们占领一个由政府管理的公园

时，一场骚乱爆发了。警方开始使用泰瑟枪对抗议者发起进攻。抗议者的首领被击中，心脏停止了搏动，必须立刻送去抢救。在医院，一个人非常同情这个首领的遭遇，便帮助他躲开警方的守卫，离开了这家医院。

【情境七】嗜杀成性的皇帝刚刚把一个囚犯关进了监狱。这名囚犯是一个女巫，她公开宣称自己的力量比皇帝的力量强大。这位女巫非常受人尊重，有些人制订了一个计划来救她。但是她必须让自己的法力和敌人巫师的法力结合在一起，才能逃出生天。

【情境八】某国的检察官们认为记者们涉嫌煽动一次反抗政府的起义，便发布命令抓捕记者。但讽刺的是，这个国家的人民却要求政府把检察官抓起来。人们制订了一个计划，准备把记者们救出来。

【情境九】尽管一位独裁者向人民保证他们有批评政府的权利，但某剧团上演了一出嘲讽这位独裁者的讽刺剧后，整个剧团的人都被抓进了监狱。人们先是采用协商的方法，希望他们获得释放，但失败了。这时，一位非常著名却饱受争议的演员认为，她可以计划一次营救行动。

【情境十】在这个中世纪的王国中，一位宫廷小丑总是开王室成员们的玩笑。终于王室成员们对她忍无可忍，把她关进了地牢。公主和她的秘密情人密谋营救这位宫廷小丑。

类别七：拯救难民

战争和内乱会使许多人流离失所，尤其是那些受到种族清洗政策迫害的人，可能一下子就无家可归，丧失了自保的能力。于是他们只能向邻国寻求庇护，找到藏身之所。我们可以把这些难民作为那些扣人心弦的故事中的悲剧主人公。

【情境一】某个国家陷入了内战的泥潭。一些难民们奋起反抗，决定逃到其他国家去，但却被邻国的军队扣留了。这些军队支持内战中的政府军一方。其中一位难民是记者，他试图说服扣押自己的军人，使他们相信那些效忠统治者的人都是很腐败的，并且准备对他们的国家发动侵略。

【情境二】虽然难民以前被允许进入邻国避难，但是当新领导人上台后，对难民的政策就发生了转变。现在这些难民受到了邻国的迫害。故事的主人公竭尽全力想让这个新政府改变难民政策。

【情境三】军事政变造成了大量的难民。其中一个难民掌握着一些绝密的情报。他就是救援行动的目标。但这个难民却想把手里的情报交给另一个人，而这个人所在的国家为恐怖分子提供庇护。

【情境四】一艘船上的难民全都是孩子。尽管这些孩子已经极度营养不良，却没有一个国家愿意收容他们。船上的给养马上就要用光了，因此尽管能力有限，一个第三方组织还是准备展开救援。

【情境五】一些被美国收容的难民现在被怀疑是敌国的间谍或恐怖分子，国土安全局的官员必须在这些人渗透进政府机构前就把他们连根除掉。

【情境六】某个国家收容了一些难民，但该国只是表面上装作对难民很友善，他们真正的目的是得到难民手里的财物，包括一些艺术藏品。法国腐败的官员认为这些艺术藏品要比这些难民想象的值钱得多，他们想让难民用这些财物作为他们的收容费。

【情境七】不知道为什么，一个墨西哥人的难民营受到了无情的袭击，没有人声称对这次袭击负责。故事的主人公与一位法医专家一起进行了调查，想查清楚究竟谁该对这次袭击负责。所有线索都指向了一个反对移民的激进团伙。

【情境八】有人来营救一名战俘，于是看守向这名战俘开了枪，战俘受了很重的伤。因为这名战俘掌握着绝密的情报，所以医生必须全力抢救他的生命。现在的情况十分危急。

【情境九】邻国政府拒绝成千上万的难民入境，这些难民都是化学战争的受害者。邻国政府担心有特工人员混进难民之中。故事的主人公准备组织一次针对这些难民的救援行动，却因此面临着牢狱之灾。

【情境十】某个国家里正进行种族屠杀。一群难民乘船逃向另一个国家，这个国家曾经承诺给这些难民提供庇护。但现在领导这个国家的是一个新的政权，政府推翻了之前对难民做出的承诺，拒绝他们入境。一位政府官员希望在这艘难民船被遣返之前找到新政策的漏洞，接收这些难民。

类别八：海上救援

广阔的海洋充满未知，随时都有可能出现各种危险，一不小心人们就会面临灭顶之灾。海上救援的故事可以详细描述海上出现的各种危险，同时对船员们娴熟的技艺进行精彩的刻画。

【情境一】水手们正在试航一艘重新建造好的古代海船，却遇到了恶劣的天气，海船面临着倾覆的危险。营救者们尝试着把船员和整艘船都救下来。但很明显，营救行动既不能使船员们生还，还会让这艘船沉没大海。

【情境二】几只珍贵的海豚从一个海洋研究机构中逃了出来，并感染了一种不知名的病菌。故事的主人公是一位研究海豚的专家，他知道这些海豚拥有很罕见的能力，他必须在这些海豚病死之前想办法拯救它们的生命。

【情境三】一艘货轮疑似正在把一批违禁品运往一个恐怖主义国家，但在半路翻船了。营救者们面对的选择是救出船员同时将他们逮捕，或把这些违禁品全部打捞起来并予以没收。

【情境四】海盗劫持了一艘货轮，并威胁说如果不满足他们的要求，就要炸掉这艘船。两位反恐特工化装成海盗的样子登上了货轮，对这些海盗展开了攻击。但海盗很快就发现了这两位特工。

【情境五】一架飞机紧急迫降在一个湖面上。空乘人员努力安抚着乘客们恐慌的心情，帮助大家在飞机沉没前逃出生天。但是一场突如其来的暴风雨袭击了这个地区，飞机上的一架逃生滑梯又出现了故障，情况变得更加危急了。

【情境六】海洋生物学家发现了一条被鱼叉刺伤的鲸鱼，他们试图对这条鲸鱼展开营救。面临的困难有很多，比如要在复杂的洋流中小心地行船，船上的设备都不是很可靠，在这片水域中还有许多鲸鱼在游弋，等等。

【情境七】考古学家们潜入海底去考察一座沉没的古城，却被困在了古城里。一支搜救队出发去营救这些考古专家，也被困在了那里。没有人能够解释到底是什么困住了这些人。这时有人在这座古城的一个建筑中看到了一个奇怪的生物。

【情境八】一架客机迫降在深海水域，搜救队立刻出发，想抢在飞机沉没前赶到事发地点救出幸存者。但飞机附近的海域正在酝酿着一场暴风雨，无论对于那些幸存者还是搜救队而言，这都是一场灾难。

【情境九】货轮要把一批非洲动物运往动物园，但却在海上翻船了。当然，营救者们会首先营救船上的人员。但故事的主人公却想违反安全规定，先营救那些动物。

【情境十】在一个生态环境非常敏感的海湾里发生了一起溢油事故，一些濒危海洋哺乳动物和鸟类的栖息地受到了威胁。营救行动的负责人希望石油公司可以为救援行动提供经济援助。但石油公司却认为他们只能负责清理泄漏的石油。营救人员发起了一场运动，希望可以获得环保局的支持。

类别九：从外星人或超自然生物手里获救（被外星人或超自然生物营救）

没有人会知道外星人或魔鬼会何时从天空或地下冒出来，也没有人知道它们是会对我们发出威胁还是把我们变成其他样子。我们要怎样才能逃脱它们的魔爪呢？谁有这种力量和智慧，可以把我们这些凡人救出来呢？你能用下面这些情境写出什么富有想象力的故事呢？让我们拭目以待。

【情境一】一对兄妹在祖母的地窖里发现了一个被木板封起来的门。他们取下木板，打开了门，被一股邪恶的力量吸进了门内。虽然祖母知道该怎样把他俩救出来，但是她身体太虚弱了，已经没有力量去救这对兄妹了。于是，她叫来了当年把自己从这个门里救出来的那个人。

【情境二】在这个世界里，人类一直受到魔鬼的威胁。他们必须不断地找到新办法来躲避魔鬼们的袭扰。故事的主人公致力于修建一座可以永久抵抗魔鬼的屏障。她成为魔鬼的第一目标。

【情境三】外星人把几个学生绑架到了它们在深山里的基地。搜救队碰巧发现了外星人的藏身之所，于是也被外星人抓起来了。很快，他们就发现了这些外星人真正的任务。在他们选择是逃出去，还是加入外星人的计划之时，大家的意见产生了分歧。

【情境四】恶灵猎人被一些想要报复她的鬼魂困在了闹鬼的酒店里。

一个善良的鬼魂准备把她救出去，但是恶灵猎人并不相信这个貌似善良的鬼魂。猎人只有与这个鬼魂合作，才能知道对方的真实目的。

【情境五】人类探险者来到了一个像地球一样的星球上进行探索，却受到了该星球上邪恶外星人的攻击。但这个星球上还生活着一些善良的外星人，它们准备救出地球人。在营救的过程中，它们与邪恶的外星人发生了冲突，继而引发了战争。地球人站在了善良的外星人这边，帮助它们作战。但地球人很快就发现战争的双方都有充足的理由不让外来者进入它们的星球。

【情境六】魔鬼们侵入了一个安静的社区，占据了居民的身体。但这些人类宿主的肉身无法承受魔鬼们的侵蚀，慢慢被折磨得灯枯油尽。因此，这些魔鬼必须每隔几天就找到新的宿主，否则它们自己也会死亡。它们尽力把自己伪装成健康的人类并占领了一个小镇。想拯救人类必须找到区分正常人和身体被魔鬼占据之人的办法，并且找到能够消灭这些魔鬼的办法。

【情境七】食尸鬼总是把受害者带入深深的地下巢穴，因此想要从它们手里救出受害者并不是一件容易的事情。但有一只食尸鬼在地面上被人抓住了，在人们的劝说下，它交代了其他食尸鬼的下落。

【情境八】一些考古学家在十字军战士的坟墓中进行发掘工作，十字军战士的鬼魂们占据了这些考古学家的身体。这些鬼魂称，除非它们完成自己神圣的使命，否则绝不会交回这些考古学家。其中一位考古学家对进入自己身体的十字军战士的鬼魂进行了劝说，使它同意用其他的方式完成使命。

【情境九】外星人大使来到了地球，并向地球人提出了要求。它们将会帮助保护地球人，使地球人免受邪恶外星人的侵略，但条件是地球人愿意与他们共享地球。由于担心这些善良的外星人其实和那些邪恶的外星人有着相同的目的，故事的主人公想出了一个可以保护地球人的计划。

【情境十】两个吸血鬼家族在争夺一个偏远的城市的统治权。其中一个吸血鬼家族看起来要比另一个家族更值得信任，它们提出可以把住在这个城里的人类送到一个安全的地方去避难，但需要人类付出一些代价。在它们看来这个代价已经很小了，但有些人却认为人类需要付出的代价太大了。

类别十：拯救战争中的伤员

在战场上，既要对敌军展开攻击，又要保证己方的伤员得到救治。指战员必须平衡好它们之间的关系。并且，在某些情况下，这两件事是同时进行的。如果能够栩栩如生地刻画出这两种场面，那么你一定能够写出扣人心弦的故事。

【情境一】在一场激烈的战斗中，一个政府军士兵违反了军令，救了一个叛军士兵的性命。这个叛军士兵的腿被炮火炸飞了，在政府军士兵的救治下，他的命保住了。他们历尽千辛万苦回到了政府军队的阵线中。这名被救的士兵向政府军透露了重要的情报，这些情报关系着如何制定未来的战略。

【情境二】在阿富汗和巴基斯坦交界，一位受伤的士兵想拯救自己的战友。战友的伤势比他的伤势严重得多。尽管成功的机会非常渺茫，但他还是一心想找到一个临时的藏身之处，以便处理战友的致命伤口。

【情境三】直升机紧急降落后，尽管副驾驶员受了伤，但还是努力把驾驶员和另一位机组成员从飞机的残骸中救了出来。同时，他还从飞机里抢救出了绝密的材料，使它们免于被大火吞噬。

【情境四】一位战地护士想用自己在战斗训练中学习到的本领打退

来犯之敌，这样他就可以安心救治那些受伤的战士了。但战士的伤势太重了，敌人的进攻也太猛烈了，在这种情况下，他几乎没有可能成功。

【情境五】在这场发生在未来的战争中，一个专门被设计用来进行散兵坑渗透战术的机器人在战争中受到了严重的损毁。尽管中士的命令是永远也不要在战斗中修理机器人，但士兵还是打算修理它们。

【情境六】一小股部队深入阿富汗境内，对一处位于偏远地区的军事据点发动了偷袭。在战斗中，一个士兵受伤被俘了。其他活下来的战友接到的命令是潜伏在营地附近，等待支援，而后再进行营救。但这些战友们违抗了命令，继续对这个军事据点发动猛攻。受伤被俘的士兵没有获救的希望了。但这时，一个年轻的敌军士兵决定向他们投诚。

【情境七】一支装备精良的侦察部队中有三个精英侦察兵被地雷炸伤了。其中两个士兵还有能力自己找路回去，另一个伤势过重的士兵则失去了行动的能力。敌军正在慢慢逼近。

【情境八】一条排雷犬在执行任务的过程中受伤了；士兵决定违抗指挥官的命令，去救这条狗。因此，他面临着被送上军事法庭的风险。士兵认为，这条狗挽救过至少十几个战士的性命，值得自己冒险营救。但是，在营救这条狗的行动中，他们的军队向敌人发动了一场偷袭，而这名士兵被困在了敌军那边。

【情境九】一位外交官在搜集绝密情报时被俘了，这些情报可能会危害到美国的国家安全。一位反恐特警组的突击队员渗透进了敌人的要塞，打算去营救这位外交官。

【情境十】敌人用女人和孩子做人体盾牌，这些女人和孩子都受了不同程度的伤，并被困在了一座大楼里。一个恐怖分子头领率领着手下，在这座大楼里负隅顽抗。突击队员们制订了行动计划，准备救出这些女人和孩子，消灭这些恐怖分子。

第十七章　寻找

类别一：寻找外星生命或其他奇特的生物

从海绵、水母到鳄鱼、猩猩，从动物身上提取的生物组织让我们了解到这个世界充满了奇迹。今天我们不断地在不同地区发现新的生物，明天我们又将有什么新的发现呢？下面的情境会激发你写作的灵感。

【情境一】经过基因改造，一些狗拥有了特殊的能力，被用来执行秘密的军队作战任务，但是现在这些狗失踪了。特工们必须在这些狗落入坏人手里之前找到它们。对这些特工来说，如何找到这些狗是一个挑战，但是怎样把它们带回来则是一个更大的挑战。

【情境二】在参观非洲野生动物保护区时，摄影家想给一种未知的动物拍一些特写，却突然遭到了攻击，她落荒而逃。不久后，她在当地人的帮助下又回到了这个地方。当地人对这片区域非常熟悉，可以帮助她追踪那种奇怪的动物。

【情境三】一位专门研究大象的动物学家对动物园里的一头年轻大象进行研究。这头大象非常特殊，可以与人类心灵感应。它知道动物园外有一个更大的天地后，便从动物园跑了出去。现在，它藏身于城外一片茂密的森林里。动物学家找到了这头大象，大象乞求他放过自己。

【情境四】研究员们正在寻找一只逃跑的黑猩猩，这只黑猩猩从一家专门研究DNA的研究所里跑了出来。研究员们刚刚发现了一种DNA，这种DNA被认为是动物DNA中“缺失的环节”。他们刚刚给这只黑猩猩注射了这种物质，这只黑猩猩就逃跑了。除非找到这只黑猩猩，否则，研究员们无法确定这种物质会产生什么后果。

【情境五】植物学家为了缓解非洲国家的饥荒，正在研究新型可食用植物。他发现了一种奇怪的物质，长得像苔藓，吃起来味道却很鲜美。但很快，他便发现这种物质会产生诡异的副作用。

【情境六】生物学家研究了一些非常危险的病原体后便消失了，他的前女友开始寻找他。在这个过程中，她发现他感染了一种危险的病原体，并且很可能把这种病原体传染给了一个他不想让她知道的人。

【情境七】宇航员们在火星的土壤里寻找着原始的生命体，却找到了另外一个物体，这个东西看起来像某种生物的化石。宇航员们把这个东西带回驻地，准备对它进行进一步的研究，然而，他们这次却犯了一个巨大的错误。

【情境八】一个不明飞行物迫降在撒哈拉沙漠，搜救队立刻赶往出事地点。第一支到达的搜救队对他们的发现感到迷惑不解，他们必须与其他的人一起弄懂他们发现的东西。

【情境九】一些像开膛手杰克和丽兹·玻顿一样的活死人给社会带来了极大的恐慌。故事的主人公曾经和一位萨满巫师学习过如何对付这些生物，因此便由他来负责消灭行动。但萨满巫师的方法根本不起作用，所以他必须靠自己来对付这些活死人。

【情境十】巫师用魔法把罗马暴君卡里古拉召唤到了当代社会。这个残暴的罗马皇帝继续发扬自己的恶名，给所到之处都造成了极大破坏并引起了大面积的混乱。一位世界上最了解卡里古拉生平的专家想阻止他。

类别二：寻找工艺品、手稿或遗迹

下面的情境能帮助你带着读者进行一次寻宝之旅。如果你们要寻找的不是一个有着神奇魔力的戒指——就像约翰·罗纳德·鲁埃尔·托尔金的《魔戒三部曲》，那么也许是一份丢失的手稿或一个在某天会变成无价之宝的物品。

【情境一】两位考古学家在一个偏远的地区寻找一些古代的手稿。据说这些手稿里记录着《圣经》里遗失的章节，发现这些手稿便能证实或推翻《圣经》里现存的一些内容。出于对这一点的担心，有人也想要找到并毁掉这些手稿，于是他千方百计地阻碍两位考古学家的工作。

【情境二】女孩的一个邻居是一个邪教的成员。一次，这个孩子目睹了他的邻居膜拜圣物。为了不让这个孩子把他们的秘密泄露出去，邻居绑架了这个女孩。她的父母发现女儿不见了，便怀疑是邻居绑架了她。同时他们非常担心这些邪教成员会对自己的孩子进行洗脑，让她加入他们的教派。

【情境三】潜水员们在一艘沉船的遗骸里发现了一个密封的陶罐。在陶罐里，他们发现了一张羊皮纸地图。这张地图上记载的是一批前殖民地时期文物的埋藏地点，有些文物会让历史研究发生重大的改变。与此同时，窃贼也知道了这张地图的出土情况。这些潜水员面临的最大困难就是如何在窃贼把这张地图弄到手之前，把它转移到安全的地方去。

【情境五】一幅新出土的地图是被刻在一块石头上的。这幅地图标记着一批不为人知的神圣卷轴的下落。但根据这幅地图标记的位置，这些卷轴被埋藏在敌国控制的区域里。发现这幅地图的人认识一个住在那里的人，他希望那个人可以帮助他找到这些卷轴。

【情境六】在未来世界，考古学家们在一个曾被称作“硅谷”的地区进行发掘工作，他们希望可以找到一些古代的科技文物。但一位考古学家担心所发现的文物会让人们再度沦落为超级电脑控制的奴隶。

【情境七】人类学家在一处新被发掘出来的玛雅墓葬遗址中发现了一些线索，他顺着这些线索去寻找一个传说中位于尤卡坦半岛上失落的城市。遗迹附近的村民们非常迷信，他们有充足的理由阻止科学家们的工作。为了赶走这些科学家，他们用尽了各种办法。

【情境八】在一座古埃及石棺中发现的文物让很多人变成了僵尸，这让科学家们感到迷惑不解。他们想找到一位古埃及学者，这位学者知道如何制止这场瘟疫。

【情境九】在16世纪的英格兰，一座修道院被毁掉了。修道院图书馆的馆长在修道院的废墟里寻找一本魔法书，书中记载着一条可以防止这座修道院被毁的咒语。

【情境十】研究文艺的学者和考古学家结伴寻找索福克勒斯一部未传世的剧本。根据一些刚出土的线索，这部剧本可能被埋藏在雅典的一座教堂下面。他们面临的问题是不知道是否能在教堂内部进行发掘，以及怎样在不被人发现的情况下进行发掘工作。

类别三：寻找灵丹妙药

我们往往认为，灵丹妙药与神奇的魔法之间存在着联系。这些灵丹妙药要么是琼浆玉液，要么是美味珍馐，吃了它们就可以获得一些神奇的效果，可以返老还童、精力充沛、百窍解通、长生不老。在日常生活中也有灵丹妙药，比如维生素。而天主教徒们会享用圣餐，把基督的“血和肉”当作灵丹妙药，认为吃到了在圣餐就能让自己的灵魂获得升华。下面这10种情境可以带领读者们走上寻找灵丹妙药之旅。

【情境一】遗传学家想找到使人变老的基因。在找到了这种基因后，她想通过基因控制来延长一个朋友的生命，但这造成了意想不到的糟糕结果。现在她必须找到解药。

【情境二】有人偷走了一种可以让人返老还童的灵丹妙药，故事的主人公必须把这种药找回来。但据说窃贼拥有邪恶的力量，他可以让这种药有相反的功效，使人迅速变老。

【情境三】生物学家们在雨林中找到了一种可以提高人类性冲动的灵丹妙药。但这种药也被别人发现了，拿到药的人误服了这种药物。

【情境四】有一个人自称是巫师，据说他发明了一种可以治疗所有疑难杂症的灵丹妙药。人们纷纷开始寻找这位巫师。终于，这位巫师被人找到了，但他将不久于人世。人们意识到巫师得了一种不为人知的疾病。讽刺的是，他发明的那种灵丹妙药却治不好自己的病。故事的主人公必须想办法使用日常的药物来保住巫师的性命。

【情境五】有一条毒蛇的毒液有着神奇的作用。如果在萨满法师的帮助下把极少量的毒液注射到人的身体里，这个人就会拥有超自然的力量。但是现在，村民们却找不到这条蛇了。故事的主人公是一位爬虫学家，他被派去寻找这条毒蛇。这是一项非常危险的任务，因为雨林中到处都是和它长得差不多的蛇，并且被这条蛇咬伤是致命的。

【情境六】人们发现了一份古代的文件，这份文件记载了许多可以治疗疑难杂症的药方。但是，这些药方里需要用到许多珍稀的草药。于是一群研究者动身前往偏远的雨林寻找这些草药。一位科学家担心这份文件里记载的药方可能会产生不好的副作用。很快，人们就发现这位科学家的担心是对的。

【情境七】一个酒鬼的酒醒了，他在家里翻箱倒柜地找被妻子藏起来的酒柜钥匙。妻子回家后，发现他为了喝到酒，正准备打破酒柜。为了让自己的丈夫保持清醒，她用了自己平时很少用的办法。

【情境八】心理学家多年来一直在寻找可以提高人类智商的办法，现在他终于成功了，这种办法是他从来没有想到过的。他先在动物身上进行实验，然后在人身上进行实验，都获得了成功。但是当他的实验细节被披露后，很多人对此表示愤怒，而病人们却站出来，对这位心理学家的这种非传统治疗方法表示支持。

【情境九】医疗研究者们研制出了一种可以很好地提高人类记忆力的药物。但因为这种药物会让人记住所有的事情，所以会给服用者带来非常痛苦的副作用。研究者们又开始了另一项研究，他们想在服用者失去理智之前，研制出可以消除副作用的新药物。

【情境十】在不远的未来，大麻完全合法化了。植物学家们培育出了一种性能超强的新型大麻。这种大麻有着巨大的医疗作用，也和其他烈性毒品一样，具有很强的致瘾性。科学家们努力想找到可以对抗这种致瘾性的办法，却受到了强烈反对，因为吸食这种新型大麻会让人产生非常强烈的幸福感。

类别四：寻找逃亡者

寻找逃亡者是悬疑小说中非常重要的情节。这种情节经常伴随着追踪进入死胡同、追踪者发现虚假线索及发生惨案的情况。以下的10个情境可以帮助你写出剧情跌宕起伏的故事，就像在约瑟夫·康拉德著名的《黑暗之心》中描写的马洛寻找库尔茨的经历一样。

【情境一】一个连环杀手从监狱里逃跑了，她来到了一个繁华的大都市，在高级小区和上流夜总会中寻找猎物。一位警探负责追捕这名连环杀手。这个案子的难处在于杀手是一个女人，她很有教养，长得又非常迷人，而且还擅长变换自己的容貌。

【情境二】一个纵火犯在许多城镇中连环作案，把这些城镇烧成了荒地。于是人们组建了一支治安团，对这名纵火犯进行追捕。故事的主人公是治安团的首领，他想找出这名纵火犯的作案动机。他的发现让他非常震惊。

【情境三】一个邪教的首领像查尔斯·曼森一样，对信徒进行洗脑，并让他们犯下了许多野蛮的暴行。警方对这名邪教领袖展开了追捕。一位卧底密探找到了这名邪教首领，但他必须冒着被洗脑的风险才能抓住他。

【情境四】黑帮头领的女儿被人绑架了。除了故事的主人公，没有人知道是谁绑架了这个女孩。主人公担心一旦自己知道的事情被泄露出去，这个女孩的生命安全便会受到威胁，也会让自己受到怀疑。由于他在多年前曾经受过这个帮派的恩惠，所以他决定自己去找这个女孩，以此来报答这个帮派。

【情境五】CIA 的特工们正在追捕一位前 CIA 特工。这位前特工向一个敌国组织提供了绝密的情报，并成为了他们的一员。她是一个叛徒，还是一个卧底？

【情境六】情报人员截获了一封敌人的加密电报，唯一一个能破译密码专家却不见了。因为情报人员需要在短时间内知道这封电报的内容，他们便开始寻找这位密码专家。然而，这位密码专家也许一直就是敌人的特工。

【情境七】两个拥有读心术能力的孩子被招募进了情报机关。招募他们的人对他们进行催眠，并让他俩运用读心术去追踪一个潜在的国家公敌。这两个孩子被所追踪的那个人抓住（绑架）了，他们设法从关押他们的地方逃了出来。其中一个孩子被情报机关的人找到了，并参加了搜捕行动。

【情境八】一个连环杀人犯从关押地逃了出来，并躲过了警方对他的每一次追捕。故事的主人公是追捕逃犯的顶级高手，但他的性格极不稳定，而且还有过犯罪记录。出于无奈，警方只得委派主人公追捕这个连环杀人犯。主人公顺着线索追踪到了这个连环杀人犯的故乡。这里到处危机四伏，步步惊心。

【情境九】怎样追捕一位伪装大师呢？这就是故事主人公面临的最大问题。主人公是一位警探，他正在追捕一名杀手。而这名杀手似乎可以把自己伪装成任何一个人，也包括这名警探。这使得警探也变成了该案子的一名犯罪嫌疑人。

【情境十】艺术品大盗做了一桩重大的盗窃案后被捕入狱，并被判以重刑。这时，一些窃贼从当地的博物馆里偷走了一批画作。于是，正在服刑的大盗被要求配合警方追捕这些窃贼。但是有许多人担心，他也许会和那些逃犯合作，实施一次更大的艺术品劫案。

类别五：追求自由、简朴、自给自足的生活

那些在大都市里工作生活的人知道，人们很容易脱离大自然。而重新回归自然是一件让人身心舒畅的事。下面的10个情境表现的就是对简单生活的渴望。借用梭罗的话就是："在发现一切为时晚矣之前，恢复一个人的理智。"

【情境一】一个当代的"梭罗"辞掉了压力过大的工作，按照伟大的自然主义者的观点去追求自己的生活。但是，无论他怎样努力地想与自然建立良好的联系，过上自给自足的生活，却总是摆脱不掉过去的生活习惯。后来，他从一位印第安部落酋长那里学会了一种新的生活方式。

【情境二】故事的主人公在一个生活节奏很快的大都市中生活，她想找到能让生活节奏慢下来的方法。她去拜访了许多平静祥和的圣地，修道院、礼拜堂还有图书馆，但这些地方都不能让她满意。最后，她在一个貌似不太可能的地方找到了理想中的圣地。

【情境三】一位商业主管厌倦了都市的生活，便给自己放了个长假，带着家人来到了荒野，但他却遇到了意想不到的新难题。这些难题不是来自于野生动物，也不是来自于复杂的地形和天气，而是来自其他度假者。

【情境四】一位职业女性的丈夫是一个虽然善良但却有强烈控制欲的人。不论妻子如何与他沟通，都不能说服他，他在每件小事上都想管着妻子。在无奈选择离婚之前，妻子尝试了最后一个不寻常的办法。

【情境五】故事的主人公正在经历自己生命中的低谷。于是，他根据小时候的梦想，创造出了一个奇幻的世界。他躲在这个世界里，并以此来逃避真实的世界。后来，他相信在真实的世界里同样有许多可以给自己带来慰藉的东西。但是，当他准备回到真实世界的时候，却发现自己回不去了。

【情境六】在经历了世界末日后，幸存的家庭努力想过自给自足的生活，而不想为了生存，用残暴的手段和其他人拼个你死我活。但很多人却认为，在特定的情况下，采取极端的手段是必需的。一个女人想尽一切办法让自己的家里人不去做那些野蛮的暴行。

【情境七】天文学家一直在努力寻找宇宙大爆炸时期遗留下来的证据。一次，他偶然发现了一个似乎可以证明神明存在的证据。尽管同事们对他极尽嘲笑，他却坚持认为自己的发现是正确的。

【情境八】故事的主人公一直生活在大城市。她接管了哥哥的农场后，便想过一种更简单、更安静的生活。但是，在她过上这种生活前，她必须先学会一些农耕的知识。

【情境九】一位很有抱负的艺术家认为整个世界都是机械呆板、死气沉沉的，他觉得自己再也无法从这个世界中找到任何乐趣，于是决定从绘画中得到满足。讽刺的是，在艺术冲动下，他又不得不回到疯狂的现代世界中。但这次，他看待这个世界的视角却发生了变化。

【情境十】一个奴隶在以前的主人家里学会了弹钢琴。美国内战后，他获得了自由，于是他想找一份音乐家的工作。在他生活的地方，种族歧视仍然大行其道。凭借自己出色的琴艺，他征服了大多数曾经歧视他的人，但还是有一些人依旧对他心存歧视。

类别六：寻找身份或祖先

我是谁？这个问题是许多文学作品的核心，从《哈姆雷特》到亚历克斯·哈利的《根》都是如此。要想确定一个人的身份，有一个也许不是最可靠却最简单的办法，那就是从他自己家庭的记录中去寻找答案，比如日记、照片或其他东西。从祖辈口口相传的历史中也能寻找到答案。下面的情境能帮助你写出相关的故事。

【情境一】瘾君子失业了，他的一个亲戚把一份文件交给了他，这份文件记录着他失踪了的父亲是一位战争英雄，也许现在还活在世上。于是这个瘾君子不顾自己羸弱的身体和对毒品的依赖，执意要去寻找父亲。

【情境二】男孩一直和养父生活在一起，他发现了一些与自己的生父有关的信息。他的生父是一位非常成功的商业主管，在他还是个婴儿的时候，生父就让别人领养了他。这个男孩动身去寻找自己的生父，但同时，他也心存顾虑，他担心生父认为他是因为财产才来的。

【情境三】一个孩子饱受虐待。鬼魂找到他并告诉他，他其实是被从魔法世界里驱逐出来的国王。他的王国现在非常需要他的回归，需要在他的领导下重归秩序。但是，进入那个魔法世界的入口已经找不到了，只有靠男孩自己去寻找，鬼魂只能给他提供少得可怜的线索。不过这已经足够让这个孩子动身去寻找那个能进入魔法世界的入口了。

【情境四】一位在英国出生的美国人在寻找先祖的时候，发现自己的父亲是王室的私生子，因此他理应获得王室父亲的一部分财产。但首先，他必须找到确凿的证据来支持自己的诉求。

【情境五】一个沃格拉拉苏族印第安人病魔缠身、无家可归。当他得知自己是坐牛的后人后，便发誓要恢复健康并带领保留地上的族人们过上更幸福的生活。但因为他已是风烛残年的老人了，所以他的机会非常渺茫。

【情境六】故事的主人公找到了一些与自己有关的记录。根据这些记录，她并不是自己想象中的那个人。她到底是谁？带着这个疑问，她开始寻找自己的真正身份。这时一个意想不到的人出现了。让她更加痛苦的是，这个人向她保证，她并没有发现自己的真实身份。

【情境七】一个强大王国的王子被敌国的人绑架了，之后便成了敌国国王的养子。多年以后，这位王子长大成人，发动了对生父统治的国家的战争。他儿时的一个玩伴知道王子的真实身份。他设法打入敌人的阵营，把真相告诉了王子。

【情境八】在古罗马帝国，一个女孩认为自己是孤儿。一个贵族知道这个女孩是皇帝的私生女，便让她成为自己的奴隶。这个女孩发现了自己的身世，想知道为什么她的家族一直在保守着这个秘密，但她的主人拒绝告诉她真相。

【情境九】一个白人至上主义者发现自己的曾祖父是非洲裔美国人，并且是一名奴隶。他非常愤怒，质问父亲为什么不让他知道这件事。但在了解了更多关于曾祖父的事迹后，他的观点发生了改变。

【情境十】一位退休的德国建筑师从 4 岁起就成了孤儿，他根本不知道自己的身世。他总想把自己的家世血统查清楚，但每次都无功而返。后来，他进行了广泛的调查，并为自己安排了 DNA 筛查。终于，他发现自己是阿道夫 · 希特勒的私生子，这让他的生命一下子就陷入危险之中。

类别七：寻找失踪的人

下面的情境能够帮助你创作出关于失踪者的故事。故事主角要么被绑架了，要么走失了。想一想 1962 年那部叫作《满洲候选人》(又名《谍影迷魂》)的电影吧。这部电影是根据理查德·康登的同名小说改编的，它讲述了一个被绑架的男人被洗脑后变成了刺客的故事。

【情境一】一位对 CIA 心怀不满的 CIA 特工偷走了一些绝密情报，并勒索了 CIA。他的事得到解决后，他同意把这些情报归还给 CIA。后来他却失踪了。故事的主人公是一位现任 CIA 特工。他负责找出那名前任特工。有证据显示，是一个神秘的第三方组织绑架了他。

【情境二】一对拥有着神奇魔力的双胞胎失踪了。他们的父母害怕这对双胞胎被邪恶的灵魂所控制，所以在他们还是婴儿的时候就被抛弃了。现在这对父母感到非常内疚，到处寻找这对双胞胎。最后他们实在无计可施，只得求助一位巫师，请他帮忙寻找这两个孩子。

【情境三】特工们在寻找一位为他们工作的间谍。这个间谍是世界上最聪明的电脑黑客，他在窃取了一些绝密情报后就失踪了。特工们相信多年以前，这名间谍就被一个恐怖组织绑架并洗脑了。这个恐怖组织的目的是破坏关系到国家安全的电脑系统。

【情境四】故事的主人公收到消息，一个女人能够用魔法使人永葆健康，现在她失踪了。于是，主人公便动身去寻找她。但是，还有一些人并不想让这个女人被找到。

【情境五】在中世纪的法国，一个老妇人被指控是巫婆，因此被捕入狱。故事的主人公相信她是一个可以创造奇迹的人，因此冒着生命危险把她救了出来，否则她就会被活活烧死。他希望在自己和这个老妇人被抓住之前，能够证明她确实是一个可以创造奇迹的人。

【情境六】一个精神状态不稳定的工程专家在荒野失踪了。但就在这个时候，人们需要她来解决一个潜在的通信网络故障。这次故障会造成灾难性的结果。故事的主人公和一位同伴夜以继日地寻找着她的下落。

【情境七】一位朝圣者照着线索来到了圣地，想寻找一位先知。这位先知也许可以运用自己的能力给中东地区带来永久的和平。唯一的问题在于这位先知过着几乎与世隔绝的生活，并且为了不让知道他下落的人找到他，他还雇用了一批警卫，不让任何人靠近他的住所。

【情境八】家里所有人都认为主人公的外祖母是个一文不名的穷人。但在她后，有谣言称她藏了一大笔巨款。家里有些人认为她带着钱逃跑了，便动身去找她。另一些人则相信她被人绑架了。

【情境九】一位 CIA 特工的养女被她的生父绑架了，绑架者索要的赎金是一份特殊的绝密文件。这位特工并没有答应对方的要求，并利用极其微小的线索来寻找他的养女。

【情境十】植物学家在中美洲的雨林地区寻找一种新的药用植物时失踪了。他的儿子进入雨林去寻找他，在雨林里发现了正在砍伐树木的武装分子，因此怀疑父亲遇害了。

类别八：寻找解决问题的途径

当权者有时会虐待所统治的人民。如果这种虐待没有节制，（可以想想根据史蒂芬·金的小说改编的《肖申克的救赎》），那么骚乱就会爆发。保护基本的人权可以防止出现这种滥用权力的情况。

【情境一】在一位非常有个人魅力的领导者的带领下，工厂里的工人们举行了反抗主管的罢工。工厂的CEO希望以一种和平的方式解决这场冲突，他希望工人们不要罢工。但是这位工人领导者并不想做出让步。最后，另一位工人想出了一个能让双方都满意的计划。

【情境二】一所监狱里的典狱长为了制止一场即将发生的暴动，与一位被大多数犯人尊敬的犯人进行了谈判。这让这个犯人陷入了两难的境地，他既想保持自己对狱友们的忠诚，又想缩短自己的刑期。

【情境三】在17世纪末期的新英格兰地区，人们抓捕了大批女巫。一个女人因为被指控是女巫而被捕了，现在她必须证明自己不是女巫。但那些在她看来可以证明自己不是女巫的证据，对于科顿·马瑟来说，正好可以证实她是一个女巫。

【情境四】在1964年在美国南方，民权运动正在如火如荼地进行。一位高中白人老师的班级转来了一个非洲裔美国黑人学生。这位老师想利用这个机会改变学生的种族主义想法，但他意外地发现，不论是他最亲密的朋友还是他最喜欢的学生，都不同意他的这种具有启迪性的想法。

【情境五】针对政府的高压政策，某社区爆发了一场暴动。一位公民领袖努力在政府的政策和人民的要求之间找一个共同点。

【情境六】一些土著印第安人准备通过叛乱的方式来重新夺取美国政府在150年前从他们手里抢走的土地，部落酋长努力制止了这场叛乱。与此同时，他还通过合法的手段，积极为族人们争取生活条件的改善。

【情境七】在未来世界，月球上的两拨殖民者为了争夺自然资源而产生了纠纷，他们便威胁对方要用战争的方式来解决争端。一位来自地球的密使希望通过外交途径使双方达成停火协定。但他所有的努力都以失败告终，只有一次努力取得了效果。

【情境八】在一个独裁政权的统治下，人们举行了争取人权的抗议游行。故事的主人公希望以和平游行的方式呼吁政府给人民更多的人权。但当游行进行到一半的时候，警方试图用催泪瓦斯驱散游行的人们。于是，一场动乱爆发了。

【情境九】在一个村庄里，人们终日生活在迷信和恐惧之中。这个村子里所有适龄未婚女性都被当作女巫而遭到迫害，而所有的神职工作都是由男性来担任的。讽刺的是，这些男性神职人员也在秘密使用巫术。于是，那些受到迫害的女性为了反抗压迫，计划发动一场起义。村子里的一个男人试图阻止这场起义。

【情境十】由于街头帮派间的战斗不断升级，一位已经退了休的警官下决心找到一个创造性的办法来缓和这些帮派间的矛盾，使他们放下武器，甚至退出帮派。但那些帮派的首领们却以一种激烈的方式来反对他的计划。

类别九：寻找解决健康危机的办法

史蒂文·索德伯格在2011年拍摄的电影《传染病》里用高度真实的手法向观众们讲述了一种致命病菌在几天之内以星火燎原之势席卷整个地球的故事。虽然这个故事让人感到惶恐不安，但这部电影却受到了影迷的一致好评。迈克尔·克莱顿的《安德洛墨达品系》（又名《天外细菌》）这样的小说也产生了类似的影响。这样的故事让我们时刻记住在传染病面前人类是多么脆弱，也让我们记住了保持良好健康的生活习惯有多么重要。下面这些与健康危机有关的情境能够让你写出引人入胜的故事。

【情境一】一种消遣性的药物在社会上广为流传，但这种药物会让服用者的性格发生（也许是永远）巨大的改变。故事的主人公希望在还能来得及做出补救时及时找到解药，并切断现存药物的供应。

【情境二】在一个大都会里出现了严重的污染，并引发了大面积不正常的呼吸系统疾病。所有人对于这个问题都束手无策。这时，故事的主人公发现了一个行得通的办法。然而，这个办法需要住在这个大都会里的人做出巨大的牺牲。

【情境三】一种致命的传染病在全国范围内肆虐横行。一个恐怖组织宣称他们向这个国家投放了一种病毒，才造成这种传染病大规模的爆发。故事的主人公相信自己可以阻止这种传染病的蔓延，但是她却被这个恐怖组织的成员绑架了。

【情境四】一种爱情魔药问世了，成百上千的人购买了这种魔药，想和自己的爱人一起共沐爱河。许多人买这种药是想和自己的爱人重温旧梦。但是这种药物却会产生无法预测的副作用，因此给人们带来很大的麻烦。研究者们只得开始研究针对这种药物的解药。

【情境五】出现了一种新的梅毒病菌，现有的所有抗生素都对它不起作用。于是医疗研究者们立刻对这种梅毒病菌进行研究，希望能够找到可以治愈这种梅毒的办法。一位主任研究员发现了一种也许可以治愈这种梅毒的方法，但这种方法却引发了很大的争议。

【情境六】有人在一个社区的蓄水池里投放了一种化学物质，污染了蓄水池里的水。但这个社区里的人对此事一无所知，还是继续饮用这个蓄水池里的水，结果他们的面貌全都发生了改变。故事的主人公立刻对此事展开了调查，希望能了解那个人投毒的原因，也希望能找到让这些人的脸恢复原貌的办法。

【情境七】职业商务人士中的自杀率高得令人触目惊心。一位临床心理医生的妻子是某公司的主管，在妻子的帮助下，他展开了调查，希望能了解这些商务人士自杀的原因。

【情境八】各地的人们都出现了记忆缺失的症状。心理学家们很快开始调查造成人们记忆缺失的原因，并着手研究对策。但随后，人们又出现了更令人困惑的症状：他们的记忆出现了紊乱，开始“想起”自己很本没有做过的事情。

【情境九】一种人造抗病毒药剂被制造了出来，它可以使人体产生抗体，并让人一辈子都不会感染流感病毒。但这种药剂却发生了变异，所有使用它的人都发生了奇怪的生理变化。

【情境十】携带登革热病毒的蚊子数量突然开始急剧增加，登革热已经蔓延到了北方地区。故事的主人公是专门研究这种传染病的专家。他必须在上百万人死于这种传染病之前找到有效的应对手段。

类别十：寻找武器

不论是描写战争、罪案调查或谍战题材的故事，都会有寻找武器的情节。而正是这些情节让读者们觉得悬念丛生。1975 年的电影《兴登堡遇难记》，就是一个很好的例子。这部电影讲的是一架德国齐柏林飞艇被炸毁，发生爆炸的原因是一个反纳粹间谍在飞艇上安装了一颗炸弹。你可以利用下面的这些情境写出扣人心弦的悬疑小说。

【情境一】一群本土恐怖分子宣称他们已经在主人公所在的城市安放了一颗炸弹。这些恐怖分子要求政府不再限制石油化工制品的使用，否则他们就引爆炸弹。主人公和她的团队只能利用不多的线索去寻找那颗炸弹。

【情境二】科学家受军方委托进行一种新型军事武器的研发，但却带着有关的绝密文件消失了。特工奉命去寻找她。这位科学家与新闻媒体取得了联系，并且向媒体泄露了情报里的一些内容。于是军方决定不仅要找到这位科学家，还要终止这项研发计划，并且还要让所有与这个计划有关的人都消失，其中也包括这位特工。

【情境三】军方的一次秘密行动出了纰漏，敌人利用这次纰漏从军方手里偷走了一颗核弹头。爆破专家们冒着生命危险进入敌军控制的地区去寻找这颗核弹头。故事的主人公必须采取不同寻常的方法进入敌人控制的区域，截获相关情报找到这颗核弹头的下落。

【情境四】正在修建高速公路的工人们从地下挖出了一个奇怪的装置。专家们怀疑这个装置是一种武器，但是没有人能够确定这是一种什么武器，它的威力到底有多大。考古学家们被请来对这件东西进行研究。

【情境五】有人用一种化学物质污染了城里的供水系统。喝了这种被污染的水的人都会变得非常好斗，并且不能理智地思考问题。一位很有魄力的警探对这个案件展开了调查，希望能查明投毒人的动机，并希望能找到针对这种化学物品的解毒剂。但他必须抓紧时间，因为他自己也喝了这种被污染的水。

【情境六】一个本土的恐怖分子把一颗炸弹藏在了办公大楼里，并提出了要求。但之后他便在另一个事件中被杀死了，这个事件与他策划的恐怖行动毫不相干。故事的主人公必须在爆炸前找到那颗炸弹。

【情境七】一批具有极高智商的机器人制造出了一种末日武器，它们准备把地球上的人类全部消灭掉。有一个机器人背叛了自己的同类，把有关这种末日武器的情报告诉了一个人类小组。这个人类小组躲过了机器人巡逻兵的追捕，准备在机器人启动那种末日武器之前找到它。

【情境八】在一个人山人海的集市旁边，人们发现了一颗炸弹。这是一颗强力炸弹，它的一半被埋在地下，另一半露在地面上。也许这颗炸弹是在最近的一次冲突中被遗留下来的。故事的主人公是一位爆破专家。他担心这颗炸弹是被故意埋在这里的，还担心在这颗炸弹上安装着远程遥控装置。

【情境九】一批可以被安装在导弹上的核弹头被人偷走了，一个本土的军事组织宣布对这桩失窃案负责。他们宣称，除非自己的要求得到满足，否则就要对一个政府机构展开攻击。故事的主人公是一位 CIA 特工，他奉命去阻止这个军事组织的计划。

【情境十】有人在耶路撒冷的老城里安放了一颗炸弹。以色列、巴勒斯坦及美国大使馆分别收到了三封一模一样的电子邮件。这三封电子邮件都是经过加密处理的，无法对其进行追踪。据这三封电子邮件称，这颗炸弹的威力足以把圣殿山夷为平地。发信人还威胁说除非以色列和巴勒斯坦之间签署协议并建立永远的和平，否则就要引爆这颗炸弹。

第十八章　秘密

类别一：动物的秘密

> 无论我们对动物进行了多么详尽的研究，在动物身上依然存在着不为我们所知的神秘之处。哪怕将来有一天动物能够与我们进行交流了，它们还是会有一些不想被我们知晓的秘密，而我们也愿意去猜测这些秘密。到目前为止，仍旧有许多物种没有被人类发现，谁又能知道那些动物有怎样神秘的生活方式，拥有什么神奇的本领呢？

【情境一】在这片神奇的土地上，森林里生活着一种长得像猫的奇特生物。这里的国王有一个非常叛逆的女儿，这位公主厌倦了整天被关在城堡里的生活，便在一名卫兵的帮助下，从城堡逃了出来。她进入这片森林探险，发现了这种动物，便偷偷地暗中观察它。而这只动物却想和这位公主分享自己的秘密。

【情境二】青蛙们在池塘里呱呱乱叫。即使人们听得再仔细，谁又能猜到青蛙有秘密呢？谁又能听出来这些秘密是什么呢？但有位早慧的小姑娘可以从青蛙的叫声中听出它们的秘密。青蛙们警告她："你绝对不可以把这些秘密告诉给别人。"

【情境三】一种长得像蜥蜴的动物似乎拥有某些人类才有的特征。这些动物一直在跟踪村民，还能设法躲过村民特意设下的陷阱。一位村民找到了一个山洞，发现这个山洞是这些动物的老巢。于是他冒险进入山洞去一探究竟。

【情境四】一个直径达 100 米的人造球状物在沙漠被发现了。这个球状物的一半埋在沙地中，另一半露在地面上。科学家们发现这个球状物里有一种生物，既具有人类熟悉的特征，又具有让人类感到陌生的特征。科学家们怀疑这个球状物是从遥远的未来穿越而来的，他们希望能找到其中的原因。

【情境五】小男孩好奇心很强，他偶然发现了另一个世界的入口。这个入口已经消失很久了，生活在那个世界里的动物都是非常可怕的。它们都是被驱逐到那里去的，所有动物心里都有秘密，而这些秘密都与它们原来所在的世界有关。这个小男孩怀疑这些秘密与魔法和财富有关。他必须赢得这些动物的信任，才能让它们把那些秘密告诉自己。

【情境六】一位动物学家发现长颈鹿的心里有许多秘密。她把自己的生命全部用在对长颈鹿的研究上，但直到最近，她才发现长颈鹿只有在特定的情况下才会用特定的方式彼此分享秘密。这些秘密对她的职业生涯产生了戏剧性的影响，有些是好的，有些则是坏的。

【情境七】科学家们在北极圈厚厚的冰盖下发现了一个大湖，湖里有一种长得像鱼的动物。从来没有人见过这种奇怪的动物，科学家们把这种动物带回实验室进行研究。在实验室，这种动物开始用一种奇怪的声音与科学家们交流。

【情境八】一个夏日，体弱多病的男孩从家里溜了出来。他震惊地发现自己居然可以听得懂鸟的语言，而且小鸟儿们都朝着自己飞了过来，纷纷把秘密告诉了他。有些秘密可以帮助他改善自己的状况，有些秘密则给他带来了麻烦。一位心理学家坚信这只是男孩产生的一种幻觉，而他也许能在这种幻觉的帮助下痊愈。

【情境九】海浪把一种很少见的海洋生物冲到了海岸上，这只动物奄奄一息，眼看就要活不成了。一个女孩发现了这只动物，便想把它扔回海里。就在她捡起这只动物的时候，她听到这只动物用非常微弱的声音在和自己说话。这只动物把一个惊人的秘密告诉了她：在海底，有一个迷人的海底世界，如果不立刻去拯救这个海底世界，它就要永远地消失了。

【情境十】一个小姑娘经常去动物园观察动物，她发现自己可以通过意识与动物们交流。她能够知道动物的心里在想什么，并发现很多动物在动物园里过得并不开心。有一只动物发现了小姑娘的天赋，便试着说服她，让她把自己的同类放出去，让它们重获自由。

类别二：祖先的秘密

那些研究自己家族历史的人经常会对祖先从前的事迹惊叹不已。这些事迹有些是令人欣喜愉悦的，有些则令人郁闷悲伤。很多情况下，历史越是久远，发现的事情就越是让他们吃惊。毕竟，秘密之所以会存在，就是因为有一天会被人发现。这些发生在许多代人之前的秘密事件是非常好的写作素材。

【情境一】一位教师找到了外祖母的一本日记。她震惊地发现，她母亲真正的父亲居然是一个纳粹士兵。当年这名纳粹士兵奉命看守外祖母，并强奸了她。外祖母因此怀孕，并生下了母亲。而且，这名纳粹士兵现在还活着，正在德国的一所监狱里服刑。

【情境二】在打扫自家阁楼的时候，老人偶然发现了曾祖父的一个箱子。打开这个箱子后，他发现了一些文件。看完这些文件，他震惊不已：根据这些文件记载，他的祖先和一桩很久以前悬而未决的犯罪案件有联系。

【情境三】故事的主人公经历了一系列的职场失意，并因此一蹶不振。这时，他发现了已故父亲的一本日记。根据这本日记的记载，他的父亲生前也遭遇过人生低谷，但他发现自己有一种潜在的天赋，并从此过上了一帆风顺、称心如意的生活。主人公发现自己的儿子也具有这种天赋。

【情境四】一个贵族家庭这些年来一直繁荣兴旺。但是近来，这个贵族家庭的家长却一直受到祖先灵魂们的骚扰。据这些鬼魂们说，他们家族的繁荣兴旺是建立在其他人挨饿受苦的前提之上的。现在是他们对那些挨饿受苦的人付出回报的时候了。

【情境五】在过去10年里，一个曾经风光一时的大家族厄运连连，每况愈下。这个家族的女家长发现了一个令人不快的秘密：她的父亲曾经欺骗了自己的商业合作伙伴，而此人是一位巫师。当他发现被骗以后，就对她的家族施了诅咒。现在，这位女家长下定决心，不惜付出任何代价都要打破这个诅咒。

【情境六】作家得知了一个令人不快的秘密，据说她的祖先曾经受过诅咒。于是，她回到亚洲，找到了祖先生活的那个村子。在这里，她确实发现了一些关于祖先的秘密，但这些秘密比她想象的还多。其中有些秘密过于令人不安，以至于她甚至后悔自己知道了真相。

【情境七】牧师在研究家谱的时候发现祖父曾经为另一个家族服务过，而那个家族是一个有组织的犯罪家族。他的祖父犯了一桩重罪，并因此被判入狱。牧师的家族一直隐瞒着这个秘密，因此他们家族才能有好的口碑，让每个人都认为牧师家族里的人是靠得住的。这位牧师认为这样沽名钓誉是不对的，他想把真相告诉给大家，但是其他人却警告他不要这样做。

【情境八】在船上，艺术历史学家偶然见到了一幅肖像画。他觉得这幅肖像画里的人和自己长得很像。随后，他吃惊地发现这幅画的作者居然是自己的一位先祖。但是这幅画里的人到底是谁还是一个谜。

【情境九】一位备受关注的政治领袖的后人宣称自己发现了一些文件。根据这些文件的记载，多年以前，这位政治领袖是一个恐怖组织的成员，这个组织曾经在这位政治领袖的祖国密谋发动了一场军事政变。宣布了这件事情后，她受到了威胁，因此不得不背井离乡，亡命天涯。

【情境十】一位无家可归的女人得知自己的曾祖父曾是一名热衷于社区服务的积极分子，曾为那些无家可归的人修建临时住处。于是，她下定决心要以曾祖父为榜样，让自己的生活更加有意义。

类别三：亲朋好友的秘密

每个家庭都有自己的秘密。有些秘密是关于一些很琐碎的事情，有些则事关重大。有些人已经知道了自己家庭里的一些秘密，有些秘密则被隐瞒得非常好，以至于家里的几代人都对它一无所知。秘密被隐瞒得越久，就越有可能自动暴露在家人面前，或者越有可能被人偶然发现。故事的可能性有很多种。

【情境一】一个住在山区里的家族多年来一直过着与世隔绝的生活，这个家族保守着一个秘密，附近的村民对这个秘密略有耳闻。故事的主人公是一个警探，他偶然发现了一份罪案报告，据这份报告记载，这个家族里的一位长者是一桩谋杀案的犯罪嫌疑人。这是一件悬而未决的案子，主人公相信自己可以解决这桩案子。

【情境二】故事的主人公一直认为自己的男朋友是一个值得信赖的人，因为他总是很积极地参加社区和当地一些机构组织的公益活动。有一天，她男朋友久未谋面的哥哥回到城里来了。男朋友向她坦白，他的哥哥曾有机会赢得一次体育赛事的冠军，但他出于嫉妒，悄悄地从中作梗，让他的哥哥失去了赢得冠军的机会。他一直担心哥哥知道自己的所作所为，过了这么多年，现在他的哥哥回来了。

【情境三】一个小男孩非常孤僻，因为他一直被哥哥们欺负，所以总是躲起来。在那里，他有很多朋友，这些朋友全是他用魔法召唤出来的。他和朋友们相处得非常融洽，他的这些朋友全是拥有危险力量的神奇生物。

【情境四】某人一直在为苏族人民争取权益。他的父亲在多年以前就离家出走了。当他得知自己的父亲是一个骗子，并曾经抢劫过土著印第安人的慈善机构时，感到非常愤怒。他决定要找到自己的父亲，向他讨回公道。但当他终于找到自己的父亲时，却改变了自己的想法。

【情境五】风险资本家的前男友是一位工程师，他曾经虐待过她。一次，这位风险资本家潜入了前男友的办公室，想偷取一份绝密的技术情报。她的计划是利用这份情报进行一次收益颇丰的投资，让前男友为自己的所作所为付出代价。

【情境六】故事的主人公曾经对自己的弟弟非常不好，因此给弟弟的心理上留下了阴影，使他一直厄运连连。多年以来，主人公的内心一直饱受内疚的折磨。终于，他向弟弟承认了错误，并发誓要做出弥补。但是弟弟却拒绝原谅他，甚至还想对他施以报复。

【情境七】新婚不久的男人靠买彩票赚了一大笔钱。他并没有把自己赚钱的消息告诉新婚妻子，而是用这些钱过上了自己梦想中的花花公子的生活。很快，这种梦想便成了噩梦，他也终于回到了自己的家里，他的妻子已经不辞而别了。

【情境八】每次到了万圣节前夜，一个女人总是会把自己装扮成女巫，并假装对自己的家人和邻居施一些无伤大雅的诅咒。直到一位朋友激怒了她，她便在他身上施加了一个非常恶毒的诅咒，人们才知道她真的是一个女巫。

【情境九】从表面上看，退伍军人是一个非常平和的人，但其实他有很严重的偏执症。虽然他一直在暗地里和自己的偏执症进行斗争，但还是在不停地收集各种违禁的军火和炸药。他的妻子发现这些军火后，感到非常痛苦，不知道该当面质问自己的丈夫，还是该向警方举报他。

【情境十】一个男孩撬开了自己母亲衣柜上的锁，在衣柜里发现了一大堆钱包——原来他的母亲是一个扒手。这个男孩不敢质问母亲，而是联系了这些钱包的主人，想把钱包物归原主。从这时起，问题就开始不断地出现。

类别四：神秘人寄来的信件

收到匿名信件时，收信人有时会感到好奇，有时则会感到困惑。有时候，寄信人出于好意会隐藏自己的身份，而有时他们这样做却是出于恶意。不管这些匿名者的目的是什么，与匿名信有关的故事总是会引起我们的兴趣。你可以把这里的 10 种情境作为故事框架，用它们写出属于你自己的故事。

【情境一】某高中生被一个女孩迷住了，但他总是不敢当面表达自己的爱意。于是，他匿名给这个女孩写了一封情书。在情书里，他还请求女孩为他保守这个秘密。女孩从这封信细枝末节的线索中猜出了写信者的身份，还是把这封“匿名”的情书发布到了社交网站上，并对这封信大加嘲讽。

【情境二】总有人不断地给一位女大学生写信，信中充满了对人性的深刻理解。这些信每次都是从门缝塞进这个大学生的房间里的，信上的字也全是打印出来的，而且每封信上都没有署名。这位女大学生当面询问了所有可能给自己写这种信的人，但仍旧没有发现到底是谁给自己写的信。

【情境三】记者收到了一封恐吓信。写这封信的人命令她必须在某个时间出现在某个地点。她照着信里说的做了，但只有一个快递员给她送来了另一封信。在这封信里，写信的人又要求她去另外一个地方。这种情况一直继续了好几次，终于那个写信的人露面了。他是一个职业杀手。

【情境四】一位教师生活在被专制的暴君统治的国家。由于他的观点极富煽动性，所以遭到逮捕并身陷囹圄。在狱中，他不断秘密地给自己身在美国的妹妹去信，请她帮忙宣传自己争取思想言论自由的观点。后来他的妹妹再也没有收到他的来信，她担心他的生命安全受到了威胁。于是她找到美国政府，请求美国政府帮助她救出自己的哥哥。

【情境五】一位钢琴神童的母亲发现女儿不断地收到一位不愿透露姓名的倾慕者的来信。于是她让女儿把那些信拿给自己看看，但被女儿拒绝了。这位母亲想方设法翻出了这些信，却发现自己的女儿和那位倾慕者在信里讨论的都是有关作曲的事情。

【情境六】一个难民多次收到神秘人物给自己写的信。在信中，这个神秘人物请求她立刻返回自己的祖国，因为只有她才能阻止某个邪恶的国家对她的祖国发动侵略。但经过几周的调查，她却发现自己根本就找不到任何证据能证明这个神秘人物的身份，同时，她也根本找不到任何证据能证明那个邪恶国家的存在。有一天，这个神秘人物出现在了她的门外。

【情境七】一位公司主管最近麻烦连连。他被各种官司缠身，妻子又闹着和他离婚，连他所在的公司都破产了。这时，他收到了一封信，写信的人自称是来自未来的自己。在信里，这个来自未来的自己帮助他分析了目前的状况，并且告诉他必须如何做才能摆脱困境。但是他却认为这是别人对他搞的恶作剧。一天，这个来自未来的自己出现在了他的面前。

【情境八】物理学家找到并打开了通往另一个世界的通道。在这之后，另一个世界中的一位女子便开始不断地给他寄来情意绵绵的情书。这名女子恳求他去看她，如果他不去，她就要封闭那个通道。

【情境九】一位经常受到虐待的男孩在自己的床罩下发现了一封信。这封信是手写的，写这封信的人自称是一位受到驱逐的魔法师，他邀请男孩到魔法世界去，他需要男孩的帮助才能回到自己的王国。

【情境十】男孩虽然心理很早熟，却非常害羞。他非常喜欢同在六年级的一个女生。为了向这个女孩表达爱意，男孩给她写了很多情书，却因为害羞而从来没有在信上署过名。一次，他写的一封情书被老师截获了。老师担心这封信是一个成年人写给那个女孩的，她甚至怀疑这封信是一个她一直都不喜欢的男老师写的。

类别五：绝密的行动和职业

在一些故事中，作者讲述的是一项生死攸关的绝密任务如何被制定及执行的，这类故事绝对会让读者读起来手不释卷。在这类故事中，主人公总是聪慧过人又并非战无不胜，各种悬念总是贯穿始终，最后主人公总是能巧妙地完成任务。以下的任意一个情境都能帮助你写出很棒的悬念小说。

【情境一】一位公司主管是秘密特工，她和丈夫去韩国参加公司的会议，在招待酒会还没结束的时候，她就消失了。她是飞到朝鲜去执行一项秘密任务的，但是却一直没有从朝鲜回来。于是，她的丈夫加入了寻找这位秘密特工的行动。

【情境二】敌军把真实的情报和虚假的情报混在一起，用电报发给特工人员。故事的主人公和另外一名士兵潜入了秘密营地，想取得那些正确的情报。但是把正确的情报和虚假的情报区分出来，要比他们想象的困难得多。而且他们能够在营地里逗留的时间非常有限，如果不尽快撤离，敌人随时都会发现他们。

【情境三】一位非常有影响力的发明家相信神命令自己去阻止科技对自然造成毁灭性的影响，于是她发起了一次激进的环保运动。当她承认自己是受到神的指引才去做这件事的时候，许多人便不再相信她说的话了。

【情境四】敌国已经在月球上建造了一个基地，准备利用这个基地来存放核弹头。五角大楼得知了这件事，便制订了一个秘密计划。五角大楼把一些退休的宇航员派往月球，让他们去制止敌人的计划，或者摧毁掉这个基地。

【情境五】囚犯在监狱里感到非常绝望，失去了生活的信心。就在这时，他听到了神的声音，神命令他去学习绘画，于是他报名参加了监狱里的绘画课。在整整一周的绘画课上，他脑海里一直浮现着一幅令人难以置信的图像。他尝试着用画笔把脑子里的图像画出来。但是，典狱长却错误地理解了他的画作，并剥夺了他在监狱里画画的权利。

【情境六】尽管在五角大楼的报告中，所有由无人机发动的攻击把顽固不化的恐怖分子作为攻击目标，但这些无人机真正的攻击目标却是保密的，一旦被公布就会引起巨大的争议。一位五角大楼的军官从个人的立场上非常反对在作战中使用无人机，便决定把这个秘密泄露出去。

【情境七】牧师在梦中受到了神的指引，于是，他决定按照神的指示行事。他发起并领导了一次运动，旨在改变教会对牧师保持独身的态度。虽然他领导的运动得到了许多人的支持，但是他也受到了许多威胁。

【情境八】歌手在一次事故中失去了自己动听的歌喉。之后，在一位天使的感召下，这名歌手致力于帮助那些由于意外事故放弃职业生涯的人。“就这样坚持做一年”，这位天使向他承诺道，“一年之后，我就会让你的声音恢复到原来的水平”。天使提出的唯一条件是他必须保守这个秘密，不能让别人知道是天使让他这样做的。但是，他太想告诉别人自己见过真正的天使了，最后还是没有忍住，把这件事情告诉了别人。

【情境九】总统对 CIA 特工下达命令，让他们不要再继续监视某位盟国首脑了。尽管如此，CIA 的特工们却还是怀疑自己的盟友参加了反对美国的行动，于是继续监视这位首脑。如果这位盟友发现了 CIA 特工违抗总统的命令监视自己，一场战争就可能随时爆发。这个盟国驻美国的大使发现了 CIA 的新行动，决定敲诈 CIA 一次。

【情境十】一位女子网球运动员是瘾君子，但没有人知道这件事情。她想戒掉自己的毒瘾，并在网球场上重新证明自己。她想参加一个网球公开赛，但因为不想让别人知道自己的吸毒史，为了可以按时报名参赛，她必须想办法让自己尽快戒毒，并顺利通过尿检。

类别六：秘密的组织

> 这个世界上有许多秘密的组织、俱乐部或社团，它们只吸纳那些忠诚于某个特定事业，或拥有相同才能的人。尽管这些组织一直不为世人所知，但它们大部分都是与人为善的，当然，有些神秘的组织则不是什么善类。但它们的神秘，为小说写作提供了最理想的素材。

【情境一】尽管明知很难成功，那些反对残暴政权的人还是成立了一个秘密社团，致力于推翻暴君的统治。他们在地下修建了一个隐秘的避难所，计划在夜深人静的时候对暴君发起突然袭击。但是，他们中的一个人却被捕了。

【情境二】一个女人拥有与生俱来的神奇力量，因此遭到了驱逐。当她得知女巫们要举行一次秘密聚会时，她也去参加了。但是这些女巫都是阴险邪恶的人，她们威胁这个女人，要把她也变成像她们一样堕落的人。但这个女人原本只是想用自己的力量为人们提供帮助。

【情境三】一个秘密的组织一直保持着神秘的色彩，它只吸纳有某种特定天赋的人，但没有人知道到底是哪种天赋。一旦成为这个组织的成员，就要发誓保守组织的秘密。一个组织里的新成员违背了自己的誓言，将组织的秘密告诉了他人，但他很快就为自己的所作所为后悔不已。

【情境四】某组织雇用了一批经过严格训练的人，大肆破坏那些用于砍伐森林的工具和进行战争的武器。这些人发誓，如果被抓住，绝对不会告诉别人他们的雇主是谁。但这种事情说起来容易，做起来难。

【情境五】某个秘密组织的一些成员把自己伪装成童子军，假装在社区里挨家挨户兜售童子军的小东西，但实际上他们是在寻找一些具有特殊才能的人。他们表面上是要给这些具有特殊才能的人颁发特殊奖学金，其实是在秘密挑选可以吸纳进组织的人选，让这些人去完成一些见不得人的任务。

【情境六】在白日里，镇上的居民都过着正常的生活，但是到了晚上，他们中的许多人便摇身一变，成为一个秘密组织的成员。这个组织像魔鬼一样对那些不走正路的人展开惩罚。

【情境七】新搬到这个小区的孩子们被邀请加入一个秘密的俱乐部，这个俱乐部的成员经常在一个树屋里碰面。起初，这些新加入的孩子们感到非常兴奋。但随后，这个俱乐部的首脑就告诉了他们这个俱乐部邪恶而神秘的打算。

【情境八】一些离经叛道的教师组建了一个秘密组织，致力于学校课程的创新与改革。他们的创新课程包括一些通常在普通学校不开设的课程，比如音乐、视觉艺术、戏剧等。他们还建议小班上课，不使用标准化的考试。这些教师组建秘密组织的消息被人知道了，学校把这些教师都开除了。

【情境九】狩猎俱乐部的一些会员成立了一个附属于这个狩猎俱乐部的组织，他们想取消对武器的一切限制规定。他们的表现甚至比国家枪械协会还要激进。对于那些游说禁枪的议员和立法者，这个组织采取了威胁的手段。一位主张禁枪的人得知了这个组织的存在，决定勇敢地与这个组织里的人当面对质。

【情境十】某社区里有一个秘密的动物保护组织，组织成员都是热爱动物并想为动物提供保护的人，他们对虐待宠物的人围而攻之，甚至以其人之道还治其人之身。这样一来，这个社区再也没有敢虐待宠物的人了。但唯一的问题在于，怎样算训练宠物？怎样算虐待宠物？到底有没有一个可以衡量这两种行为的标准？对此，大家众说纷纭，始终不能达成共识。

类别七：秘密的计划

> 要想让一个大型计划不为人知是非常难的，曼哈顿计划也许是最成功的案例。在维基解密的时代，能保守军事机密是很惊人的成就。这种情况就要求我们在写作的时候想办法让自己的故事更具悬念。

【情境一】农业部明令禁止农夫种植一种新的转基因作物，但农夫们不顾农业部的警告，私自种植了这种作物。当消费者们因为食用了这种作物而出现健康问题时，这些农夫受到了全社会的指责。但一位记者却发现，也许还有其他原因让这些农夫种植这种作物。

【情境二】你的任务是想办法进入一个有史以来看守最为严密的基地，并带回有关一项秘密计划的情报。根据一位来自敌国的投诚者交代，在这个基地里，敌人正在建造一个时间机器。

【情境三】一些物理学家一直在秘密地研制一种可以传送物体的设备。当这个计划被泄露以后，各大公司蜂拥而至，它们用尽各种办法，都想得到这种设备的图纸。但是，这些公司却没想到，整个计划可能只是一场骗局。

【情境四】故事主人公的名气很大，大家都知道她有非常杰出的编程能力。于是，她应邀加入了政府的一项抵抗网络恐怖主义的秘密计划。加入这个计划后，她发现至少有一个参与这个计划的成员是网络恐怖分子。她受到了双重的挑战。

【情境五】研究神经系统的科学家展开了一项提高人类记忆力的秘密计划。这些科学家相信强大准确的记忆力可以使人类文明发生革命性的进步。当这个消息被泄露出去后，其他科学家想要破坏这个计划，因为他们担心如果这项计划成功，它造成的影响可能会弊大于利。

【情境六】一个研究小组正在进行一项秘密实验。他们想制造出一种结合了人体细胞和动物细胞的混合细胞，并用这种混合细胞制造出可以对抗致命病毒的疫苗。这个研究小组里的一位成员担心这个项目的负责人做得太过分，违背这个项目的初衷，于是她决定把有关这个项目的事情泄露出去。

【情境七】机器人专家虽然精神状态不是很稳定，却有着远见卓识。在他的带领下，一群标新立异的工程师开始秘密研制可以自我复制的机器人。经过他们不懈的努力，终于造出了一批原型机器人。其中一个机器人失去了控制，因此这个团队中的一些人想要终止这个计划。

【情境八】一位神秘主义者把自己头脑中产生的幻觉用视频的方式表现了出来。所有看过这些视频的人都会像吃了迷幻药一样手舞足蹈，喜不自胜。这位神秘主义者越来越受大众的欢迎，他甚至开设了课程，通过课程，他建立了一个新的宗教派别。故事的主人公打算资助这个新的宗教派别，唯一的问题是这位神秘主义者是一个非常严重的精神分裂症患者。

【情境九】为了使化学武器产生的毒气不再对吸入毒气的人产生影响，政府展开了一项秘密的研究计划。在研究过程中，这个秘密项目的负责人被激进的极端主义者绑架了。这些极端主义者宣称，如果不终止计划，他们就要杀掉这位负责人。这位负责人很快就获救了，但是前来营救他的人却出乎了他的预料。

【情境十】一到晚上，小镇外就会聚集起一群人，他们通宵工作直到天亮。小镇上的居民们对此十分不解，不知道这些人到底在干什么，所有事情都是秘密进行的。一位勇敢的记者越过了安全警戒线，潜入了他们工作的场所。他发现了一个秘密的计划：那是一台可以打开通往另一个地球通道的机器。

类别八：神秘的仪式活动

必须正确处理人们的精神需求。无论是哪种势力，只要妨碍了人们追求信仰的需求，都会面临被毁灭的危险。人们为了追求自己的信仰会进行不懈的努力，有时人们不能公开追求自己的信仰，他们还是会秘密地努力。描写这种为了追求信仰而不懈努力的故事总是扣人心弦、令人难以抗拒。

【情境一】故事主人公的祖父已经去世了。在祖父家的阁楼上，主人公发现了一个被祖父藏起来的古埃及陪葬品。起初，她并不知道这个陪葬品有什么用，但后来，她发现了一个被隐藏了很久的秘密。原来，她的祖父和祖母都曾是一个秘密组织的成员，而这个秘密组织或许已经解散很久了，或许现在还没有解散。

【情境二】国王禁止主人公和信徒们公开祭祀她们的神灵，于是主人公和信徒们在森林里修建了一座神庙。他们在这座神庙里对强大的异教神灵们顶礼膜拜，而这些神灵也向信徒们承诺会为他们提供庇佑。国王得知了这些人秘密修建神庙的事情，便派人去摧毁那个神庙。

【情境三】一对兄妹在祖父母留下的箱子里发现了一条咒语。同时，他们还在箱子里发现了一条警示，这条警示警告他们绝对不能使用这条咒语，也绝对不能毁掉它。这也是他们的祖父母只是保存这条咒语却从未使用的原因。由于这对兄妹最近非常不走运，他俩还是念了这条咒语，他们希望它可以带来好运。

【情境四】年轻的女演员在一出舞台剧中扮演女巫。她按照剧本的要求进行了一项宗教仪式，但这项仪式却造成了巨大的破坏，而这在剧本里却根本没有提到。所有人都怀疑她是一个真正的女巫。

【情境五】考古学家在一个新被发现的德鲁伊遗址中发现了一块符石，符石上刻着一些神秘的铭文。考古学家研究这些铭文时，发现自己受到了一种强大咒语的影响，她开始产生幻觉，并能看到各种古代德鲁伊的仪式。难道她被送到德鲁伊活着的那个时代去了吗？

【情境六】一些在某第三世界国家工作的志愿者来到了当地的一个部落。这个部落里的人会进行一些神秘的仪式来乞求神明赐予他们维持生活的必需品。部落里的人不仅拒绝了这些志愿者的援助，还抓住了志愿者，要把他们当作祭品献给神明。

【情境七】在古代的德尔菲城里，牧师和诗人都会去拜访阿波罗或宙斯的神使。这些神使会赐予牧师们神明做出的预言，也会赐予诗人们写作的灵感。但这些神使们又是如何知道这些事情的呢？这一直是一个未解之谜。一位记者打算对这些神使们展开调查。

【情境八】孩子们总是会编造出一些毫无意义的假咒语。有一天，一些孩子在玩的时候假装用咒语把一个小孩困在了一个力场之中，但他们没想到的是，这个咒语真的起作用了。现在，他们必须想办法解除这条咒语。

【情境九】女王的王国遭遇了旱灾。为了尽快结束这场旱灾，女王请来了一位先知，让他施法告诉自己怎样停止这场大旱。据这位先知说，唯一可以终止这场大旱的办法是女王把一半国土归还给不共戴天的仇敌。

【情境十】一名女子相信，通过一种拜祭水神的仪式可以让自己的灵魂获得重生。这种仪式并不是基督教中的洗礼，而是一种向古代水神祈愿的方法。进行祈愿的人要饱含激情地朗诵诗篇，还要怀着赞美之情吟唱圣歌，这些诗篇和圣歌都是歌颂水的神奇治愈之力的。在进行这种仪式的时候，祈愿的人必须全身赤裸，坦诚相见。正因如此，这名女子和她的朋友被捕了，但是这个祈愿仪式似乎真的在她们身上起作用了。

类别九：迷失的人和失落之地的秘密

在历史上，有许多民族被外族征服并同化，也有许多民族慢慢消失在了历史的长河中。这些不复存在的民族有许多秘密埋藏在这个世界上，等待着考古学家、人类学家或法医专家去发现，可以利用它们重新恢复这些民族的面貌。也正是因为这些秘密被发现，人类历史才得以不断被修订。当然，作家也可以用自己的笔创造出另一个世界，并让自己想象出来的文明大放异彩。

【情境一】几个世纪以来，某个山地王国要塞的遗址一直被埋藏在一大片碎石之下。现在，这个地区是另一个王国的领土。一天，这个王国里的臣民在这片废墟中发现了一条可以进入山地王国要塞的路。他发现这个要塞已经变成了一个像世外桃源一样的隐居仙境。这个山地王国巫师的后人们也许还在这里生活着。

【情境二】考古学家们发现了一个秘密的墓葬。有证据显示，这个墓葬属于哥伦布发现新大陆之前的某个印第安部落。在墓室里，考古学家们发现了各种骨骼、工艺品及残存下来的圣物。根据这些发现，考古学家们逐渐勾勒出了一幅大灾难的景象。可以想象，这些人是在一场灾难性的事件中失去生命的，还有证据显示，这种灾难性的事件曾反复出现在这片土地上。

【情境三】一个国家有着仁慈的君主、平和的臣民、如画的山川，看起来这个国家一切都是那么质朴宜人。然而，故事的主人公却发现了一些线索，按照这些线索，她找到了一个小盒子，盒子里有一些秘密的文件。根据这些文件，她得知这个国家有一段并不是那么完美的过去。

【情境四】在女儿的教导下，奴隶学会了读书写字。这个奴隶在日记里偷偷记录下了奴隶主做过的所有违法交易。后来，这个奴隶逃跑了。当他发现奴隶主准备伤害自己的女儿时，为了报答她曾经教会自己读书写字，这个奴隶便告发了奴隶主，让警方逮捕了他。

【情境五】一些异教徒被驱逐出了他们的祖国，这些人在偏远的山区建立了一个乌托邦式的社会。许多年过去了，那些曾经驱逐他们的人的后人们再一次发现了这些异教徒。同时，他们还发现了这些异教徒的秘密，正是这些秘密让这些异教徒具有无以伦比的精神力量。

【情境六】在未来世界，地球已经被毁掉了，只有移民到火星上去的人类幸存了下来。这些移民者的后人掌握着全人类的遗产，但他们分成了几个部落，每个部落都掌握着人类遗产不同的部分。故事的主人公想重新恢复人类的文明，尤其是最高深莫测的人类科技文明。要想实现这个愿望，主人公必须先从每个部落找到所有的人类遗产。

【情境七】在一个与世隔绝的火山岛上生活着一群土著。为了生存，他们不仅要靠聪明勤劳的耕作，还要靠那些自古就流传下来的秘密的宗教仪式。直到现在，这些人还在靠这些宗教仪式来获得神明的恩惠。一次，这些土著不小心冒犯了火山女神佩蕾，于是为了让他们付出代价，佩蕾准备把这个小岛变成地狱。

【情境八】一些人居住在北极圈附近的荒原上，他们似乎永远也不会变老。到底是什么让他们永葆青春呢？一位人类学家来到了这里，想知道其中的秘密。她发现这些人每天吃的东西非常怪异，而且这些人的生活习惯也与其他地区的人不一样。

【情境九】一对兄妹都是求知欲很强的艺术家。一天，历史女神克莱奥出现在这对兄妹面前。为了帮助他们创作新的作品，克莱奥让他们了解了一些不为人知的历史片段。但是，克莱奥让他们看到的太多了，一些历史秘闻让这对兄妹感到非常担心，甚至是感到了害怕。这对兄妹想让世人也了解这些历史上的秘闻，但克莱奥却担心让人们了解了这些历史秘闻会弊大于利。

【情境十】要想进入神秘之城，孩子们必须学习大量天文、物理、神话、艺术知识，通过测试的孩子便会成为神秘社会的一员。在这个社会里，记忆力和想象力是两种最为重要的能力。

类别十：青年人和老年人的秘密

很多孩子和老年人的心里都藏着秘密。这些秘密会带来非常吸引人的趣事。我们可以想象，孩子们的秘密通常会是关于一些充满魔力的地方或一些难以解释的发现。而对于老年人来说，他们心中的秘密则通常是一些长期藏在心底的欲望或一些不可告人的事。

【情境一】夜深人静，有人在门口敲门。家里的男主人打开门，发现门外站着一位老太太。老太太告诉男主人她是他祖父祖母的一位挚友。同时，这个老太太还说自己必须告诉男主人一个关于他家族里的巨大秘密。

【情境二】年轻人从小就失去了听觉。一次旅途中，他意外地恢复了听觉，但他并没有把这件事情告诉任何人。其他人还是认为他什么都听不到，因此，他知道了许多镇上的秘密。有一次，他偷听到几个人正密谋要骗光镇上一个老太太的钱。在他周密的计划下，破坏了这些人的阴谋，还保守住了自己的秘密。

【情境三】女孩家人的关系非常糟糕。她的祖母临终时悄悄告诉了她一个秘密，这个秘密与家里的一个人有关。知道了这个秘密后，女孩便开始担心自己和另一个姐妹的生命安全会受到威胁。

【情境四】老人已经100多岁了，身体依旧非常健康。当被记者问到自己是如何做到这么长寿的时候，这位百岁老人的回答却很普通，不吸烟、不吸毒，多吃蔬菜等。但随后，记者深入研究了这位老人的生活，他认为这个老人身上有一个巨大的超自然的秘密。

【情境五】淘气的男孩溜进了邻居的院子，并偷听到几个大孩子密谋要“摧毁”当地的学校。他把自己听到的事情告诉了学校里的官员。但因为这个男孩以前撒过谎，他们并不相信他。

【情境六】故事主人公的哥哥偷了别人的东西。尽管主人公发誓要替哥哥保守住这个秘密，但没有忍住，把这件事情告诉了别人，这使他的哥哥被捕入狱了。他的哥哥出狱后，发誓要对他施以报复。

【情境七】年长的部落酋长把一个预言告诉了自己的孙子。除了他和孙子，再没有人知道这个预言了。这个预言关系到他们部落的命运，也关系到他孙子的命运。年轻人向老酋长承诺要实现这个预言，但却打算偷偷地离开这个部落。

【情境八】小男孩被怀疑患有自闭症或其他精神方面的疾病。为了做出准确的诊断，他被送去住院以便进行进一步的检查。在住院期间，神经科专家注意到这个小男孩用一种他不认识的文字记录着一些奇怪的信息，还经常在睡梦中用一种古代的语言嘀咕。于是，这位专家便对男孩进行了催眠，发现他和一位古希腊的男孩有联系。

【情境九】国王已经不久于世人了。他承认自己有一个情妇，当他发现情妇有了身孕之后，便把她驱逐出了自己的国家。现在，有许多人想继承他的王位。为了断绝这些人的念头，这位国王派人去寻找自己的情妇，希望可以在她生产之前找到她。当国王派去的人找到这个女人时，她已经生完了孩子，人们没有找到那个婴儿。

【情境十】老人被诊断出患上了一种致命的疾病。他把一个秘密告诉了自己的弟弟。他曾经安排了一次假的生意，并从他弟弟手里骗走了数千美元。他对自己的弟弟说，会把这笔钱在遗嘱里留给他。但后来，医院对这个老人的诊断被证实是一次误诊。现在，他的弟弟要求他先把这笔钱还给自己。

第十九章　威胁

类别一：来自疾病、传染病的威胁

即使是在医疗技术高度发达的时期，感染和疾病还是会在很大程度上对我们的生命产生威胁。我们除了可以通过检查和健康报告知道自己的身体状况，还可以从以真实事件为背景的优秀小说中了解到有关健康的知识。

【情境一】一种抗药性很强的细菌引起的疾病愈演愈烈，大有席卷全国的趋势。一位流行病专家不仅要想办法找到阻止这种流行性蔓延的办法，还要想办法制止某种不需要处方的抗生素在黑市中大肆热卖的趋势。这种抗生素不能有效地对抗这种细菌，但公众却相信这种药物有特效，这种信任是盲目而危险的。

【情境二】疯牛病正大肆传播。疾病控制中心通过努力隔离了感染源，然而养牛业还是受到了影响。许多人表示，哪怕这会对经济产生极大的影响，也要取消养牛业，并提倡人们食用在实验室里制造出来的牛肉。但其他人却认为既然感染源已经被控制住了，那么健康的牛肉就不会再对人们的健康造成威胁了。

【情境三】一种病毒发生了变异。感染了这种病毒的人最初出现的症状和普通的感冒一样，但最后会出现与任何已知的疾病都不一样的症状。研究者们努力地进行着研究，想“破译”这种病毒。但当他们“破译”了这种病毒之后，这种病毒又一次发生了变异。

【情境四】这种疾病最初的症状就像流感，但随后病人的各种感知力会大大提高，头脑会变得非常清醒，智商也会得到大幅的提高。但是，医生们担心在这种“积极”症状的掩饰下，病人的大脑会发生可怕的病变。很快，这些医生便发现他们的猜测是正确的。

【情境五】一种新被发现的病原体被带到美国去进行研究。尽管美国政府对这种病原体采用了最高级的安保措施，但该病原体还是落入了美国本土恐怖分子手中。这些恐怖分子威胁要用这种病原体作生物武器来影响美国总统大选，甚至要在美国领导一场起义。

【情境六】某城市的供水系统中侦测到一种未知的有机物。人们用提取来的有机物对老鼠进行了测试，测试结果表明这种有机物会使人患上严重的疾病。当人们准备彻底销毁这种有机物时，它就像感觉到了危险一样，开始迅速地繁殖。

【情境七】人造合成细菌从实验室里泄漏了，并威胁到了附近的动物和人类的生命安全。人们制造这种细菌的目的就是要让它快速地进行变异，而因为这种细菌具有在短时间内发生变异的特性，它变得更加危险了。经过细致的实验研究，生化专家们担心这种细菌会造成无法被治愈的疾病。

【情境八】一位调皮的生物学家违反了法律，把基因发生了变异的鱼倒进了五大湖区的一个湖里。这些鱼很快就开始繁衍起来，它们大肆蚕食这个地区的本地物种，并对这个地区的食物链造成了严重的破坏。

【情境九】疾病控制中心发现了一种新型的侵略性很强的病原体，感染这种病原体的人表现出的症状之一是大脑受到损害，这种损伤会让这些人变成僵尸，并无意识地做出一些狂暴的行为。

【情境十】宇航员们刚刚结束在火星上的科考工作，回到了飞船上。一种火星上的生命物质通过了飞船的过滤系统进入了飞船，并开始在飞船内繁殖。然而，宇航员们对此却一无所知。按照现在的情形来看，只有摧毁整条飞船，才能阻止造成更大面积的感染。

类别二：被攻击的威胁

我们经常听到的一句话就是，我们生活在危险之中。尽管据一些专家说，社会中的暴力现象在逐渐变少，就像斯蒂芬·平克在他的著作《人性中的善良天使》中所描述的那样，但我们还是会读到大量关于枪击和袭击的报道。在一些优秀的小说中，作者集中讨论了人类好斗天性的根源。也许这样的小说可以让暴力行为更快地消失在人类社会里。

【情境一】保安带着自己的家人搬进了一座公寓大楼。这里的房租不是很贵，有一群小偷也住在这里。这些小偷总是偷公寓住户们的东西，而警方又找不到足够的证据把他们抓获归案，这名保安和公寓管理员一起设计了一个圈套，抓住了这些小偷。

【情境二】某社区的治安本来非常好，从来没有发生过犯罪。但近来，一些街头帮派出现在了这里。这些帮派似乎对一个少数民族非常反感，专门把这个民族的人当作自己的攻击对象。一位退休的警官住在这个社区里，他准备把这些帮派赶出去。

【情境三】在不远的将来，大多数公民都随身携带枪支，如果有人不这样做，就会被认为不爱国。中学里也开设了必修课，教学生们使用枪支。枪成了最受大家喜爱的东西。那些试图通过控枪法案的立法委员受到了大家的抨击。但是，其中一位立法委员不怕受到威胁，他找到了一种巧妙的办法来提出自己的提案。

【情境四】一些老年人住在一座公寓大楼里。一些年轻的邻居整天都在听震耳欲聋的音乐，这让老人们非常反感，便播放格里高利圣歌作为反击。为了不输给这些老人，一个年轻人威胁老人，如果他们再敢这样做，就要让他们尝尝皮肉之苦。一些老人是参加过战争的退伍老兵，他们并没有对年轻人的威胁掉以轻心。

【情境五】小女孩总是被一个男孩欺负，终于有一天，她受够了，决定要让那个男孩尝尝自己的厉害。但是她不但没有好好教训那个男孩，反而被那个男孩修理得很惨，还遭到了威胁。

【情境六】一位上了年纪的门卫每天都要穿过城里一个危险地区去上班。因为自己总是在上班路上受到骚扰，所以他决定随身带一把杀猪刀。一天，当他路过那个地区的时候，一个乞丐请他给自己几块钱。他以为乞丐要抢劫，便用刀捅伤了乞丐，然后他跑掉了，不知道接下来该做什么。

【情境七】女国会议员的工作非常出色。但是每当有政敌说自己坏话的时候，她都不能控制自己的脾气。她必须想办法在这种情况下控制自己的情绪。她的这个弱点却被一个政敌知道了，只要有机会，他就会利用这个弱点来攻击她。

【情境八】传教士通过给当地人食物和衣物来劝他们信奉自己的宗教。这些传教士因此受到了当地武装叛乱分子的袭击。尽管那些受助者对这些传教士心存感激，他们中还是有很多人支持叛乱分子，因为这些叛乱分子不但手里有枪，还曾承诺，只要他们加入叛军，叛军就能给他们工作。

【情境九】恐怖分子劫持了纽约所有的旅游巴士，把巴士上的乘客当成了人质。这些恐怖分子威胁，如果政府不能满足他们的要求，他们就要杀死这些乘客并炸毁这些巴士。

【情境十】一位杂货商已经在这个社区里做了30年的生意了。最近出现了一批抢匪，他们已经抢劫了好几家店铺，但这并没有吓到这位杂货商。后来，他的店铺也被抢了，抢匪们还把他打成了重伤。即使这样，他还是继续开门做生意，在他隔壁的铺子关门以后，他把隔壁的铺子也买了下来，还和一位退伍军人学习了防卫术。

类别三：经济危机带来的威胁

造成经济危机的潜在因素有很多，比如疯狂的商业投机行为、不道德的投资、市场自由化等，但最主要的原因还是贪婪。狡猾的投资者会利用政策漏洞，通过打法律的“擦边球”获得利润。优秀的故事可以让公众了解这些人采用的手段并提高自我防范意识。

【情境一】网络恐怖分子发现他们可以用一种阴险的方法侵入某些商业机构的账户。他们威胁对方，如果要求得不到满足，就要彻底销毁这些数据。讽刺的是，FBI雇用了一位犯重罪正在服刑的犯人，把这些恐怖分子从商业机构的网络中赶了出去。

【情境二】一个国家决定要造成通货膨胀的假象，希望以此来影响敌国的货币。经济学家非常了解这种操纵经济的手段，他试图说服当局，让他们相信这只是敌国设计的一场骗局。但事实证明，这是一场非常有效的骗局。

【情境三】某组织企图让美元贬值。在政府还没来得及准备好防范措施时，股市就已经崩盘了。调查员们试图找出造成这种情况的那个组织，并想知道他们的动机是什么。

【情境四】新总统刚刚上任就命令降低“食品券”政策的规模，一场经济危机因此爆发了。然而，新政府却认为反对党应该对这场经济危机负责。一位记者剖开那些层层表象，深入了解到这个核心集团的内幕，并报道了这些内幕消息。

【情境五】某地区被认为有发生洪水的危险，一家银行以极低的价格收购了该地区所有的房产。故事主人公的家也在这里，他的家境非常穷困，出于无奈，他只能把房子卖给了银行。政府在这个地区进行了排水系统改造工程，这家银行出钱赞助了一部分工程。当工程结束后，这家银行便以比收购价高出许多的价格重新出售这些房产。这种行为激怒了以前住在这里的人，这些人都是靠贷款才买的房产。

【情境六】在不远的将来，大面积的干旱造成了大面积的恐慌。经济形势一片萧条，食品供给也严重不足。然而，政府却在这时采取了大动作，想收购私人企业。因此，政府提出的针对旱灾的应急政策遭到了许多人的反对。

【情境七】在黄金价格到达了人们期待中的高点后，黄金投机商便把所囤积的黄金抛售一空。这些投机商的行为使黄金价格一落千丈，黄金市场也因此变得一蹶不振。现在，这些投机商又想用类似的手法进行另外的投资。与此同时，一位证券交易管理委员会的官员开始对这些投机商进行调查。

【情境八】在 11 月到 12 月间的销售旺季，对不合理商业行为的打击严重影响到了商家的收入。一位零售商决定和广告商进行合作，来对抗这种负面的宣传。

【情境九】假期里，全国最大的网络分销商的网站被侵入了，该网站还被起诉犯有商业垄断罪。这家公司的销售业绩一落千丈，并因此引发了全国性的经济危机。这家公司的主管们努力地想保住公司，但必须先应付起诉。

【情境十】恶性通货膨胀使这个国家的货币几乎变成了废纸，该国即将面对全面的经济瘫痪。政府请来了一位专家，希望这位专家能想办法恢复该国的金融系统。她想出了一个办法，但这是一个非常离经叛道的办法。

类别四：敲诈勒索或行贿受贿带来的威胁

每个人的生活中都有许多秘密，这些秘密一旦被坏人知道，坏人就会利用它们来敲诈勒索。敲诈勒索是许多引人入胜的故事的基础，所以作家们很喜欢使用这样的情节。

【情境一】在这个军国主义国家中，一所顶尖的大学正在进行一项先进的武器研究。该大学里的反战人士组成了一个秘密组织，资助各种反对政府强硬计划的行动。因为该组织与政府的政见不同，该组织的领导人被抓捕并受到了严刑拷打。

【情境二】一位女艺人非常想在演艺圈出人头地，她结识了一位很有名的男演员，这名男演员答应帮助她在一部电影中饰演某个角色。但她却认为他是在骗自己，目的是想和自己上床，因此她拒绝与这位男演员进一步接触。其实，男演员并没有她想象的那么不堪，但他一直没办法让这位女艺人相信自己。后来，他的事业出现了下滑，不再做主演了，这使他更加有口难辩了。

【情境三】一个做大买卖的人受到黑帮分子的威胁，对方要求他每月上交保护费。他拒绝了黑帮分子的要求，并雇用了几个保镖以防受到袭击。但问题在于其中一个保镖就是为这个黑帮效力的。

【情境四】学校里的一个小混混威胁一个胆小的学生，让他必须每天交给自己五块钱作为保护费，不然就要挨揍。学生答应了小混混的要求。但没过几天，这个小混混就把保护费翻了一倍，还说要是他把自己收保护费的事告诉别人，他就会非常后悔。这个学生不得不纠结于是挨揍，还是去偷足够的钱交给这个小混混。后来，这个学生想办法给这个小混混设计了一个圈套。

【情境五】市长候选人敲诈了一位非常有实力的金主，他让这位金主支持自己竞选市长，否则就把他俩的奸情说出去，这样她的婚姻就会受到威胁。但是当这位金主发现自己的丈夫也掺和里面时，她便知道这位候选人是在虚张声势。

【情境六】技工被老板开除了，于是他威胁老板说："让我回来上班，否则我就把一些文件交给当局，这些文件里可都是你违法活动的证据。"但老板手里也有技工的一些把柄。

【情境七】社会上展开了关于同性恋的争论，有些人反对同性恋，有些人则在为同性恋者争取权益。一位反对同性恋的活动家与女朋友分手了，他的前女友便四处造谣说他是同性恋，于是，他受到反对同性恋的活跃分子的暴力威胁。这场争论的另一方向他伸出了橄榄枝，邀请他参加支持同性恋的团体，为同性恋者争取更多权益。现在，无论是加入哪一方都会让他感到很不舒服。他的心里非常矛盾，不知道是该报复自己的前女朋友，还是让自己不再参加这些社会活动，先解决自己内心的矛盾。

【情境八】一个学生看到教授给了自己一个很低的成绩，便决定敲诈这个教授。她约教授出来吃饭，说要讨论自己的未来。但在席间，她却威胁要告发教授勾引自己。教授非常担心，因为他知道这种罪名哪怕是空穴来风，也会让自己的名誉毁于一旦，所以他下定决心，无论如何也要让这个女生闭嘴。

【情境九】某组织给了一位州长候选人一大笔钱，让他退出州长的竞选，但这位候选人拒绝了该组织的贿赂，并很认真地考虑去告发这个组织。这时，这个组织给了他一些比钱还重要的东西，这让他不得不认真考虑这个组织的建议。

【情境十】一位著名歌手和一些黑帮分子产生了口角。这些黑帮分子要求他把自己的一部分收入上交，以作为他们在几年前帮助他宣传的报酬，但这名歌手从来没请他们帮助过自己。尽管如此，这些黑帮分子还是威胁他，如果他不交钱，就会伤害他和他的家人。

类别五：不稳定的家庭带来的威胁

我们生活在一个充满焦虑的时代里，最大的焦虑似乎产生在我们的家庭中。我们不断地感受来源于各种家庭矛盾的压力，比如夫妻间的矛盾、经济问题、教育子女等。如果不能彻底解决这些问题，我们就要学会如何去应对它们。读者总是喜欢看那些着重讲述如何去应对家庭矛盾的故事。

【情境一】一位很有才能的主管被指控在工作中出现了失误，并因此被停了职。虽然最后查明对他的指控毫无根据，他也官复原职，回到了自己的工作岗位上，但这个谣言给他带来了极坏的影响，也给他的家庭造成了极大的损失。

【情境二】医生的丈夫失业了，于是在家当家庭妇男。慢慢地，丈夫越来越讨厌自己这个角色，夫妻俩的关系也出现了问题。医生想挽救自己的婚姻，她想让丈夫从事医疗护理工作，但他却不想花两年的时间去重新学习。

【情境三】故事的主人公是中年男子，他非常喜欢和别的女人打情骂俏，有时甚至有些过分。尽管如此，他还是对妻子非常忠诚的。然而，他的妻子却越来越无法容忍他的行为，经常和他大吵大闹。他们的女儿也受到了影响，她威胁自己的父母，如果他们不能解决这个问题，她就要离家出走。

【情境四】一个孩子偷了他朋友父亲的左轮手枪。他想用它来吓唬自己的父母，让他们不要再吵架了。这确实吓坏了他的父亲，所以他父亲揍了他一顿，并且没收了这把手枪。

【情境五】一个教会组织想宣传传统的家庭价值观。于是他们联系了那些他们印象中的模范家庭，准备请他们帮忙拍摄一部宣传片。但大部分模范家庭都有自己的秘密，使他们的形象受到了影响。

【情境六】一位女同性恋者的父母思想非常保守。这位女同性恋者准备和爱人结婚，在结婚之前，她想让父母认识一下自己的爱人。但她的父母表示如果他们接受她俩的关系，他们的家庭就要被毁掉了。这位女儿并没有以离家出走相威胁，而是安排她的结婚对象在一个喜庆的节日气氛中与父母见了面。

【情境七】女人的丈夫是飞行员，因为工作的关系，他常年都不在家。一次，有小偷试图闯进这个女人的家里偷东西，被人发现后，小偷就逃走了。于是，这个女人开始过分担心自己家的安全问题。她买来枪支，并在家里安装了报警系统。她的女儿已经十几岁，认为母亲的做法太过分了。结果，她的做法影响到了家庭的和谐气氛。

【情境八】一个男人笃信天主教。他认为只有严格遵守《圣经》和教会的规定才能使家庭关系稳定和睦。他的儿子和女儿已经上了大学，这两个孩子并不同意父亲的观点。然而，他很快就想出办法来改变孩子们的想法。

【情境九】男人家里的成员不是银行家就是会计师，或从事其他与财务相关的职业，但他的儿子却想去当喜剧演员。他担心儿子的选择会败坏家族的名声，并影响到家人的和睦关系，所以强烈反对儿子的想法。父亲这种强硬的态度使儿子不得不慎重考虑是否要放弃自己的梦想。

【情境十】一个女孩经过一次顿悟便信仰了某宗教，并且，她还想让家人都信仰这个宗教。她向他们保证，信仰这个宗教可以让他们获得更大的喜悦，家庭关系也会变得更加和睦，但她的坚持却产生了相反的效果。

类别六：侵略和叛乱带来的威胁

许多与政治或军事有关的惊悚小说都用很多笔墨来描写国家或民族间的冲突和纠纷。在这些冲突纠纷中，侵略或者暴动一触即发。有些小说描述了在这种情况下发生的重大变故，这些小说能给读者留下很深的印象。

【情境一】起初，这似乎只是一次无组织的针对大企业的暴动，但后来出现了一个非常有个人魅力的领导者，他巧妙地把这场暴乱变成了精心安排的示威游行，准备打倒一些特定的目标。

【情境二】某地区的蝗虫数量已经发展到了恐怖的程度，铺天盖地的蝗虫吃光了所有的作物。农夫们对政府提供的帮助不屑一顾，准备靠自己的力量来对抗这场蝗灾。但事实证明，个人的力量是远远不够的。一位当地的农业化学家想出了一个办法。

【情境三】一项致力于彻底消灭蚊子的实验造成了可怕的后果。蚊子不仅数量变得空前地多，个头也变得更大，吸的血也更多了。与此同时，这些蚊子造成了严重的健康危机。

【情境四】人们经常会说“可爱的小瓢虫”，但变异的瓢虫一点儿也不可爱，它们和正常的瓢虫看起来没有差别，却会钻进人的肉里并使人变得情绪紊乱。因为孩子们觉得瓢虫长得很可爱，所以这种瓢虫对孩子们尤其危险。

【情境五】新纳粹分子把自己伪装成乐善好施的人，并渗透进了一个社区。他们在赢得这个社区居民的信任后，便开始了阴险的计划。他们在暗地里做了一些可怕的事情，并把这些事情栽赃给某少数族裔。这样，这些纳粹分子就有借口去迫害这些少数族裔了。

【情境六】医护人员们乘坐飞机进入某地区进行医疗救援，但是该地区已经被这个国家的叛军包围了，这些叛军命令医护人员立刻离开，否则就要把医护人员乘坐的飞机打下来。驾驶员认为自己可以躲开叛军的攻击，但飞机上的医护人员们却不这么想。驾驶员没有理睬叛军的威胁，继续驾驶飞机前往既定地点。叛军向飞机开了火，并打坏了飞机的一个发动机。驾驶员不得不采取了迫降，还好这些医护人员们并没有出现伤亡。

【情境七】在未来社会，激进的年轻人总是组织政治集会。他们把大学列为声讨对象，他们建议在大学里开设就业课程，并认为应该取消那些不必要的必修人文学科课程。但是那些大学都坚持认为人文学科不仅要继续存在，还要得到大力发展。于是，这些激进分子便准备攻占并接管这些大学。

【情境八】保护动物权益的激进分子威胁说如果饲养场不改善家禽的生活条件，他们就要抵制并破坏家禽产业，但那些饲养场并没有理睬他们的要求。这些激进分子便潜入农场并放走了农场里的家禽。农场主们为了报复这些人，便把家禽的市场价格提高到了令人发指的程度。

【情境九】“三 K 党”在一个北方城市里意外地获得了一个稳固的根据地。他们便在这里施暴，造成了社会上的混乱，尤其是在全国有色人种协进会（CAACP）和反诽谤联盟（ADL）介入后，这些“三 K 党”徒的活动愈加频繁了。一个反对“三 K 党”的激进人士装作“三 K 党”的支持者，打入了这个组织的内部。

【情境十】一个政局极度不稳的国家眼看就要濒临崩溃了，看到这种情况，某邻国就准备侵略并占领这个国家。实际上，这个国家里有许多人非常欢迎邻国来犯，并把这看成可以稳定政局的一种稳定剂。但是，也有人想抵抗邻国的侵略，因为他们担心不仅会失去民族独立性，还会失去自由。

类别七：电子故障或机械故障带来的威胁

我们生活在一个高科技世界。诚然，高科技会给我们的生活带来很多便利，但是，高科技也会让我们的生活危机四伏。一旦出现了停电或者机械故障，我们的日常生活就会立刻变成一团糟。

【情境一】宇航员们对太阳的活动进行了深入的研究，并发现很快就会爆发一次太阳耀斑。一旦发生这种情况，通信卫星就会出现故障，地球上大部分地区也会因此陷入混乱。宇航员们提出了一个预防方案，但由于这个方案成本过高，而且会严重地影响人类的日常生活，所以他们的方案被拒绝采纳。

【情境二】一天早上，人们醒来后发现他们的电话出现了故障，打电话会搭错线，短消息也会发错人。专家们立刻开始修复这个问题。但这时，所有的手机和电脑都收到了一条查不到来源的消息。发出这条消息的人威胁说，除非自己的要求得到满足，否则所有的电子便携设备都会出现故障。

【情境三】在另一个世界，所有的电气设备都是有感情的，有时还会和人进行交流。起初，这些电气设备乐于助人并对人十分友善，比如说，在烤百吉饼的时候，烤箱会和厨师讨论设置的温度是否够高。一天，一些电气设备开始威胁人类："对我更尊重一些，不然就别想我为你服务。"

【情境四】一场突如其来的大面积停电使一个大都会的重要地区陷入了混乱。工程师应对这种停电的经验非常丰富，于是，她被派去处理这个问题。但是，她始终找不到造成停电的原因。似乎恐怖分子做了什么手脚，只要有人准备维修，就会造成更大的麻烦。

【情境五】恐怖分子命令火车机师让列车加速行驶，机师担心速度过快会造成火车脱轨，所以拒不执行恐怖分子的命令，恐怖分子打晕了他。现在火车上的其他人必须在火车到达一个危险的转弯处前，想办法制伏恐怖分子。

【情境六】两位冒险者的无线电发报机出现了故障，他们想尽快修好发报机，因为已经走投无路了：他们在荒野里迷失了方向，疾病缠身，食物和水也快没有了。

【情境七】间谍伪装成记者，去进行一次重要的采访。就在她马上完成任务的时候，突然发现装在自己身上的窃听器并没有在正常工作。如果窃听器的故障很严重，整个行动就会被破坏，她的生命安全也会受到威胁。

【情境八】在一次排雷任务中，一名士兵的排雷设备发生了故障，这可能会毁掉部队撤回安全地带的机会，而这个来之不易的机会只有一次。所以这名士兵不顾生命危险，继续自己的排雷任务。

【情境九】故事的主人公是一位组装流水线上的工人。他非常渴望成为工程师，但他和机械实在是无缘。只要是他用过的电器全都会坏掉，他用过的电子设备都会出现故障，就连他用过的电脑都会系统崩溃。由于他在机械方面实在是一窍不通，所以面临被开除的危险。他恳求神点化自己，但神告诉他的恰恰是他不想知道的事情。

【情境十】人工智能控制着这座 23 世纪的城市。有迹象显示这种人工智能已经开始出现故障，许多维护系统停止了运转，交通系统也变得越来越不安全。当市民们提出抗议的时候，这种人工智能甚至威胁要用自己的版本对这些市民进行“升级”。

类别八：精神崩溃带来的威胁

精神状态稳定与不稳定之间的差别非常细微。即使在正常的情况下，任何意外都有可能造成人的精神突然崩溃，灾难发生的时候就更是如此。在一些故事描述的事件中，主人公面临的最大挑战就是克服内心的恐惧，尤其是在生死关头。这样的故事是读者们的最爱。

【情境一】一位 CEO 总是纠结于公司的亏损问题，她害怕这种偏执会影响到自己的理智。公司的副总建议由他来暂时接管公司，但在与这位副总的一次谈话中，她确定正是因为这位副总，公司才会出现亏损。现在，她必须在努力保持清醒的同时，保住自己的职位。

【情境二】故事的主人公被困在了一座废弃的大楼里。他从楼上摔了下来，手机找不到，人也摔伤了。由于他有幽闭恐惧症，所以心里极度恐慌，这是他现在面临的最大问题。一条狗发现了他，这条狗现在成了他唯一的希望。

【情境三】一位汽车销售员因为要证明销售业绩，心理压力很大。而且她的心理压力不仅来自工作，还来自经理。经理不相信她能够和男推销员做得一样出色。她能说会道，但实际上精神状态非常不稳定，很容易变得极度暴躁。

【情境四】矿坑发生了塌方，一些矿工被困在了矿洞里。由于受到2010年智利矿难的启发，被困在矿洞里的矿工们知道营救者们要花上几天的时间才能找到自己，于是他们努力让自己保持清醒。一位矿工出现了幻觉，这使得情况变糟了。

【情境五】小女孩被认为是小提琴天才，她师从一位非常严厉的老师。因为这位老师对她过于严厉，小女孩担心自己的情绪会出现问题。但是，她还是对老师心存感激，因为她知道是老师对自己的谆谆教诲，自己的琴艺才达到更高的水平。

【情境六】中年妇女的丈夫是一个控制欲很强的人。所有与妻子有关的事情，事无巨细，他都要管。他的这种做法让妻子的神经处在崩溃边缘。于是，她偷偷地去看了心理医生。在心理医生的帮助下，她决定和丈夫离婚。但这件事被她的丈夫知道了，等待她的将是皮肉之苦。

【情境七】一个女孩心理成熟得很早，经常违背父母的命令。她的父母都是有虐待倾向的人，经常把她锁在衣帽间里。因此，她患上了幽闭恐惧症，只要想到自己将进入一个幽闭的空间，就会让她精神崩溃。学校里的一位心理咨询老师想帮助她克服恐惧症。

【情境八】主人公非常喜欢游泳，也游得非常好，甚至有能力去参加奥运会游泳比赛。但有一次，她在海里游泳的时候碰上了鲨鱼，这次恐怖的经历给她造成了严重的心理阴影。她只要一进入水里，就会想起那次噩梦般的经历，她的成绩也因此受到的影响。一位游泳教练专门接受过心理辅导，知道该如何帮助运动员克服心理问题。于是他尝试着帮助她克服自己的恐惧心理。

【情境九】为了能够胜任危险的海底任务，报名参加任务的人必须接受令人身心俱疲的心理测试，还要模拟被困在海底，生命受到威胁的情况。如果他们可以证明自己的心理在这些测试中不会崩溃，那么就算通过了测试。故事的主人公通过了所有的测试，并且接受了任务进入了海底。但是他却发现在真正的任务中出现的问题要比在那些模拟测试中遇到的问题更危险。

【情境十】囚犯在监狱里受到不公平的待遇，并被关了禁闭。他在禁闭期间用了一些非常极端的办法让自己保持理智，其中一个办法是他让自己灵魂出窍，神游太虚。很快，他就可以熟练地运用这些技巧了，但他的灵魂也不想回到他的身体了。

类别九：自然灾害带来的威胁

我们总是把大自然称作人类的母亲，但我们也知道它有时候对待我们并不像母亲那么慈爱，尤其是在自然灾害发生的时候，比如地震、火山爆发、洪水、台风、干旱……这些自然灾害会让人类社会陷入恐慌。优秀的故事会让我们时刻记住大自然的威力有多么强大和不可预知。如果我们忘记了，那我们就是愚蠢之极。

【情境一】全国各地都出现了奇怪的雷暴。雷暴摧毁了电网，造成了全国范围内的大面积停电。工程师和气象学家们通力合作，想找出防止电力系统彻底瘫痪的办法。

【情境二】在圣迭戈会出现龙卷风？气候出现了意想不到的变化，加州南部地区在夏季出现了龙卷风。这种异常的天气不仅给当地的旅游业造成了毁灭性的打击，还使得聚集在加州南部海岸的太阳崇拜者们的生命安全受到了威胁。

【情境三】一场地震使大坝出现了严重的损坏。一旦大坝崩溃，附近的一个城镇就会被洪水淹没。由于时间紧迫，镇上的居民被紧急招募来帮助工程师工作，努力避免洪灾的发生。

【情境四】加州暗黑峡谷附近发生了几次强烈的地震，在暗黑峡谷的核电站也受到了波及。在地震的影响下，一个核反应堆可能会发生爆炸，并引发一场可以与福岛核电站事故匹敌的大灾难。地震学家建议撤离该地区的居民，但是核工程师们却认为核电站的反应堆可以承受更大强度的地震，所以不必担心会发生反应堆爆炸的情况。

【情境五】河里的水位在不断上涨，如果河的水位超过了河岸的高度，就会使河附近的地区成为一片汪洋。这种情况对于主人公来说无异于一场灾难。主人公收藏着一件珍贵的家具和一些艺术品，他必须在洪水来临前的几个小时里想办法保护这些价值连城的宝物。

【情境六】城市里越来越频繁地出现地面塌陷，大量汽车和房屋被塌陷吞没，引发了恐慌。地质学家们努力想了解出现的这种情况，以便更好地预测下一次塌陷会出现在哪里。

【情境七】在不远的将来，大型的火山喷发会不断地发生，遮天蔽日的火山灰将笼罩着整个地球。在这种情况下，很有可能出现另一个冰河时代。到了三月，冬季还没有过去，气温仍旧在零摄氏度以下。暴风雪一直延续到春季和夏季。

【情境八】飓风朝着一座医院直扑而来。整个地区马上就要被洪水淹没，并被大面积地破坏。医院里有许多老弱病残，他们的状况很糟糕，必须依赖医院里的设施来维持自己的生命。政府官员们必须想办法疏散这些老弱病残。

【情境九】威尼斯的工程师们一直在努力不让城市沉没。但是在未来，随着海平面不断上升，整个威尼斯地区会永远地变成一个海湾。全世界的工程师都被召集在一起，他们共同努力，想办法阻止这种情况的发生。

【情境十】一座活火山附近有一个村子，面对随时会喷发的火山，村里的人把希望都寄托在一个当地的地质学家身上。他们相信一旦火山爆发，这位地质学家会提前通知他们，并给他们留出充裕的时间撤离。但是，当这座火山开始异常活动时，地质学家却无法确定它会不会爆发。

类别十：社会动乱带来的威胁

社会是个动态的有机组织，它在我们这个时代，在不同民族和文化的相互影响与作用下，变得越来越复杂，也变得越来越不稳定。但是，社会结构的改变永远不会是一帆风顺、波澜不惊的。从古至今，人们一直都担心发生社会动乱，而写作的灵感也可以从这些矛盾冲突中产生。

【情境一】一群先锋派艺术家受到20世纪初达达派艺术家和超现实主义者的影响，创作了许多在大众看来十分夸张的雕像。这些雕像在社会上引起了轩然大波，并制造了骚乱。许多人认为这些雕像过于淫秽，用尽一切办法破坏这些雕像。但是，受到群众的刺激，这些艺术家们创造出了更过分的作品。

【情境二】高中生们不仅对老师的态度越来越恶劣，还经常违反学校的规定。一些老师对此忧心忡忡，加强了学校的管理。但学生们在学校里发起了有组织的暴动，并把一些老师当成了人质。

【情境三】受到“占领运动”的影响，一个由年轻人发起的新运动要求商业活动进行变革。这些年轻人要求所有的商业活动必须全程透明化。故事的主人公是公司里一位年轻的主管，他刚刚从父亲手里继承了一个大公司。即使他知道自己的做法会让公司的利润受到损失，还是想对公司的整个结构进行改革。

【情境四】学者们在死海附近发现了一些古代卷轴。在对这些卷轴进行了仔细研究后，学者们希望不要公开这些卷轴的内容，因为他们认为卷轴里的内容会影响到全世界各国的社会稳定。但是另有一些专家却不同意他们的意见，这些专家认为将卷轴的内容公诸于世，反而会让世界各国更和平安定。

【情境五】一些无政府主义摇滚歌手发明了一种新的音乐，听了这种音乐的人会不由自主地做出暴力行为，砸烂所有能拿到的东西。这些无政府主义摇滚歌手的新音乐很快就在社会上流行了起来，并引发了大规模的动乱。有人想叫停这种音乐，让它彻底消失，但是这些人都被告上了法庭——他们被起诉违反了第一修正案赋予的权利。

【情境六】一位牧师相信自己见到耶稣在云中显圣，认为这是神在号召世人信仰基督教。尽管他的说法遭到了许多人的嘲笑，但他还是在自己所在的社区召集了许多追随者，而这些追随者已经足以影响社会的稳定了。

【情境七】宇航员们截获了一条从其他星球传来的消息："现在，我们知道你们的存在了！我们很快就会来了！"宇航员和其他专家不确定该如何理解这条消息。它是对人类的一种威胁吗？还是说它会引领人类进入一个新的时代呢？这条信息被公众知道了，这在社会上引发了极大的恐慌。不管怎么看，一场社会动乱似乎都在所难免了。

【情境八】一位高科技电影制作者效法奥尔德斯·伦纳德·赫胥黎在《美丽新世界》中提到的"多感觉艺术品"，制作出了一种可以让观众真正体验到英雄（或反派人物）情感的电影。很快，这种电影就成了社会上流行的时尚，但也造成了一些动乱。一位心理学家决心在局面变得无法挽回之前叫停这种时尚。

【情境九】一些支持枪支合法化的激进分子成功说服了某个州政府，让政府同意他们成立一个合法的军事组织，但这个组织的经费并不由州政府资助。很快，一场经济和政治危机引发了大范围的社会动乱。这个军事组织也加入到这场动乱中，并与联邦官员和国民警卫队针锋相对。在这些联邦官员和国民警卫队看来，这个军事组织非但不是维护和平的力量，本身就是流氓团体。应该信任谁呢？市民们的意见出现了分歧。

【情境十】在一个国家，图书馆和书店里都装有隐藏式的监控摄像头。表面上，这些摄像头是为了对付偷书或破坏图书的人。但实际上，这些摄像头是为了让政府的间谍机构了解人们在图书馆里看什么书，去书店里买什么书。当这种行为被披露以后，在社会上造成了轩然大波，并引发了社会动乱。

第二十章　转化

类别一：瘾君子和犯罪分子的转变

那些描写瘾君子和犯罪分子努力改造自己的故事总是引人入胜，这些故事描写了人类如何摆脱无助与绝望的境地，努力重新控制自己的生活。也许你可以利用以下任意一种情境来写出这样的故事。

【情境一】酒鬼的妻子正式给酒鬼下了最后通牒，如果再喝酒，就把他扫地出门。为了防止酒瘾复发，酒鬼采取了一些极端的方法来克制酒瘾，但他的家人却担心他采用这些极端的方法并不是为了戒酒。

【情境二】一个犯人曾经产生过自己是医生的幻觉。于是他找到了一份医务室的工作，并在业余时间学习护理。但因为他总是很难控制自己的脾气，所以错过了很多机会。

【情境三】一位工程师因为酒瘾太大，被老板开除了，但是老板向她承诺，如果她戒掉自己的酒瘾，他就会让她回来继续工作。终于，她成功戒掉了酒瘾，却发现她的老板拒绝让她回来。她感到非常郁闷，很想一醉解千愁。她找到了一位挚友，想排解心中的苦闷，这个朋友帮她想了一个好主意，可以证明她已经戒掉了酒瘾。

【情境四】一位获得假释的犯人走出监狱，回归社会。为了证明自己已经改过自新，她申请参加服务社会的公共事业。但因为有前科，所有的地方都拒绝了她的申请。出于无奈，她只得用假身份申请一个护士助理的工作，但这却违反了她的假释规定。

【情境五】一个小偷患有习惯性的盗窃癖，为了不让自己再继续偷窃，他向一位很有想象力的心理治疗师需求帮助。这位心理治疗发现这个小偷很喜欢魔术，便帮助他把偷东西的天赋转移到了魔术表演上。

【情境六】因为脾气暴躁，一个小城的市长去给自己进行精神评估。一位精神科专家建议她最好放弃政治上的抱负，转而从事一些压力比较小的工作。而另一位精神科专家则相信她可以在政坛大获成功，并且帮助她实现了自己的目标。

【情境七】一位深受学生喜爱的教授一直在与自己的酒瘾做不懈的斗争，他不想让酒瘾影响到自己的教学工作。但是，不管他如何努力，都克服不了酒瘾。一个女生的母亲也曾是个嗜酒如命的酒鬼，这个女生知道了教授的情况，便帮助他克服酒瘾。

【情境八】丈夫对自己的妻子非常忠诚，却过于热衷夫妻间的房事。他的妻子埋怨他性欲太旺盛，因此他进行了一些戒除性瘾的治疗。经过治疗，他的性瘾被戒除了，甚至变得一点性欲都没有了。他的妻子希望他能把握好治疗的尺度，他听从了妻子的建议，换了一位医生进行治疗。当医生问到他是如何理解婚姻的界限的时候，他发现自己很难对这个问题做出回答。

【情境九】一个购买欲极强的女人住在农场里。虽然她不停地买时髦的鞋子，却很少穿。她的丈夫想让她改掉这个习惯，但是他也有购物癖。他总是喜欢买领带，却从来都不戴。

【情境十】滑水运动员都是一些胆大的人，这位滑水运动员更是如此。尽管同伴们都警告他不要过于冒险，他还是无法克制自己冒险的冲动。比如说他总是想刷新滑水速度的最快纪录。妻子越是警告他不要冒险，他越是想要超越自己。终于，他在一次滑水时出了事故，这差点儿要了他的命。从这次事故死里逃生后，他再滑水时不仅非常注意安全，滑水技术也越来越好了。

类别二：因为伤病引起的变化

在那些最能鼓舞人心的故事中，很多讲述的是生理或心理受到严重创伤的人不仅幸存了下来，还战胜了自身的病痛。即使医生认为康复的希望非常渺茫，但还是有许多人能够克服障碍。

【情境一】女兵在战争中受了重伤。医生一度认为她的伤势会无法避免地让她全身瘫痪。尽管其他医生认为显微神经技术并不能对她有任何帮助，但她的主治医生还是利用这种技术为她进行了一次革新性的脊椎手术。

【情境二】一位心理医生非常有名。她很擅长用创新性的方法治疗有心理问题的退伍军人。一个退伍军人患有严重的创伤后精神障碍（PTSD），这位心理医生被请来对他进行治疗。退伍军人情绪很不稳定，很容易变得非常暴躁，所以治疗过程非常危险。但这位心理医生相信自己可以胜任这个工作。

【情境三】一位从事医护职业的女子刚刚离婚，她发誓无论遇到多么出色的男人，也不会再结婚了。而后，她确实遇到了一个优秀的男人，她也坚守住了自己的誓言。但当她得知这个男人患有一种致命疾病时，就开始重新考虑自己的誓言了。

【情境四】一位职业网球运动员受了很严重的伤，她努力进行康复治疗，想恢复自己的水平。她的物理治疗师追求她，被她拒绝了，他便失去了帮助她进行恢复治疗的动力。与此同时，这位网球运动员也开始思考自己真正想要的是在运动场上东山再起，还是让自己失败的感情生活得到改善。

【情境五】一位大一新生的父亲因为醉酒和酒后闹事被逮捕了，这使这个孩子不再尊重自己的父亲了。后来，他因为参与了一次校园暴力事件而被捕入狱。这个经历使他改变了对父亲的想法，并重新认识了父亲。

【情境六】一位军人退伍后当了一个办公大楼的保安，他总是会梦到以前的战争场面。经过一番努力，他相信自己马上就会走出噩梦的阴影了，但他开始不断地产生幻觉，好像自己又回到了战场。一次，他在当班的时候出现了幻觉，以为敌人正在进攻自己看守的办公大楼，于是他与幻想中的敌人展开了激烈的搏斗。老板见到这种情况便威胁要开除他，这使他的精神状态更加恶化。

【情境七】一位参加过战争的军队护士深受战场经历的伤害，无法过上正常人的生活。心理医生对她进行了检查，发现她的精神受到了极大伤害，她的经历使她不能正常地理解对与错。经过努力，他成功地将她对自己的某种仇恨转化成了自我原谅。

【情境八】一位网球运动员头部受伤了。起初，这种伤势使她的身体非常衰弱，当她可以站起来后，她发现自己可以做一些以前做不到的技术动作。但因为她的身体还很虚弱，所以她新掌握的这些技术动作并不能得到完美的发挥。

【情境九】故事的主人公在与前夫的一次争吵中被前夫打成了重伤，从此以后，她就对男人非常恐惧，不管是多好的男人都会让她感到害怕。她的心理医生对此束手无策。令人意想不到的是，她的前夫非常后悔，并下决心要重新获得她的信任。

【情境十】一位运动员非常迷信，并差点儿因此全身瘫痪。他的一位教练也曾经遭遇过同样的问题，于是，他和这位教练一起通力合作，让他们的队伍成为了冠军。这位运动员也不再迷信了。

类别三：业余人士和初学者的改变

任何专家或专业人士都曾经是初学者或业余人士，他们都曾在梦想的驱使下，克服种种困难，最终攀登上成功的巅峰。能够推动我们前行的不仅是那些激励人心的语言，那些讲述真人真事的故事也能让我们更好地了解想获得成功，需要付出什么努力。

【情境一】一位业余的走钢索艺人梦想有朝一日能够表演惊心动魄的节目，但她却只敢进行短距离的钢索表演，并且总是需要使用安全网。当她发现男朋友渐渐对自己失去了兴趣后，便强迫自己去表演那些极度危险的特技。

【情境二】圣诞老人总是以一成不变的形象出现。失业的男演员对此感到非常不满，他决定把圣诞老人以一种令人惊奇的方式演绎出来。但他却不能说服任何人让他以截然不同的形象在电影里演圣诞老人。后来他遇到了一位赞助商，认为该演员可以为圣诞老人这个形象注入新的活力，他也可以从中大挣一笔。

【情境三】一个男孩性格非常孤僻。尽管他非常喜欢弹吉他和唱歌，却不愿意在其他人面前表演，即使在家人面前，他也无法自如地表演。一次，他的姐姐在他的房间外听到了他的演唱，觉得他非常出色，便耐心地开导他，让他敢于走出房间在家人面前表演。家里的每个人都对他的才华惊叹不已，但来自社会的压力却让他又一次在心里打起了“退堂鼓”。

【情境四】高中女生非常喜欢长号，但她的乐队老师却坚持认为“长号不是一个女孩子该玩的乐器”。每次在长号课上，老师都不认真教她。这么一来，这个女生更加坚定了自己的决心：一定要成为一位伟大的爵士乐长号手。

【情境五】年轻女孩总是会给来家里做客的人表演小魔术。每次她表演完，客人们都觉得很有意思。她很想知道自己的魔术才能是不是能让她成为一名职业魔术师，但她每次面试都以失败告终。最后，她发现自己可以表演一种从来没有人见过的魔术。

【情境六】一位女子胆子很大，十分热衷悬挂式滑翔运动，并且非常想向所有人证明自己可以像男子选手一样滑翔得很好。在一次滑翔中，她尝试去做一个并不是很熟练的动作，然而失败了，她也受了伤。伤势痊愈之后，她变得比以前更渴望成功。

【情境七】一位很有追求的剧作家以前只是喜欢给朋友写滑稽小品。直到他上了大学，才有一位老师鼓励他成为一名编剧。这位老师帮助他写了一本剧本，后来这个剧本卖了一个好价钱。现在，他却变成了好莱坞里的一个小角色，因此，他想退出这个圈子。

【情境八】一个女孩非常顽皮。她很喜欢自己的一套化学仪器玩具，梦想着用化学物质调制出一种神奇的药剂，并用这种药剂去改变现实世界。她的父母非常支持她的做法，并引导她，希望她可以成为未来的玛丽·居里。但是随着年龄增长，她的专长却慢慢把她引入了歧途。

【情境九】一位腹语表演者坚持不懈地练习自己的声音和读心术。现在，只要她愿意，她就可以了解任何人，甚至是任何东西的思想。她这种非凡的技艺吸引了大批观众。但有一天，她进入了一只黑猩猩的思想世界，却被困在那里出不来了。

【情境十】商人虽然不会演奏任何乐器，却非常欣赏一位爵士乐钢琴家的表演，他甚至把这位钢琴家引为自己心灵上的知己。当他得知钢琴家不能再进行表演后，感到非常失望。一天早上醒来，他感觉自己被这位钢琴家灵魂附体了——他居然可以把钢琴弹得和他一样好。起初，他欣喜若狂。但后来他却想回到之前的生活，即使那种生活非常枯燥乏味。

类别四：孩子变成大人或大人变成孩子

我们总是会惊讶地发现孩子们一下子就长大了，或者当我们回顾自己的成长经历时，也会觉得自己成长得好快。有时，我们应该更仔细地研究这种变化。而我们可以在故事中讲述关于成长的思考。下面的情境可以帮助你写出成长的故事。

【情境一】故事的主人公长大后对自己的生活非常不满。他想生活在小时候梦想的世界中。在那个世界，他可以飘浮在空中，整天除了玩什么都不用干，还能变成各种动物。他遇到了一位女巫。女巫把他带进了另一个世界。在那里，他小时候梦想得到的能力都成为现实。但是，他必须成为这个女巫一生的伴侣，并且答应她自己永远也不回到原来的世界。

【情境二】一个孩子总是急于变成成年人，这种心理给她带来了很多麻烦。她花钱让一个臭名昭著的人给自己做了一张假身份证，却被这个人拉上了贼船，并开始帮他向学生们兜售假身份证。很快，她就发现自己已经深深陷入了他的犯罪网里无法脱身了。

【情境三】期颐之年的老人突然变得非常孩子气。他之所以会这样，是因为患老年痴呆症了吗？还是仅仅因为他想再次体验做孩子的乐趣呢？起初，家里人都没有担心。但后来这位老人居然决定去坐飞机体验高空跳伞，这下家里人都开始着急了。

【情境四】一个男孩非常顽皮，总是到处惹是生非。他的父亲认为军队可以让他变成熟，便把他送去参军。但是，几年的军事训练并没有让他变得成熟，只是让他熟悉了那些自动武器。现在，父亲担忧的是儿子接受的军事训练会把他变成一个危险的极端主义者。

【情境五】一个18岁的男孩被爱情冲昏了头脑，一门心思想和女朋友结婚。父母认为他只是受荷尔蒙的影响，还没有成熟到能够做出一生承诺的地步。但他拒绝了父母的建议，打定主意要娶女朋友。这个冲动的年轻人注定要自食恶果了。

【情境六】“不要过分注重自己的外表”，一位母亲这样教育自己的女儿，并说应该通过一个人的自我价值和成就来判断他优秀与否。但是，女儿却说母亲虚伪，因为这位母亲自己也经常买化妆品和名牌服装。这对母女都意识到了自身不成熟的一面，她俩会一起努力让自己成为更优秀的人。

【情境七】父母们为还没到青春期的孩子们组织了一次夏令营。在这个夏令营里，男孩们要扮演成熟男人，而女孩们则要扮演成熟女人。他们要共同面对成年人的问题，比如如何抚养孩子，或怎样做合理地预算。起初，大家都认为这只是一个有趣的角色互换的游戏。但很快，大家就发现很多意想不到的问题。

【情境八】战争进入了最后的阶段，交战双方都出现了兵员紧缺的情况。于是，双方都不约而同地开始招募未成年人，想把孩子训练成杀人机器。但是，这种方法只能使双方徒增伤亡。

【情境九】一些成年人想再次体验少年的生活，而一些少年则想提前体验成年人的生活。在不远的将来，这些愿望都能实现，这些成年人和孩子可以通过互换灵魂来体验对方的生活。但是，一个成年人和一个孩子互换了灵魂后，却发现自己的灵魂被困在那个孩子的身体里出不来了。

【情境十】一对兄妹的父母在争吵中动了手，两个人都受了伤。这对兄妹分别扮演了父母的角色，想以此给父母做出榜样。起初，这种角色互换取得了很有效的成果。但后来，这对兄妹也出现了矛盾，并且他俩的表现比他们的父母还要糟糕。

类别五：从无生命物变成有生命物或相反

从《木偶奇遇记》到希腊神话中的比哥马利恩，我们非常喜欢读那些与木偶、雕像或其他无生命的物体有关的故事，这些故事给我们带来了许多乐趣。下面这些情境能极大地激发你的想象力，使你也能够写出这样引人入胜的故事。

【情境一】新奥尔良玩偶博物馆里的玩偶们都活了过来，它们非常想和来博物馆参观的孩子们，尤其是那些不幸的孩子们一起生活。一个女孩在家里经常受到父母的虐待，她把一个女巫玩偶带回了家，这个玩偶不仅帮助她报复了父母，还帮她找到了愿意照顾她的人。

【情境二】一些过时的机器人被堆放在仓库里。没有人关心这些被抛弃的家伙，更别说去认领它们了。就连那些能够帮人做家务的机器人都没人想要。一个机器人说服了一位特立独行的工程师，让他赋予自己和另外那些机器人以生命，或者至少让它们看起来像是活人一样。

【情境三】一只蝴蝶在公园里见到了一尊美女的雕像，她开始对自己的样子感到不满，想变成雕像的样子。当她发现自己不可能成功的时，感到非常郁闷。其他蝴蝶纷纷劝她，并使她相信做一只蝴蝶是值得的，因为蝴蝶也有自己的美丽之处。

【情境四】这位现代版的美杜莎把所有伤害过自己和让自己感到失望的男朋友统统变成了石头。她的一个男友也有超自然的能力，但没有让美杜莎知道。他觉得可以在美杜莎把自己变成石头之前，用自己的能力对付她。

【情境五】从表面上看，主人公只是一个普通的女孩。大家都觉得她的想象力非常丰富。她自己亲手做了许多动物玩偶。每到夜深人静，所有人都进入梦乡的时候，她就把自己做的动物玩偶变成活的动物。她每次都会在睡觉前把这些动物重新变回玩偶的样子，但有一次她却忘记这样做了……

【情境六】艺术家经常会在梦里见到一些人，或者凭空在脑海里浮现出一些人的样子，他每次都会把这些人画下来。很快，他就发现自己在现实生活中真的会遇到这些人。更奇怪的是，这些人对他有一种莫名的亲密感，他们总是会找他帮忙。

【情境七】一位生物学家成功地把无生命物转化成了有生命的有机体。于是，她试图为自己申请专利。但她的转化方法在社会上引起了轩然大波。她越想说服公众自己不是科学怪人，公众就越强烈地要求警方逮捕她，因为大家认为她威胁到了社会安全。

【情境八】反转的比哥马利恩：一位女雕塑家为酒神和节日之神巴克斯创作了一尊雕像，她深深地爱上了这尊雕像，这种强烈的爱意使这尊雕像活了过来。但因为巴克斯游手好闲、风流成性，她很快就对他失去了兴趣。但巴克斯却不是一个能够召之即来、挥之即去的人。

【情境九】小乔伊是一个孤儿，他可以把自己的怪物玩具变成活生生的怪物，他从中获得了许多乐趣。每次被监护人发现前，他都会把怪物变回成玩具的样子。但有一天，这些怪物不想再被变回死气沉沉的玩具了。

【情境十】如果一位巫师精神错乱了，会发生什么呢？在这个故事里，就有一个巫师精神错乱了。他用魔法让家里所有的家具和物品都活了过来。这些东西非常调皮，做了许多恶作剧。它们把邻居引诱进巫师的家里，并把这些邻居变成了雕像。

类别六：从失败者变成胜利者或相反

我们经常会听到“不成功便成仁”这句话，但这种二分法是不是错误的呢？投资者们有时会一夜暴富，有时也会一夜破产。成功和失败是个复杂的问题。一件现在看起来成功的事情以长远的目光来看则最终有可能会失败。人类总是在这两端之间摇摆不定，也正因如此，才产生许多故事。

【情境一】一位舞者曾一度被誉为“芭蕾女皇”。但在一次中风后，她便不能再继续跳舞了。在一位教练的帮助下，她恢复了训练，但进步非常缓慢。教练担心她会因此陷入绝望。

【情境二】一个赌瘾很大的女人在赌桌上输了很多钱，她发誓再玩一个小时就永远戒赌。这一个小时里，她赢回了所有的钱，然后遵守自己的誓言离开了赌场。但由于她的赌瘾实在太大，所以内心无比纠结。她既想再回去玩几把，又想克服自己的赌瘾。

【情境三】因为是左撇子，一个高中女生经常受到同学们的嘲笑和欺负。特别是在垒球比赛中，她戴着手套的右手根本无法接球。她把学校里所有的左撇子学生召集在一起，组织了一个俱乐部。他们给这个俱乐部起名为“左撇子热”。直到她在垒球比赛中证明了自己的能力后，才没有人再来欺负她。

【情境四】百万富翁把几乎所有的钱都投资在了一个不了解的企业里。她相信这个企业很有前途，投资可以使自己变成亿万富翁。但是，这个公司吞掉了她的钱，使她负债累累。她急于还清债务，便采取了更极端的行为。

【情境五】一位资历尚浅的主管从小到大接受的观念是，进取精神是获得商业成功的必要条件。但尽管他十分认真的工作，他的客户却越来越少。他开始怀疑，对自己来说进取精神与其说是一种优势，不如说是一个心理包袱。于是他开始转变自己的想法，但是这种从小养成的观念很难一下子改变。

【情境六】依靠一种可以让头脑更灵活的新药，一支辩论队一跃成为辩论圈中的翘楚。当他们准备参加一场全国性的辩论比赛时，有对手威胁他们除非这支辩论队能给他一大笔钱，否则就要告发他们。

【情境七】这个政治经验尚不丰富的青年团体认为，一个人要么是胜利者，要么是失败者；要么是朋友，要么是敌人。他们既不会批判性地思考问题，又不能做到随机应变，从而陷入困境。一位阅历十分丰富的顾问想让这些年轻人摆脱这样的想法，但是这些年轻人的父母却对他的行为非常不满，并要求他辞去顾问的职务。

【情境八】一个女子买彩票中了大奖，但她是一个喜欢大手大脚花钱的人，所以对她来说，赢了大奖也就意味着要损失很多钱。她先是疯狂地购物，然后又买了大量垃圾股。她的丈夫为了帮她还债绞尽脑汁，即使是以前最穷的时候，他们也没有欠过这么多债。

【情境九】一对夫妻把自己的农场变成了一个很棒的动物收容所。他们为那些受伤的、被虐待的或被遗弃的动物提供了容身之所，他们还雇用了一些问题青年来照顾那些动物。但这些问题青年的转变却不是一夕就能完成的。

【情境十】对一位年轻貌美的房地产大鳄来说，更能让她感兴趣的事是如何保持名望，而不是让自己的投资物有所值。因此，她疯狂地进行各种市场投机行为。有些投机行为给她带来了惊人的收益，有些也给她带来了巨大的损失。

类别七：从普通到不朽的转变或相反

永垂不朽是人类最重要的梦想之一，但正如一些古代神话故事讲的那样，这种梦想有可能最终会成为人类的噩梦。长生不老对人类来说确实是一种挑战。下面的10种情境可以帮助你创作出类似题材的故事。

【情境一】一个不合群的男人总是交不到好运。一天，他遇到了一个女巫。女巫称自己曾经是法力强大的女巫首领，她答应赋予他超自然的能力，唯一的条件是他要帮助自己重获以前的地位。

【情境二】一位守护天使已经活了数千年，不再介意自己的寿命了，但她还是想继续尽自己所能帮助凡人。她想以一个普通人的身份去帮助别人，而既然变成了普通人，她也就拥有了普通人都有的弱点。经过一个月普通人的生活，她又开始想变回天使了。

【情境三】宙斯活到现在，已经成为一家大型企业的CEO。他可以让任意一个员工获得无限的生命，唯一的要求就是他必须答应宙斯的个人要求。对于女性员工来说，这意味着她要满足宙斯的性幻想；对于男性员工来说，则意味着他要为了公司的繁荣昌盛当牛做马。

【情境四】故事的主人公是一个永远都不会死的精灵，她可以不断地转世投胎。比如说，她可以投胎到一只鸟身上，在这只鸟阳寿尽后，她又会投胎到另一只鸟的身上。在世界上的鸟还没有出现的时候，她则从一种会飞的动物身上投胎到另一种会飞的动物身上。但现在，她在梦里得知，自己只能再活一世了。下一次转世投胎时，她必须认真选择投胎到哪一种动物身上。

【情境五】阿芙洛狄特是主宰爱情的女神，她想变成凡人去体验凡人们的爱情。于是她把自己的神力转交给儿子伊洛斯（丘比特）。她对伊洛斯提出的条件是，当她回来后，他要把神力交还。没有了凡事都要管着自己的母亲，伊洛斯如释重负，但他并不想把神力还给母亲。

【情境六】很久以前，魔法师赋予了年轻的女仆无限的生命。但在生活了两个世纪后，长生不老已经不再能满足女仆的梦想了，她想重新变成普通人。但唯一的问题在于魔法师早就与世长辞了。

【情境七】一个年轻的女子有着强烈的好奇心，她希望可以长生不老，这样就可以一直努力去了解自然和人类的秘密了。一位神灵满足了她的愿望，赋予了她无限的生命。但她却不再有强烈的求知欲了，而是开始肆意挥霍时间，游戏人生。

【情境八】恩底弥翁在梦里和月亮女神阿耳忒弥斯同床共枕，共浴爱河。梦醒之后，他发现自己深深地被阿耳忒弥斯迷住了。于是，他请求阿耳忒弥斯的父亲——众神之王宙斯——赐予自己无尽的生命，这样他和阿耳忒弥斯就可以永远地相爱。我们从希腊神话中得知，他的愿望实现了。但希腊神话没有告诉我们的是，恩底弥翁是如何看待必须永远和阿耳忒弥斯行“周公之礼”这件事的。

【情境九】巫师效忠于一位邪恶的君主，他把善良的女王变成了一匹马。这位邪恶的君主故意把女王当作自己的坐骑，经常骑着她四处游玩，乐此不疲。善良的女王必须想办法让别人知道自己悲惨的处境，并解除巫师的咒语。

【情境十】在23世纪，人类终于有机会长生不死了。能让人类长生不死的办法是制造出一个和自己长得一模一样的机器人，然后把自己头脑里的所有东西复制到这个机器人上。但这样做唯一的缺点是，这些机器人都是由一个特大企业制造出来的，它们都是属于这个企业的财产。

类别八：从人到怪物的转变或相反

我们把那些做出残忍暴行的人称作怪物。同样，对于动物来说，只要它们有着吓人的外表，或它们会做危害人类的事情，我们都把它们称作怪物。有无数的故事讲述过这两种怪物。这里有10个例子。

【情境一】一个怪物每到晚上就出来活动，吓得所有村民都不敢在晚上出门。这怪物想在白天变成一个有礼貌的正常人，但就算它想给魔法师报酬，魔法师也不敢答应它。有一位魔法师因为用自己的魔法做了坏事，被剥夺了法力。他说，只要自己能恢复法力，就愿意帮助实现怪物的愿望。

【情境二】有一个男孩，每当他心里感到痛苦悲伤时就会变成一个怪物。变成怪物后，他的身体并没有发生太大变化，所以他的攻击目标很难发觉自己身处危险之中。只有当他对目标发动袭击，这些受害者才能察觉到。更糟糕的是，这个男孩根本就记不得自己变成怪物后都做过什么。

【情境三】女孩从长大成人起，每到月圆之夜都会变身，但她并没有变成狼人，而是变成了天使。她是一个非常虔诚的人，经常去教堂参加教会活动。她对自己可以变成天使非常感兴趣。在一个月圆之夜，她又变身之后，接到了上帝交给她的第一个任务。从此以后，她便不断地接到上帝给她的任务，但这些任务和她想象中的完全不一样。由于不知道在下一次月圆之夜上帝会交给自己什么样的任务，她慢慢地开始害怕自己变身，并且开始怀疑自己的信仰了。

【情境四】每当主人公吃了某样食物后，她都会发生奇怪的反应。有时候她的面貌会发生变化，有时候她的体温会发生变化，有时候这两种变化同时发生。她根本就无法预测自己会变成什么样子，也不知道自己会做什么。

【情境五】一个奴隶在种植园主儿子的帮助下偷偷学会了读书识字。她从主人的图书馆里偷了一本魔法书，并用书里的一条咒语把自己变成了狼人。

【情境六】主人公是一个既上进又聪明的人，曾经拥有许多朋友。但现在不知道出于什么原因，他从一个风度翩翩的人变成了一个凶狠恶毒的人。过去的朋友开始渐渐地疏远了他。一次，他把别人打伤并因此被捕。警方对他进行了精神评估，发现了一个令人吃惊的秘密。

【情境七】一个人虽然面目丑陋，却心地善良。但无论他如何努力，还是没有人相信他是好人。他只有一个朋友，这个朋友也曾努力想让大家看到他善良的内心，但是失败了。因此，他的这位朋友也放弃了努力。主人公决定要让自己变成大家心目中的那个“他”。

【情境八】与大多数孩子一样，这个孩子也喜欢在万圣节前夜把自己装扮成鬼怪。但与大多数孩子不一样的是，她真的会变成她装扮的鬼怪。她并不会把自己装扮成无害的牧羊女。如果她来敲你家的门，你最好把她想要的东西给她……

【情境九】在一位邪恶的魔法师帮助下，一个怪物变成人类的样子，穿过一个绝密机构的防线，进入了军事基地，并在这个军事基地里制造了一场极大的混乱。被人发现后，它又变回魔鬼的样子来保护自己。

【情境十】一个笨手笨脚的魔法师准备施法帮助一个村民摆脱致命的疾病，但他把咒语念错了，结果把村子里所有人，包括他自己，都变成了怪物。只有一个村民躲过了这一劫，现在他必须想办法让已经变成怪物的魔法师解除咒语。

类别九：从罪人到圣徒的转变或相反

善与恶、圣人与罪人、执法者与违法者之间的界限经常是模糊不清的。我们只有深刻理解了人性，才能更好地理解为什么人类会从一个极端转变成另一个极端。

【情境一】前一天，主人公还是一个令人生畏的坏家伙，但第二天，他就变成了一个虔诚的信徒。他之所以会发生如此巨大的改变，是因为有一天，当他正准备在街上抢劫时，突然产生了幻觉，他感到神在召唤自己。以前那些非常尊敬他的帮派分子现在都辱骂嘲笑他，但他相信，是上帝让自己这样做的。

【情境二】一位牧师总是忍不住引诱那些来找自己做精神指导的女人。有一次，一位经常被丈夫虐待的妻子来找他进行精神指导。当他成功地帮助这个女人摆脱了心理阴影后，这个女人也帮助他戒除了性瘾。

【情境三】一位牧师生前饱受争议，因此，尽管他做了很多善举，也创造了足够多的奇迹，死后还是没有获得圣人的头衔。在一个恶魔的帮助下，牧师的鬼魂又获得了一个机会。在一天的时间里，他又变成了一个有血有肉的人，而一天的时间对于他来说已经足够挽回颜面了。

【情境四】天使违反了天使行事的规矩，被送上了审判席，要由所有的天使来裁定她和一位凡人的交流是有罪的还是圣洁的。但其他天使越是仔细地研究她的行为，就越难判断她到底是有罪的还是圣洁的。

【情境五】老板是吝啬鬼，但几乎一夜之间，他就从一个一毛不拔的吝啬鬼变成慷慨大方的利他主义者，公司里的员工们对此十分不解。一个员工觉得不能置身事外，想弄清到底是怎么回事，于是他展开了调查，并发现了隐藏在幕后的阴谋。

【情境六】一个自称很有自律精神的人携妻子参观一家赌场，他们来到了玩骰子的桌子前。为了显示自己的自控能力，他发誓玩过 5 次之后便不会再玩了。但当他连续赢 5 次之后，他的决心似乎被瓦解了。

【情境七】拳手的职业生涯一路平步青云，他不仅获得了冠军，还获得了“最强杀手”的外号。一次，他差点儿在拳台上把对手打死。从此以后，他就从一名拳手变成了一个反对拳击比赛的人。那个差点儿被他打死的拳手复原了，要求和他再赛一场。这位冠军拒绝了他的要求，这个拳手就威胁要把他告上法庭。这位拳手坚持认为上一次比赛是违法的。

【情境八】我不想再当“好狗先生”了。家里养了一条血统不纯的狗。尽管它非常听话，这家人还是对它非常不好。现在，它受够了在寒冷的夜晚睡在室外，也受够了吃廉价狗粮，也不想再被迫表演那些愚蠢的把戏了。

【情境九】故事的主人公曾经是个小偷，也是个十足的捣蛋鬼。但一次，他看到了天堂的幻象，天空中还有个声音让他带领人民修建一座上帝之城。从此之后，他便痛改前非，重新做人了。但就在他努力想要成为带领人类的圣徒时，他以前的敌人出现了，这些人想要跟他算一笔旧账。

【情境十】一个无业游民有一长串犯罪记录。有一次，他见到一个人突然绊倒在一辆巴士前，便见义勇为救了那个人的命。这件事极大地促进了感化服务的发展。但这个无业游民的过去却总是影响着他，让他找不到重新开始的机会。

类别十：从野生凶悍到驯良听话的转变或相反

古埃及和古希腊神话中最常见的主题之一是主人公的形体发生改变。如果条件合适，我们每个人都可以在某种程度上改变我们的形体。有时候，我们的品德会变得更加高尚；有时候，我们也会变得更加邪恶。我们可以用下面这10种情境创作出类似主题的故事。

【情境一】家里没有一个人想到他们那条温顺的西班牙小猎犬会变成一个残暴的野兽。不管是家人还是邻居，只要把它惹急了，它就会乱咬人。妈妈决定给它安乐死，家里其他人想让妈妈回心转意。但就在这个时候，这条狗跑掉了。

【情境二】一对兄妹经常受到父母的虐待，于是离家出走，躲到荒野里。他们在荒野里遇到了一群巨人，巨人们教会了他们在荒野中的生存之道。很快，一支搜救队找到了这对兄妹。他俩被迫回到父母的身边，巨人们赶来营救他们。

【情境三】动物保护主义者救治了一批从国外走私来的鸟。这些鸟一直被人豢养，而动物保护主义者准备把它们放生，但这是一件很复杂的工作。这些鸟必须先学会自力更生，并要被送回它们原来的栖息地才能活下来。而在这些鸟的栖息地，有很多偷猎鸟的人，正是他们把这些鸟抓住以后卖给宠物店的。

【情境四】在这个第三世界国家里有许多野猫，许多野猫因为不堪饥饿和疾病的折磨而死掉了。一些动物保护主义者想通过制定严格的法规禁止人们抛弃家猫。如果有人抛弃家猫，就要接受高额的罚款，但是这些动物保护主义者却受到了暴力威胁。

【情境五】一只金丝雀非常反感被大家叫作胆小鬼，它想变得凶猛一些，于是请老鹰、隼还有其他猛禽来帮助自己。它虚心接受了这些猛禽给自己的建议。当它掌握了新的技巧后，它做事的习惯也跟着发生了变化。它对发生在自己身上的变化很不满意，想变回原来的自己。但它现在已经恶名在外了，必须想办法改变大家对自己的看法。

【情境六】一家人收养了一条被人抛弃的狗。这条狗野性十足，这家人便对它进行了训练。但无论这家人多么耐心地照顾它，这条狗还是不信任他们，总是从家里跑出去。最后，这家人找来了一位动物心理学家帮忙。这位动物心理学家采用了一种非常规的方法来训练这条狗。

【情境七】在一位 CEO 的努力下，我们的社会变成了一个高科技社会。但随着科技的发展，社会变得过于依赖高科技了，这使这位 CEO 非常愤怒。于是她离开了公司，到荒野里去生活，并发誓不再与人类文明产生半点联系。定居荒野后，她逐渐克服了初期遇到的困难，并感觉自己发生了本质的改变。这时，她的哥哥找到了她，告诉她公司已经濒临破产，而她所有的家人都要靠着公司度日。

【情境八】这些特殊的糖果味道独特，让小孩子们欲罢不能，而且如果小孩子们长时间吃不到这种糖果，他们就会变成怪物。一些孩子就因为吃不到糖果而变成了狂暴的怪物。科学家们立刻开始着手研究解药。

【情境九】一对双胞胎从小被抛弃在荒野中，他们在荒野里相依为命，长大成人。终于，有人把他俩从荒野中救了出来。这对双胞胎开始努力让自己适应这个社会，最后双双成了成功的商人。但在他俩的内心还是非常向往荒野中的生活。最终，他俩还是决定回到荒野中去。但是由于他俩长时间地生活在“文明的”社会中，所以已经不再适应荒野生活了。

【情境十】社会上出现了一种奇怪的疾病。年轻人只要染上了这种疾病，就会变成粗鲁残暴的野蛮人。医生们竭力想找出这种病毒，并研制出针对它的疫苗。但是这种病毒不断发生着变异，每一次变异都会使被感染者变得更加残忍。

出版后记

很多人在创作时都会遇到“没有创意”“灵感枯竭”的问题，事实上，即便是世界上最伟大的作家、最富有才能的故事大王，也会在某些时刻感到焦灼，不知如何下笔。灵感问题是写作者面临的最大的问题。解决这种问题的方式无以计数，有的人通过放松自己，彻底离开书桌来给大脑“做按摩”；有的人则尝试着走出书房，用观察和调研来丰富自己的“资料库”；还有一些人，他们喜欢“以毒攻毒”——用更多的书和故事来挤压灵感，通过阅读和不断地写作来让自己获得真正的解放。

灵感的汲取与释放是一个非常复杂的过程，牵扯到很多因素。但无论对哪一类型的写作者来说，“借鉴”与“外界刺激”绝对是激发灵感的有效方式。而这本《作家的灵感宝库》就是一个无与伦比的工具。作者弗雷德·怀特于爱荷华大学博士毕业后，在美国圣克拉拉大学担任了三十多年写作教学工作，本书是他结合教学经验编纂的一部“灵感辞典”。冒险、征服、悬疑、爱情、成长、逃离、寻找……无论读者想写什么题材，都可以在这本书中找到灵感。参阅目录，读者可以先了解本书按故事主题所分成的 20 个章及每个章中包含的 10 个话题分类。找到感兴趣的章节和类别，然后进一步地研读在每个类别下的 10 个故事情境——20 个主题，每个主题下有 10 个类别，每个类别中有 10 个故事情境——本书一共包含 2 000 个故事情境，足够让你任意畅游在故事的灵感海洋之中了。

这并不是一本简单工具书，请把它看作一个“灵感交换中心”，在这里，你可以借助无数个灵感热气球放飞自己的思绪，尽情编织想象的世界。当然，你也可以向作者学习，随身携带记事本，随时记录灵感与故事素材，一点一滴建造属于你自己的灵感宝库。

服务热线：133-6631-2326　188-1142-1266

服务信箱：reader@hinabook.com

后浪出版公司

2017 年 12 月

图书在版编目（CIP）数据

作家的灵感宝库 /（美）弗雷德·怀特著；张铮译. --
北京：文化发展出版社，2017.12（2020.5 重印）
书名原文：The writer's idea thesaurus
ISBN 978-7-5142-2015-5

Ⅰ.①作… Ⅱ.①弗… ②张… Ⅲ.①写作学 Ⅳ.
① H05

中国版本图书馆 CIP 数据核字 (2017) 第 292966 号

作家的灵感宝库

[美] 弗雷德·怀特 / 著　　张铮 / 译

选题策划：后浪　　出版统筹：吴兴元
责任编辑：孙　烨　　特约编辑：张　怡
营销推广：ONEBOOK　　装帧制作：观止堂 _ 未氓

出　　版：文化发展出版社（北京市翠微路 2 号　　邮编：100036）
网　　址：www.wenhuafazhan.com
经　　销：各地新华书店
印　　刷：捷鹰印刷(天津)有限公司
开　　本：690mm × 960mm　1/16
字　　数：336 千字
印　　张：27
版　　次：2018 年 2 月第 1 版　　2020 年 5 月第 3 次印刷
定　　价：68.00 元
I S B N：978-7-5142-2015-5

著者：[美]劳拉·布朗
译者：袁婧

书号：978-7-210-07488-5
页数：496
定价：78.00元
出版时间：2017.3

完全写作指南：从提笔就怕到什么都能写

哥伦比亚大学教师三十年教学经验锤炼而成，
人手必备的实用写作宝典，二百余个写作模板即学即用

如何在最紧急的情况下，快速写出一封能切实解决问题的商务致歉信？如何在毫无准备的情况下，顺利写出一篇精彩而鼓舞人心的演讲稿？如何在阻力重重的环境中，轻松写出一份让人过目不忘的简历？无论你打算写什么，本书都给出了最简单、直接的建议，明确每种文体的特点、合理规划写作路径、精准掌握读者的心理，本书将颠覆你的写作思维，重塑你的写作习惯！

内容简介 | 无论科技多么进步，即时通讯变得多么快速便捷，用文字进行交流和表达永远是现代人必须掌握的技能。但不可否认的是，很多人在摊平稿纸、打开电脑准备“写作”的时候，却常常感到思维混乱，不知从何开始。

这本《完全写作指南》告诉我们，只要思路清晰、流程顺畅、有好的方法和习惯，写作并不是困难的事。本书从写作的核心——写作思维入手，分析每一种实用写作的思维要点，以读者的角度反观写作的关键。按照作者所精心规划的写作流程，只要经过“确定写作目标、深度了解读者、展开头脑风暴、组织结构、打初稿、修改”这六个步骤，无论多棘手的写作难题，都能够得到顺利解决。通过阅读本书，读者能真正学会如何进行清晰、简洁、得体的写作。同时，本书更总结了二百多个方便参照、易于使用的写作模板，囊括了工作、学习、个人生活的方方面面，可以随查随用，让你真正做到“从提笔就怕到什么都能写”。

著者简介 | 劳拉·布朗博士拥有三十年的写作辅导经验，曾在多家写作工坊及专家协会中担任顾问，为不同机构设计写作培训计划。她曾与哥伦比亚大学和通用电器公司合作，在网站上开设了一系列商务写作课程，并与多家跨国公司合作，帮助外国来美高管适应当地的写作环境。布朗博士还曾在哥伦比亚大学及美国爱纳大学开设文学写作课，现居于纽约。

著者：[英]琳恩·巴瑞特-李
译者：张啸驰

书号：978-7-5502-0410-1
页数：152
定价：36.00元
出版时间：2018.1

小说创作基本技巧

初出茅庐就想先声夺人，这本书就是为你准备的！
简单轻松的创意写作课堂，掌握基本技巧，打好写作根基！

我不相信写作者有所谓的“无法创作的困境”，是的，话就撂在这儿了。写不出来的原因有很多种，只有认真分析，才不会被困难吓倒！
不要忽视你脑海中“这里好像不太对”的小小暗示。情节、人物、场景、视角……如果意识到某个方面不太奏效，请立刻修改调整！
许多值得读的书从未被出版，从未被重视，现实就是这么残酷。你需要积极面对现实，更需要用写作技巧和出版洞见助力你的创作之路！

内容简介 | 在创作小说之前，有哪些一定要熟稔于心的事？如何先发制人，初出茅庐就抓人眼球？如何在面对写作瓶颈时迅速调整，精准修正错误？对有创作欲望的写作者而言，只有一件最重要的事：写。而写的前提在于：写作者必须打好写作根基。
本书由作者琳恩·巴瑞特–李在卡迪夫大学的畅销课程“小说写作工坊”精选而成，十二个小说创作基本技巧配合十个基础写作练习，从基本写作技巧出发，剖开小说创作最核心的谜团，全书涉及主题、设定、视角、人物、情节、主要事件、关键场景、对话、线索等方方面面……轻松幽默的写作案例与课堂交流，切中小说创作中从“酝酿”“写作”到“畅销”各阶段的本质规律，让读者从基本技巧中培养深度写作意识，对症下药，让人茅塞顿开。

著者简介 | 琳恩·巴瑞特–李出生于伦敦，现定居于威尔士卡迪夫。从20世纪90年代中期开始成为全职作家，所撰作品见诸英国各大女性杂志，后出版了多部畅销小说和纪实文学作品，包括《茱莉亚获得生命》《黑暗中赤脚》《永不言死》《巨犬乔治》《母亲的道路》《无名的女孩》等。从2009年开始，琳恩任职于卡迪夫大学，教授小说写作技巧。更多关于作者的课程资讯请访问网站：www.lynnebarrett–lee.com。

著者：[日]大泽在昌
译者：程亮

书号：978-7-210-09245-2
页数：352
定价：52.00元
出版时间：2017.7

畅销作家写作全技巧

日本推理大师的私人写作训练课堂
超全面的作家职业成长规划书

直木赏、吉川英治文学奖、日本推理小说大奖获得者，前日本推理协会会长大泽在昌创作秘诀完整公开，30余年创作历程、千万本畅销保证、近百本小说创作技法精髓，浓缩成10堂写作技巧必修课、42个实用小说写作案例。本书完整阐述了作家写作的构思脉络，写作技巧解析结合习作案例讲评，全面分析了现代出版市场现状和小说创作规律，为热爱阅读和写作、有志于成为职业作家的读者提供了独特的经验和真诚的建议。

内容简介 | 这是一本独具特色的小说创作技巧指南，由日本推理小说家大泽在昌所开办的一系列“小说课堂”讲座内容汇集精选而成。该讲座针对从日本选拔出的十二位青年写作者，以“大师开办私塾”的形式，旨在传授作者三十余年写作生涯中的创作经验和写作心得。
本书将历时一年的讲座浓缩为十堂写作课程和四次课题讲评，大泽在昌用鲜活的案例，幽默犀利的点评全方位分解了小说创作中故事结构、角色塑造、首尾布局、文字描写、对话技巧、叙述风格等具体问题；结合学生与老师的问答、作者与编辑的交流等环节，真实解密了优秀小说家的构思方式和创作脉络。对于热爱阅读与写作，对小说创作有兴趣和热情的读者来说，本书不仅是一本创意宝库，更是一本实用的“作家养成手册”——作者在书中坦诚地分享了职业作家的生活习惯、创作心境与生存之道——希望每一个有志于成为作家的读者在阅读本书后，都能够找到自己擅长的写作领域，学会充分发挥自己的创作天赋，懂得更好地磨炼写作技艺，真正做到日益精进。

著者简介 | 大泽在昌，1956年出生于日本爱知县名古屋市，日本著名推理小说作家、畅销书作家。1979年大泽在昌以《感伤的街角》获得首届“小说推理”新人奖，1986年凭借短篇集《深夜马戏团》获得第四届日本冒险小说协会最优秀短篇奖。其代表作为《新宿鲛》系列，曾获得日本推理作家协会奖、吉川英治文学新人奖、直木赏、日本冒险小说赏等奖项。2001年大泽在昌与京极夏彦、宫部美幸共同创立了“大极宫”网站，2006–2009年期间他担任日本推理作家协会会长。2010年，大泽在昌荣获第十四届日本推理文学大奖，该奖是日本推理文坛唯一的功劳奖，专门嘉奖贡献卓越的作家或评论家。